"十四五"职业教育国家规划教材

"十二五"职业教育国家规划教材
经全国职业教育教材审定委员会审定

21世纪高职高专会计类专业课程改革规划教材

政府会计实务

（第五版）

主　编　李启明　李　迎

参　编　曹　纳　李君梅　童　莹
刘金鹿　王曼娟

中国人民大学出版社

·北京·

图书在版编目（CIP）数据

政府会计实务 / 李启明，李迎主编 . -- 5 版 . -- 北京：中国人民大学出版社，2021.5
21 世纪高职高专会计类专业课程改革规划教材
ISBN 978-7-300-29226-7

Ⅰ.①政… Ⅱ.①李… ②李… Ⅲ.①预算会计一高等职业教育一教材 Ⅳ.①F810.6

中国版本图书馆 CIP 数据核字（2021）第 060825 号

“十四五”职业教育国家规划教材
“十二五”职业教育国家规划教材
经全国职业教育教材审定委员会审定
21 世纪高职高专会计类专业课程改革规划教材
政府会计实务（第五版）
主　编　李启明　李　迎
参　编　曹　纳　李君梅　童　莹　刘金鹿　王曼娟
Zhengfu Kuaiji Shiwu

出版发行	中国人民大学出版社		
社　　址	北京中关村大街 31 号	**邮政编码**	100080
电　　话	010－62511242（总编室）		010－62511770（质管部）
	010－82501766（邮购部）		010－62514148（门市部）
	010－62515195（发行公司）		010－62515275（盗版举报）
网　　址	http://www.crup.com.cn		
经　　销	新华书店		
印　　刷	北京宏伟双华印刷有限公司	**版　　次**	2012 年 1 月第 1 版
开　　本	787 mm×1092 mm　1/16		2021 年 5 月第 5 版
印　　张	20.75	**印　　次**	2024 年 2 月第 4 次印刷
字　　数	496 000	**定　　价**	43.00 元

前言

2015年以来，财政部相继印发了《政府会计准则——基本准则》《政府会计准则第1号——存货》等10项具体准则，以及《〈政府会计准则第3号——固定资产〉应用指南》和《〈政府会计准则第10号——政府和社会资本合作项目合同〉应用指南》。2017年以来，财政部相继印发了《政府会计制度——行政事业单位会计科目和报表》及《政府会计准则制度解释第1号》至《政府会计准则制度解释第3号》，政府会计标准体系框架基本形成。为及时补充和完善教材内容，我们根据新印发的具体准则及其应用指南和准则制度解释，结合政府会计准则制度实施过程中遇到的问题，对《政府单位会计实务（第四版)》进行了修订。

本次修订以习近平新时代中国特色社会主义思想为指导，深入贯彻党的二十大精神，突出新时代的育人主线，坚持以学生为本，立足行政事业单位工作岗位的实际需要，解决行政事业单位财务管理和会计核算工作中的具体问题，体现职业教育发展规律，力争突出以下特点：

1. 密切跟踪准则制度变革步伐，及时更新内容。本次修订是在政府会计制度正式实施以后，财政部对相关具体账务处理问题进一步明确的背景下进行的，及时满足了广大行政事业单位财会人员学习更新的财会知识、提高财务管理水平和处理会计核算具体问题能力的需要，满足了职业院校财会类专业“政府会计实务”课程教材更新的需要。本书配有单元实训手册，满足了“政府会计实务”课程实践教学的需要。

2. 突出财会岗位技能需要，科学构建教材体例。本次修订契合行政事业单位财会工作岗位业务素质的要求，充分体现了会计职业教育的基本规律，兼顾行政事业单位财会人员财务管理知识需求，突出了常见经济业务或事项会计核算的操作性。本次修订将教材体例调整为政府会计基础知识与初级实务、政府会计中级实务、政府会计高级实务三部分，内容由浅入深，每项任务以行政事业单位会计主要科目为基本单元，结合行政事业单位常见经济业务介绍了会计科目的基本使用方法和注意事项。

3. 遵循职业教育发展规律，体现德技并重育人理念。本次修订遵循职业教育规律，体现了职业教育特色。一方面体现“做中学，做中教”的工学结合教学模式，以行政事业单位的实际经济业务或事项为基础，将专业基础知识与专业技能训练紧密融合，以“实际、实用、实践”为原则设计教材内容，培养学生解决实际问题的能力；另一方面，“贯彻二十大报告‘弘扬诚信文化，健全诚信建设长效机制’的要求，”将职业道德养成、岗位素养培育和专业技能训练融为一体，在教材体例中设置会计法律法规、会计职业道德及会计名人轶事摘选栏，将会计历史沿革、法律法规、职业道德及中华传统会计文化中的典型案例融入教材内容，使学生知过去、明未来、会思考、知法守法，培养学生的职业道德和职业素养，实现对优秀会计文化的传承，弘扬会计精神，发挥课程育人润物细无声的作用。

4. 善于采用图表形象描述经济业务，达到事半功倍的功效。本次修订在第四版的基础上进一步加大了形象图示的使用量，将编者常年在教学和研究过程中形成的图表恰当地融入各项目任务内容中，形象直观地分析描述行政事业单位财务管理和会计核算过程中有关内容之间的相互联系及区别，帮助学生全面、系统地理解并掌握相关重难点内容。

本次修订由陕西财经职业技术学院李启明、李迎担任主编，曹纳、李君梅、童莹、刘金鹿、王曼娟参编。具体分工如下：李启明负责拟定修订大纲、编写第一篇、绘制全书图形示意与总纂，李迎负责编写报表内容，曹纳负责编写净资产部分内容，李君梅负责编写资产部分内容，童莹负责编写负债部分、收入部分及会计法律法规、会计职业道德、会计名人轶事摘选栏内容，刘金鹿负责编写支出部分内容，王曼娟负责编写预算结余部分内容。本书在修订过程中参考了有关资料和观点，在此向有关专家和学者表示感谢。

由于编者水平有限，书中难免有不妥之处，敬请读者批评指正。

编　者

目录

上篇 政府会计基础与初级实务

项目一 政府会计基础知识 / 3

任务一 政府会计的历史沿革及准则体系 / 3
任务二 政府会计假设及会计信息质量要求 / 7
任务三 政府会计要素 / 9
任务四 政府会计科目 / 12
任务五 政府会计报表基础知识 / 16

项目二 政府会计核算模式及其平行记账举例 / 19

任务一 政府会计核算模式 / 19
任务二 “双功能”平行记账关键科目及其应用举例 / 25
任务三 “双基础”收支确认差异及其应用举例 / 30
任务四 “双报告”差异形成及其钩稽关系计算举例 / 36

项目三 财政预算基础知识及相关典型核算业务举例 / 41

任务一 政府收支分类科目简介及应用 / 41
任务二 国库集中收付制度及其两种支付方式 / 45
任务三 零余额账户与财政应返还额度的管理 / 52
任务四 国库集中支付典型业务核算举例 / 55

项目四 资产基础知识与初级实务 / 63

任务一 资产基础知识 / 63
任务二 货币资金的管理与核算 / 66
任务三 固定资产的管理与核算 / 73

项目五　负债基础知识与初级实务　/ 86

任务一　负债基础知识　/ 86
任务二　应付职工薪酬业务及其核算　/ 89

项目六　收入（预算收入）基础知识与初级实务　/ 93

任务一　收入（预算收入）基础知识　/ 93
任务二　财政拨款业务及其核算　/ 95

项目七　费用（预算支出）基础知识与初级实务　/ 101

任务一　费用（预算支出）基础知识　/ 101
任务二　日常业务费用（预算支出）及其核算　/ 108

项目八　预算结余基础知识与初级实务　/ 116

任务一　预算结余基础知识　/ 116
任务二　财政拨款结转结余业务及其核算　/ 119

项目九　净资产基础知识与初级实务　/ 126

任务一　净资产基础知识　/ 126
任务二　本期盈余与盈余分配业务及其核算　/ 128

中篇　政府会计中级实务

项目十　资产中级实务　/ 135

任务一　应收款项及坏账准备的管理与核算　/ 135
任务二　存货的管理与核算　/ 142
任务三　资产处置业务及其核算　/ 148

项目十一　负债中级实务　/ 154

任务一　应付账款、预收账款、其他应付款的核算　/ 154
任务二　受托代理业务及其核算　/ 159

项目十二　收支中级实务　/ 163

任务一　事业（预算）收入　/ 163
任务二　非同级财政拨款（预算）收入　/ 168

项目十三 预算结余中级实务 / 173

任务一 非财政拨款结转结余 / 173
任务二 专用结余、其他结余及其分配的核算 / 179

项目十四 会计报表中级实务 / 186

任务一 资产负债表 / 186
任务二 收入费用表 / 190

下篇 政府会计高级实务

项目十五 资产高级实务 / 195

任务一 事业单位投资的管理与核算 / 195
任务二 在建工程的管理与核算 / 206
任务三 无形资产的管理与核算 / 211
任务四 公共基础设施的管理与核算 / 218
任务五 政府储备物资的管理与核算 / 224
任务六 文物文化资产的管理与核算 / 228
任务七 保障性住房的管理与核算 / 231
任务八 零星资产业务的核算 / 235

项目十六 负债高级实务 / 242

任务一 事业单位借款业务及其核算 / 242
任务二 应交增值税业务及其核算 / 247
任务三 其他应交税费业务及其核算 / 253
任务四 零星负债业务及其核算 / 255

项目十七 收支业务高级实务 / 263

任务一 事业单位非财政拨款调剂及其核算 / 263
任务二 事业单位经营业务及其核算 / 269
任务三 零星收支业务及其核算 / 275

项目十八 净资产和预算结余高级实务 / 283

任务一 累计盈余及其调整的核算 / 283
任务二 事业单位结转业务举例 / 287

项目十九　报表高级实务　/ 296

任务一　净资产变动表　/ 296
任务二　现金流量表　/ 299
任务三　附注　/ 303
任务四　预算收入支出表　/ 314
任务五　预算结转结余变动表　/ 317
任务六　财政拨款预算收入支出表　/ 320

上篇
政府会计基础与初级实务

项目一 政府会计基础知识

任务一 政府会计的历史沿革及准则体系

任务目标

◇ 了解政府会计的历史沿革。
◇ 熟悉政府会计准则体系。
◇ 掌握政府会计的含义。

一、政府会计的历史沿革

我国现行政府会计核算标准体系基本形成于1998年前后，主要涵盖财政总预算会计、行政单位会计与事业单位会计，包括《财政总预算会计制度》《行政单位会计制度》《事业单位会计准则》《事业单位会计制度》，以及医院、基层医疗卫生机构、高等学校、中小学校、科学单位、彩票机构等行业单位会计制度和国有建设单位会计制度等有关制度。2010年以来，财政部为适应公共财政管理的需要，先后对上述部分会计标准进行了修订，基本满足了部门预算管理的需要。

党的十八届三中全会提出了“建立权责发生制的政府综合财务报告制度”的重大改革举措，2014年修订的《中华人民共和国预算法》对各级政府提出按年度编制以权责发生制为基础的政府综合财务报告的新要求。2015年以来，财政部按照《权责发生制政府综合财务报告制度改革方案》（国发〔2014〕63号）（以下简称《改革方案》）的要求，在继2015年10月23日发布《政府会计准则——基本准则》（中华人民共和国财政部令第78号）（以下简称《基本准则》）后，于2016年7月6日制定印发了《政府会计准则第1号——存货》《政府会计准则第2号——投资》《政府会计准则第3号——固定资产》《政府会计准则第4号——无形资产》，于2017年2月21日制定印发了《〈政府会计准则第3号——固定资产〉应用指南》，于2017年4月17日制定印发了《政府会计准则第5号——公共基础设施》，于2017年7月28日制定印发了《政府会计准则第6号——政府储备物资》，于2017年10月24日印发了《政府会计制度——行政事业单位会计科目和报表》（财会〔2017〕25号）（以下简称《政府会计制度》，自2019年1月1日起正式实施），于2018年10月21日制定印发了《政府会计准则第7号——会计调整》，2018年11月9日制定印发了《政府会计准则第8号——负债》，于2018年12月26日制定印发了《政府会计准则第9号——财务报表编制和列报》，于2019年7月16日制定印发了《政府会计准则制度解释第1号》，于2019年12月17日制定印发了《政府会计准则第10号——政府和社会资本合作项目合同》，于2019年12月17日制定印发了《政府会计准则制度解释第2号》，于2020年10月20日制定印发了《政府会计准则制度解释第3号》。到目前为止，政府会计准则体系的框架已基本形成。

二、政府会计准则体系的构成

《改革方案》提出，权责发生制政府综合财务报告制度改革是基于政府会计规则的重大改革，其前提和基础就是要构建统一、科学、规范的政府会计准则体系，包括制定政府会计基本准则、具体准则及应用指南和健全完善政府会计制度。

在政府会计准则体系中，基本准则属于“概念框架”，统驭政府会计具体准则和政府会计制度的制定；具体准则主要规定政府发生的经济业务或事项的会计处理原则，应用指南主要对具体准则的实际应用做出操作性规定；会计制度主要规定政府会计科目及其使用说明、报表格式及其编制说明等。会计准则和会计制度相互补充，共同规范政府会计主体的会计核算，保证会计信息质量。

政府会计准则体系，如图1-1所示。

《政府会计准则》与《政府会计制度》（“准则+制度”模式）的功能比较，如图1-2所示。

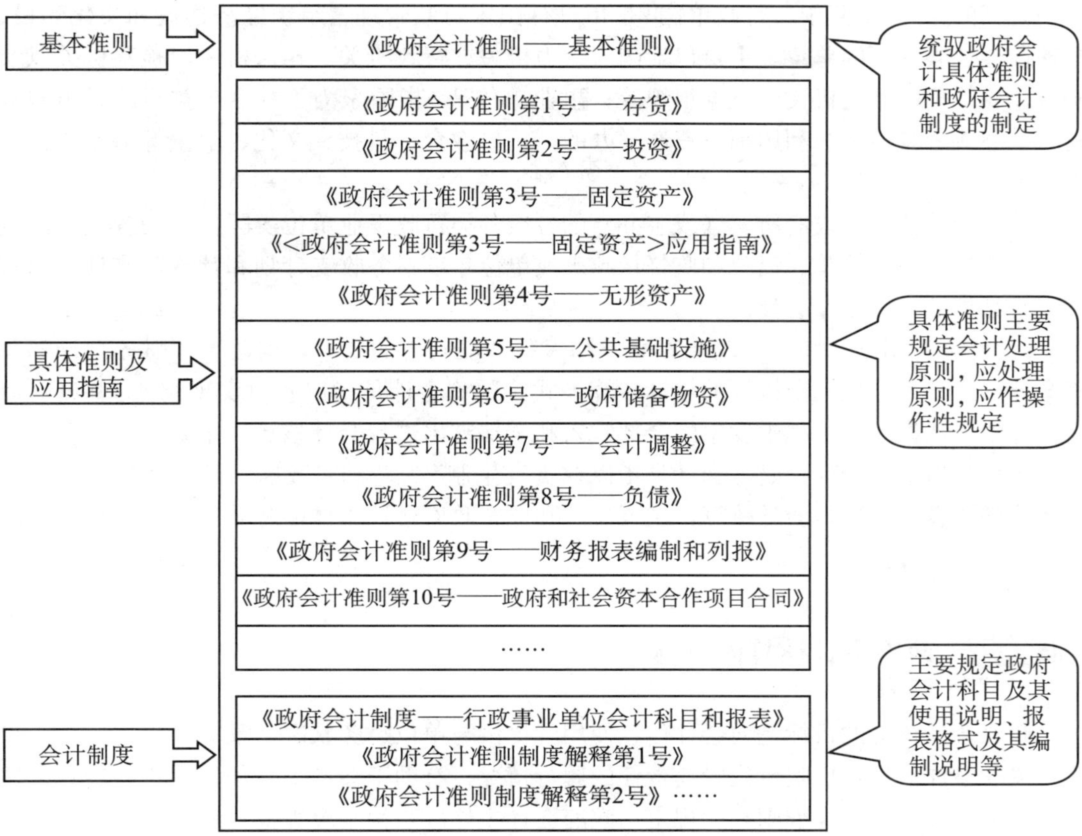

基本准则
《政府会计准则——基本准则》
统驭政府会计具体准则和政府会计制度的制定

具体准则及应用指南
《政府会计准则第1号——存货》
《政府会计准则第2号——投资》
《政府会计准则第3号——固定资产》
《<政府会计准则第3号——固定资产>应用指南》
《政府会计准则第4号——无形资产》
《政府会计准则第5号——公共基础设施》
《政府会计准则第6号——政府储备物资》
《政府会计准则第7号——会计调整》
《政府会计准则第8号——负债》
《政府会计准则第9号——财务报表编制和列报》
《政府会计准则第10号——政府和社会资本合作项目合同》
……
具体准则主要规定会计处理原则，应处理原则，应作操作性规定

会计制度
《政府会计制度——行政事业单位会计科目和报表》
《政府会计准则制度解释第1号》
《政府会计准则制度解释第2号》……
主要规定政府会计科目及其使用说明、报表格式及其编制说明等

图1-1 政府会计准则体系

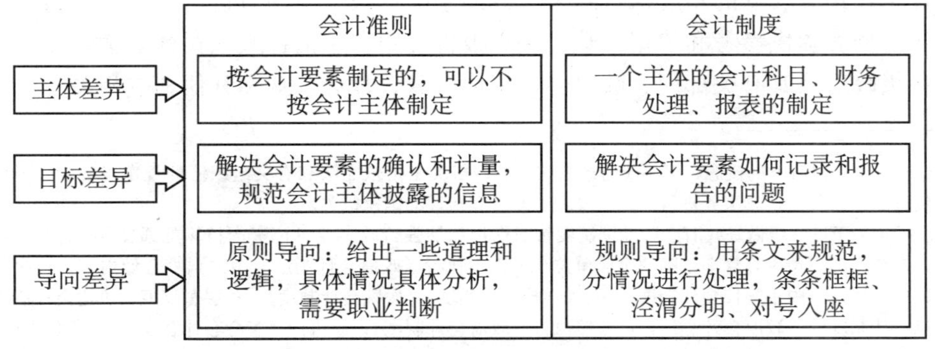

图1-2 “准则+制度”模式功能比较

三、政府会计的含义

《政府会计制度》的适用范围为各级各类行政单位和事业单位① (以下统称“单位”，

① 纳入企业财务管理体系执行《企业会计准则》或《小企业会计准则》的单位，不执行《政府会计制度》；《政府会计制度》尚未规范的有关行业事业单位的特殊经济业务或事项的会计处理，由财政部另行规定。

特别说明的除外）。其中：行政单位①是指进行国家行政管理、组织经济建设和文化建设、维护社会公共秩序的单位，主要包括国家权力机关、行政机关、司法机关、检察机关以及实行预算管理的其他机关、政党组织等；事业单位②是指国家为了社会公益目的，由国家机关举办或者其他组织利用国有资产举办的，从事教育、科技、文化、卫生等活动的社会服务组织。

政府会计就是以政府所属（或主办）的各级各类行政事业单位实际发生的各项经济业务或事项为对象，核算、反映和监督行政事业单位年度财务收支计划和预算收支计划执行过程及结果的一门专业会计。

《政府会计制度》按照《改革方案》和《基本准则》的要求，构建了“财务会计和预算会计适度分离并相互衔接”的会计核算模式。预算会计是指以收付实现制③为基础对政府会计主体预算执行过程中发生的全部收入和全部支出进行会计核算，主要反映和监督预算收支执行情况的会计；财务会计是指以权责发生制④为基础对政府会计主体发生的各项经济业务或者事项进行会计核算，主要反映和监督政府会计主体财务状况、运行情况和现金流量等的会计。

四、政府会计核算的目标

政府会计核算的目标是向会计信息使用者提供与单位财务状况、预算执行情况及成果等有关的会计信息，反映单位受托责任的履行情况，有助于会计信息使用者进行管理、监督和决策。按照《基本准则》的规定，政府会计主体应当编制决算报告和财务报告。

决算报告的目标是向决算报告使用者提供与政府预算执行情况有关的信息，综合反映政府会计主体预算收支的年度执行结果，有助于决算报告使用者进行监督和管理，并为编制后续年度预算提供参考和依据。政府决算报告使用者包括各级人民代表大会及其常务委员会、各级政府及其有关部门、政府会计主体自身、社会公众和其他利益相关者。

---

① 行政单位是财政上的概念，区别于行政机关。行政机关是指依宪法和有关组织法的规定设置的，行使国家行政职权，负责对国家各项行政事务进行组织、管理、监督和指挥的国家机关。

② 按照《关于进一步做好政府会计准则制度新旧衔接和加强行政事业单位资产核算的通知》（财会［2018］34号）精神，未纳入部门预决算管理范围的事业单位，可以不执行《政府会计制度》中的预算会计内容，只执行财务会计内容；原参照执行《中小学校会计制度》《高等学校会计制度》《医院会计制度》《基层医疗卫生机构会计制度》等行业事业单位会计制度的非政府会计主体，可参照执行《政府会计制度》；原执行《工会会计制度》的各级工会组织，暂不执行政府会计准则制度，继续执行《工会会计制度》。按照《政府会计准则制度解释第2号》规定，县级及以上总工会和基层工会组织应当执行《工会会计制度》（财会〔2009〕7号），工会所属事业单位应当执行政府会计准则制度，工会所属企业应当执行企业类会计准则制度，挂靠工会管理的社会团体应当按规定执行《民间非营利组织会计制度》（财会〔2004〕7号）；纳入部门预决算管理的社会组织，原执行《事业单位会计制度》（财会〔2012〕22号）的，应当自2019年1月1日起执行政府会计准则制度；原执行《民间非营利组织会计制度》的，仍然执行《民间非营利组织会计制度》。

③ 收付实现制是指以现金的实际收付为标志来确定本期收入和支出的会计核算基础。凡在当期实际收到的现金收入和支出，均应作为当期的收入和支出；凡是不属于当期的现金收入和支出，均不应当作为当期的收入和支出。

④ 权责发生制是指以取得收取款项的权利或支付款项的义务为标志来确定本期收入和费用的会计核算基础。凡是当期已经实现的收入和已经发生的或应当负担的费用，不论款项是否收付，都应当作为当期的收入和费用；凡是不属于当期的收入和费用，即使款项已在当期收付，也不应当作为当期的收入和费用。

财务报告的目标是向财务报告使用者提供与政府的财务状况、运行情况和现金流量等有关的信息，反映政府会计主体公共受托责任履行情况，有助于财务报告使用者做出决策或者进行监督和管理。政府财务报告使用者包括各级人民代表大会常务委员会、债权人、各级政府及其有关部门、政府会计主体自身和其他利益相关者。

知识归纳

政府会计准则体系包括政府会计基本准则、具体准则及应用指南和政府会计制度。

预算会计是指以收付实现制为基础对政府会计主体预算执行过程中发生的全部收入和全部支出进行会计核算，主要反映和监督预算收支执行情况的会计；财务会计是指以权责发生制为基础对政府会计主体发生的各项经济业务或者事项进行会计核算，主要反映和监督政府会计主体财务状况、运行情况和现金流量等的会计。

问题探究

1. 政府会计准则体系由哪几部分构成？
2. 政府会计准则体系各部分间有什么关系？
3. 政府会计的财务会计和预算会计有哪些区别？

会计法律法规摘选（一）

任务二　政府会计假设及会计信息质量要求

任务目标

◇ 熟悉政府会计假设。
◇ 掌握政府会计信息质量要求。

一、 政府会计假设

（一） 会计主体假设

政府会计主体应当根据政府会计准则（包括基本准则和具体准则）规定的原则和政府会计制度的要求，对其发生的各项经济业务或事项进行会计核算。

另外，政府会计主体对基本建设投资应当按照政府会计制度规定统一进行会计核算，不再单独建账，但是应当按项目单独核算，并保证项目资料完整。

（二） 持续运行假设

政府会计核算应当以政府会计主体持续运行为前提。

（三） 会计分期假设

政府会计核算应当划分会计期间，分期结算账目，按规定编制决算报告和财务报告。

会计期间至少分为年度和月度。会计年度、月度等会计期间的起讫日期采用公历日期。

（四） 货币计量假设

政府会计核算应当以人民币作为记账本位币。发生外币业务时，应当将有关外币金额折算为人民币金额计量，同时登记外币金额。

二、 政府会计信息质量要求

（一） 可靠性

政府会计主体应当以实际发生的经济业务或者事项为依据进行会计核算，如实反映各项会计要素的情况和结果，保证会计信息真实可靠。

（二） 全面性

政府会计主体应当将发生的各项经济业务或者事项统一纳入会计核算，确保会计信息能够全面反映政府会计主体预算执行情况和财务状况、运行情况、现金流量等。

（三） 相关性

政府会计主体提供的会计信息，应当与反映政府会计主体公共受托责任履行情况以及报告使用者决策或者监督、管理的需要相关，有助于报告使用者对政府会计主体过去、现在或者未来的情况做出评价或预测。

（四） 及时性

政府会计主体对已经发生的经济业务或者事项，应当及时进行会计核算，不得提前或者延后。

（五）可比性

政府会计主体提供的会计信息应当具有可比性。

同一政府会计主体不同时期发生的相同或者相似的经济业务或者事项，应当采用一致的会计政策，不得随意变更。确需变更的，应当将变更的内容、理由及影响在附注中予以说明。

不同政府会计主体发生的相同或者相似的经济业务或者事项，应当采用一致的会计政策，确保政府会计信息口径一致，相互可比。

（六）可理解性

政府会计主体提供的会计信息应当清晰明了，便于报告使用者理解和使用。

（七）实质重于形式

政府会计主体应当按照经济业务或者事项的经济实质进行会计核算，不限于以经济业务或者事项的法律形式为依据。

知识归纳

政府会计假设包括会计主体假设、持续运行假设、会计分期假设和货币计量假设。

政府会计的信息质量要求有可靠性、全面性、相关性、及时性、可比性、可理解性和实质重于形式等。

问题探究

1. 政府会计假设有哪些?
2. 政府会计的信息质量要求有哪些?

任务三　政府会计要素

任务目标

◇ 熟悉政府会计要素的关系。

◇ 掌握政府会计要素的分类。

一、政府会计要素的分类

会计要素又称财务报表要素，是会计对象的构成要素，是对会计对象的基本分类，是构成财务报表的基础。科学地确定会计要素，有助于设置会计科目和设计报表。政府会计要素包括预算会计要素和财务会计要素。

（一）预算会计要素

预算会计要素是用来反映单位预算执行情况及成果的会计要素，包括预算收入、预算支出和预算结余。

（1）预算收入是指政府会计主体在预算年度内依法取得的并纳入预算管理的现金流入。

（2）预算支出是指政府会计主体在预算年度内依法发生的并纳入预算管理的现金流出。

（3）预算结余是指政府会计主体预算年度内预算收入扣除预算支出后的资金余额，以及历年滚存的资金余额。

（二）财务会计要素

财务会计要素包括资产、负债、净资产、收入和费用，资产、负债、净资产是用来说明单位财务状况的会计要素，收入和费用是用来反映单位财务计划执行情况及成果的会计要素。

（1）资产是指政府会计主体过去的经济业务或者事项形成的，由政府会计主体控制的，预期能够产生服务潜力或者带来经济利益流入的经济资源。

服务潜力是指政府会计主体利用资产提供公共产品和服务以履行政府职能的潜在能力。

经济利益流入表现为现金及现金等价物的流入，或者现金及现金等价物流出的减少。

（2）负债是指政府会计主体过去的经济业务或者事项形成的，预期会导致经济资源流出政府会计主体的现时义务。

现时义务是指政府会计主体在现行条件下已承担的义务。未来发生的经济业务或者事项形成的义务不属于现时义务，不应当确认为负债。

（3）净资产是指政府会计主体资产扣除负债后的净额。

（4）收入是指报告期内导致政府会计主体净资产增加的、含有服务潜力或者经济利益的经济资源的流入。

（5）费用是指报告期内导致政府会计主体净资产减少的、含有服务潜力或者经济利益的经济资源的流出。

二、政府会计要素的关系

会计要素之间的关系通常用会计等式表示，会计等式也称会计平衡公式。会计等式表现为静态平衡和动态平衡。所谓静态平衡，是指从静态看，单位所拥有的资产与负债和净资产表现为同一资金的两个方面，即有一定数额的资产，就必然有一定数额的负债和净资产；反之，有一定数额的负债和净资产，也就必然有一定数额的资产。资产与负债和净资产是相互依存的，一个单位所拥有的资产总额与负债和净资产的总额必然是相等的。资产与负债和净资产之间的这种恒等关系称为会计等式，用公式表示为：

资产＝负债＋净资产

所谓动态平衡，是指从动态看，单位在发生经济业务或事项时，必然会取得一定数额的收入，同时必然会发生一定数额的费用。收入和费用相抵后的余额为结转结余，用公式表示为：

收入－费用＝结转结余

结转结余不属于单位的会计要素，结转结余经过年终结转或分配后形成净资产，会计平衡公式又回归到静态平衡状态。

预算收入和预算支出相抵后的余额为预算结余，用公式表示为：

预算收入－预算支出＝预算结余

会计等式是会计复式记账的理论基础，是记账凭证、会计账簿和财务报表的设计理论依据。

知识归纳

政府会计要素包括财务会计要素和预算会计要素。财务会计要素包括资产、负债、净资产、收入和费用；预算会计要素包括预算收入、预算支出和预算结余。

问题探究

1. 简述政府会计要素的种类。
2. 简述政府财务会计要素的构成。
3. 简述政府预算会计要素的构成。

会计职业道德案例（一）

任务四 政府会计科目

任务目标

◇ 了解政府会计科目的分类。
◇ 熟悉政府会计科目的分级。
◇ 掌握政府会计科目设置的依据。
◇ 掌握政府会计科目使用的规定。

一、政府会计科目的分类

会计科目是对会计要素按其经济内容或用途所做出的科学分类，是设置会计账户和归集、核算各项经济业务或事项的依据。科学地设置和正确地使用会计科目，是做好会计核算工作的基本前提。

政府会计科目按其应当具备的财务会计与预算会计双重功能分为财务会计科目与预算会计科目。财务会计科目包括资产类、负债类、净资产类、收入类和费用类科目；预算会计科目包括预算收入类、预算支出类和预算结余类科目。

二、政府会计科目的分级

政府单位的会计科目按核算层次分为总账科目和明细科目。总账科目也叫总分类科目（或一级科目），它是按照单位财务管理及预算管理的要求对会计要素进行总括分类的项目，是设置总账账户的依据；明细科目是按照单位财务管理及预算管理的要求，根据会计核算的重要性原则，对总账科目进一步分类后的项目，是设置明细账户的依据。

明细科目按其反映内容的详略，可分为一级明细科目和二级明细科目。一级明细科目，又称子目，是对总账科目直接分类后的项目，是设置一级明细账户的依据；二级明细科目，又称细目，是对一级明细科目进一步分类后的项目，是设置二级明细账户的依据。

总账科目是明细科目的综合，对明细科目起统驭作用；明细科目是总账科目的详细分类和具体说明，对总账科目起补充和分析作用。一级明细科目是二级明细科目的综合，二级明细科目是一级明细科目的详细分类和具体说明，对一级明细科目起补充和分析作用。所以，会计记账要求总账科目与明细科目平行登记。平行登记的要点是“三同四相符”，即总账科目与明细科目同时间、同方向、同金额登记，登记的结果必然是期初余额、本期借方发生额、本期贷方发生额、期末余额相符。

三、政府会计科目的设置

《中华人民共和国会计法》规定，国家实行统一的会计制度，国家统一的会计制度由国务院财政部门根据会计法制定并公布。单位会计的总账科目应当根据财政部制定并公布的《政府会计制度》设置。单位会计明细科目的设置，除《政府会计制度》已有规定以外，在不违反会计信息质量要求的前提下，单位可根据需要自行规定。一般情况下，单位会计明细科目的设置有以下三种情况：

（1）按照《政府收支分类科目》设置明细科目。如“财政拨款收入”“财政拨款预算收入”等科目应当按照《政府收支分类科目》中“支出功能分类”的项级科目设置明细科目；单位的“业务活动费用”“行政支出”等科目应当按照《政府收支分类科目》中“支出经济分类”的款级科目设置明细科目。

（2）按结算单位、个人名称或事项设置明细科目。如各种往来款项明细科目的设置。

（3）按财产物资的类别或品名设置明细科目。如固定资产、存货明细科目的设置。

《政府会计制度》规定的会计科目名称与编号，如表 1－1 所示。

表 1－1　政府会计科目名称与编号

序号	编号	科目名称	序号	编号	科目名称
一、财务会计科目			54	3201	权益法调整
（一）资产类			55	3301	本期盈余
1	1001	库存现金	56	3302	本年盈余分配
2	1002	银行存款	57	3401	无偿调拨净资产
3	1011	零余额账户用款额度	58	3501	以前年度盈余调整
4	1021	其他货币资金	（四）收入类		
5	1101	短期投资	59	4001	财政拨款收入
6	1201	财政应返还额度	60	4101	事业收入
7	1211	应收票据	61	4201	上级补助收入
8	1212	应收账款	62	4301	附属单位上缴收入
9	1214	预付账款	63	4401	经营收入
10	1215	应收股利	64	4601	非同级财政拨款收入
11	1216	应收利息	65	4602	投资收益
12	1218	其他应收款	66	4603	捐赠收入
13	1219	坏账准备	67	4604	利息收入
14	1301	在途物品	68	4605	租金收入

续表

序号	编号	科目名称	序号	编号	科目名称
15	1302	库存物品	69	4609	其他收入
16	1303	加工物品	（五）费用类		
17	1401	待摊费用	70	5001	业务活动费用
18	1501	长期股权投资	71	5101	单位管理费用
19	1502	长期债券投资	72	5201	经营费用
20	1601	固定资产	73	5301	资产处置费用
21	1602	固定资产累计折旧	74	5401	上缴上级费用
22	1611	工程物资	75	5501	对附属单位补助费用
23	1613	在建工程	76	5801	所得税费用
24	1701	无形资产	77	5901	其他费用
25	1202	无形资产累计摊销	二、预算会计科目		
26	1703	研发支出	（一）预算收入类		
27	1801	公共基础设施	1	6001	财政拨款预算收入
28	1802	公共基础设施累计折旧（摊销）	2	9101	事业预算收入
29	1811	政府储备物资	3	6201	上级补助预算收入
30	1821	文物文化资产	4	6301	附属单位上缴预算收入
31	1831	保障性住房	5	6401	经营预算收入
32	1832	保障性住房累计折旧	6	6501	债务预算收入
33	1891	受托代理资产	7	6601	非同级财政拨款预算收入
34	1901	长期待摊费用	8	6602	投资预算收益
35	1902	待处理财产损溢	9	6609	其他预算收入
（二）负债类			（二）预算支出类		
36	2001	短期借款	10	7101	行政支出
37	2101	应交增值税	11	7201	事业支出
38	2102	其他应交税费	12	7301	经营支出
39	2103	应缴财政款	13	7401	上缴上级支出
40	2201	应付职工薪酬	14	7501	对附属单位补助支出
41	2301	应付票据	15	7601	投资支出
42	2302	应付账款	16	7701	债务还本支出
43	2303	应付政府补贴款	17	7901	其他支出
44	2304	应付利息	（三）预算结余类		
45	2305	预收账款	18	8001	资金结存
46	2307	其他应付款	19	8101	财政拨款结转
47	2401	预提费用	20	8102	财政拨款结余
48	2501	长期借款	21	8201	非财政拨款结转
49	2502	长期应付款	22	8202	非财政拨款结余
50	2601	预计负债	23	8301	专用结余
51	2901	受托代理负债	24	8401	经营结余

续表

序号	编号	科目名称	序号	编号	科目名称
（三）净资产类			25	8501	其他结余
52	3001	累计盈余	26	8701	非财政拨款结余分配
53	3101	专用基金			

四、政府会计科目使用的规定

单位应当按照下列规定使用会计科目：

（1）单位应当按照《政府会计制度》的规定设置和使用会计科目。在不影响会计处理和编制报表的前提下，单位可以根据实际情况自行增设或减少某些会计科目。

（2）单位应当执行《政府会计制度》统一规定的会计科目编号，以便于填制会计凭证、登记账簿、查阅账目，实行会计信息化管理。

（3）单位在填制会计凭证、登记会计账簿时，应当填列会计科目的名称，或者同时填列会计科目的名称和编号，不得只填列会计科目编号、不填列会计科目名称。

（4）单位设置明细科目或进行明细核算，除遵循本制度规定外，还应当满足权责发生制政府部门财务报告和政府综合财务报告编制的其他需要。

知识归纳

政府会计科目分为财务会计科目与预算会计科目。财务会计科目包括资产类、负债类、净资产类、收入类和费用类科目；预算会计科目包括预算收入类、预算支出类和预算结余类科目。

政府单位的会计科目按核算层次分为总账科目和明细科目。总账科目应当根据财政部制定并公布的《政府会计制度》设置；明细科目应当按照《政府收支分类科目》的相应科目等设置。

问题探究

1. 政府会计主体总账科目设置的依据是什么？
2. 政府会计主体明细科目的设置有几种情况？
3. 政府会计主体在使用会计科目时应遵循哪些规定？

会计名人轶事摘选（一）

任务五　政府会计报表基础知识

任务目标

◇ 了解政府决算报告和财务报告的体系。
◇ 熟悉政府会计报表的种类与编制期。
◇ 掌握政府会计报表的编制要求。

一、政府决算报告和财务报告体系

政府会计主体应当编制决算报告和财务报告。

（一）政府决算报告的定义、内容及编制基础

（1）政府决算报告是综合反映政府会计主体年度预算收支执行结果的文件。

（2）政府决算报告应当包括决算报表和其他应当在决算报告中反映的相关信息和资料。

（3）政府决算报告的编制主要以收付实现制为基础，以预算会计核算生成的数据为准。

（二）政府财务报告的定义、内容及编制基础

（1）政府财务报告是反映政府会计主体某一特定日期的财务状况和某一会计期间的运行情况和现金流量等信息的文件。

（2）政府财务报告应当包括财务报表和其他应当在财务报告中披露的相关信息和资料。

财务报表是对政府会计主体财务状况、运行情况和现金流量等信息的结构性表述。财务报表包括会计报表和附注。会计报表至少应当包括资产负债表、收入费用表和现金流量表。

（3）政府财务报告包括政府综合财务报告和政府部门财务报告。

(4) 政府财务报告的编制主要以权责发生制为基础，以财务会计核算生成的数据为准。

二、政府会计报表的种类及编制期

政府会计报表编号及编制期如表 1-2 所示。

表 1-2 政府会计报表编号及编制期

编号	报表名称	编制期
财务报表		
会政财 01 表	资产负债表	月度、年度
会政财 02 表	收入费用表	月度、年度
会政财 03 表	净资产变动表	年度
会政财 04 表	现金流量表	年度
	附注	年度
预算会计报表		
会政预 01 表	预算收入支出表	年度
会政预 02 表	预算结转结余变动表	年度
会政预 03 表	财政拨款预算收入支出表	年度

三、政府会计报表的编制要求

单位应当按照下列规定编制财务报表和预算会计报表：

(1) 财务报表的编制主要以权责发生制为基础，以单位财务会计核算生成的数据为准；预算会计报表的编制主要以收付实现制为基础，以单位预算会计核算生成的数据为准。

(2) 财务报表由会计报表及其附注构成。会计报表一般包括资产负债表、收入费用表和净资产变动表。单位可根据实际情况自行选择编制现金流量表。

(3) 预算会计报表至少包括预算收入支出表、预算结转结余变动表和财政拨款预算收入支出表。

(4) 单位应当至少按照年度编制财务报表和预算会计报表。

(5) 单位应当编制真实、完整的财务报表和预算会计报表，不得违反规定随意改变财务报表和预算会计报表的编制基础、编制依据、编制原则和方法，不得随意改变规定的财务报表和预算会计报表有关数据的会计口径。

(6) 财务报表和预算会计报表应当根据登记完整、核对无误的账簿记录和其他有关资料编制，做到数字真实、计算准确、内容完整、编报及时。

(7) 财务报表和预算会计报表应当由单位负责人和主管会计工作的负责人、会计机构负责人（会计主管人员）签名并盖章。

知识归纳

政府会计主体应当编制决算报告和财务报告。政府决算报告是综合反映政府会计主体年度预算收支执行结果的文件；政府财务报告是反映政府会计主体某一特定日期的财务状况和某一会计期间的运行情况和现金流量等信息的文件。

政府决算报告应当包括决算报表和其他应当在决算报告中反映的相关信息和资料；政府财务报告应当包括财务报表和其他应当在财务报告中披露的相关信息和资料。

财务报表是对政府会计主体财务状况、运行情况和现金流量等信息的结构性表述。财务报表包括会计报表和附注。会计报表至少应当包括资产负债表、收入费用表和现金流量表。

政府决算报告的编制主要以收付实现制为基础，以预算会计核算生成的数据为准；政府财务报告的编制主要以权责发生制为基础，以财务会计核算生成的数据为准。

问题探究

1. 政府财务报告体系由哪几个层次构成？
2. 政府财务报表至少应当包括哪些内容？
3. 政府会计报表的编制应符合哪些要求？

会计法律法规摘选（二）

项目二

政府会计核算模式及其平行记账举例

任务一 政府会计核算模式

任务目标

◇ 熟悉政府“适度分离”的表现、“相互衔接”的表现。

◇ 掌握政府会计核算模式的含义、“适度分离”的含义、“相互衔接”的含义。

《政府会计制度》按照《改革方案》和《基本准则》的要求，构建了“财务会计和预算会计适度分离并相互衔接”的会计核算模式。

一、财务会计和预算会计“适度分离”的表现

所谓“适度分离”，是指适度分离政府预算会计和财务会计功能、决算报告和财务报告功能，全面反映政府会计主体的预算执行信息和财务信息。主要体现在以下三个方面。

（一）“双功能”的表现

财务会计和预算会计“双功能”，是指在同一会计核算系统中实现财务会计和预算会计双重功能，通过资产、负债、净资产、收入、费用五个要素进行财务会计核算，通过预算收入、预算支出和预算结余三个要素进行预算会计核算。进行财务会计和预算会计“双

功能”时，对同一经济业务或事项的账务处理在财务会计账户与预算会计账户主要表现为以下三个方面的相互对应与衔接。

1. 财务会计“实”账户与预算会计“虚”账户的对应

一般情况下，财务会计资产要素中的“库存现金”“银行存款”“其他货币资金”“零余额账户用款额度”“财政应返还额度”总账账户，与预算会计预算结余中的“资金结存”总账账户及其货币资金（库存现金、银行存款、其他货币资金）、零余额账户用款额度、财政应返还额度明细账户相对应。为便于理解，我们将“库存现金”“银行存款”“其他货币资金”“零余额账户用款额度”“财政应返还额度”总账账户称为“实”账户，将“资金结存”总账账户及其明细账户称为“虚”账户。其对应状况是只要“实”账户发生增减变动，一般情况下“虚”账户也应同时发生增减变动，“实”账户的借方余额合计数一般与“虚”账户的借方余额相等。

从“虚”“实”账户的这种对应状况看，“资金结存”账户在政府会计核算模式中是一个特殊且重要的关键账户，“特殊”是指“资金结存”账户虽然属于预算结余类账户，但其账户结构与一般预算结余类账户相反，其借方登记确认的预算收入（增加），贷方登记确认的预算支出，期末余额在借方，期末余额一方面和预算结余类账户的其他结转结余账户的贷方余额合计数相对应，另一方面和财务会计的五个“实”账户的借方余额合计数相对应；“重要”是指一个“虚”账户对应五个“实”账户，在日常会计核算业务中，“虚”账户是所有会计账户中涉及面最广、使用频率最高的账户。

一个“虚”账户与五个“实”账户的对应关系如图 2-1 所示。

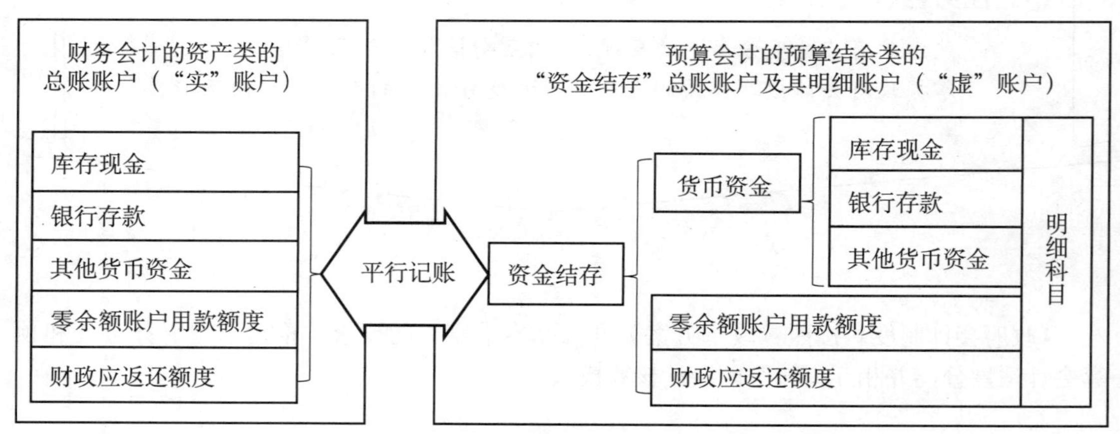

图 2-1 “资金结存”与“库存现金”等账户的对应关系

2. 财务会计收入类账户与预算会计预算收入类账户的对应

财务会计共 11 个收入类账户，预算会计共 9 个预算收入类账户，其中：“财政拨款收入”账户与“财政拨款预算收入”账户对应，“事业收入”账户与“事业预算收入”账户对应，“上级补助收入”账户与“上级补助预算收入”账户对应，“附属单位上缴收入”账户与“附属单位上缴预算收入”账户对应，“经营收入”账户与“经营预算收入”账户对应，“非同级财政拨款收入”账户与“非同级财政拨款预算收入”账户对应，“投资收益”账户与“投资预算收益”账户对应，“捐赠收入”“利息收入”“租金收入”“其他收入”账户与“其他预算收入”账户对应；由于债务收入在财务会计中确认为“短期借款”和“长期借款”，在预算会计中确认为“债务预算收入”，所以预算会计的“债务预算收入”没有与财务会计对应的收入类账户。财务会计收入类账户与预算会计预算收入类账户的对应关系如表2-1所示。

表2-1　财务会计收入类账户与预算会计预算收入类账户的对应关系

财务会计收入类账户	是否对应	预算会计预算收入类账户
财政拨款收入	对应	财政拨款预算收入
事业收入	对应	事业预算收入
上级补助收入	对应	上级补助预算收入
附属单位上缴收入	对应	附属单位上缴预算收入
经营收入	对应	经营预算收入
	无对应	债务预算收入
非同级财政拨款收入	对应	非同级财政拨款预算收入
投资收益	对应	投资预算收益
捐赠收入	对应	其他预算收入
利息收入		
租金收入		
其他收入		

3. 财务会计费用类账户与预算会计预算支出类账户的对应

财务会计共8个费用类账户，预算会计共8个预算收入类账户，其中：行政单位的“业务活动费用”账户与“行政支出”账户对应，事业单位的“业务活动费用”“单位管理费用”账户与“事业支出”账户对应，“经营费用”账户与“经营支出”账户对应，“上缴上级费用”账户与“上缴上级支出”账户对应，“对附属单位补助费用”账户与“对附属单位补助支出”账户对应，“其他费用”账户与“其他支出”账户基本对应；由于债务收入在财务会计中确认为“短期借款”和“长期借款”到期偿还本金，在预算会计中确认为“债务还本支出”，所以预算会计的“债务还本支出”没有与财务会计对应的费用类账户；由于对外投资在财务会计中确认为“短期投资”、“长期债权投资”和“长期股权投资”，在预算会计中确认为“投资支出”，所以预算会计的“投资支出”没有与财务会计对应的费用类账户；财务会计的“资产处置费用”“所得税费用”账户只是在财务会计中单方面确认为费用，预算会计中没有与之对应的预算支出类科目。财务会计费用类账户与预算会计预算支出类账户的对应关系如表2-2所示。

表2-2　财务会计费用类账户与预算会计预算支出类账户的对应关系

财务会计费用类账户	是否对应	预算会计预算支出类账户
业务活动费用	对应	行政支出
单位管理费用		事业支出
经营费用	对应	经营支出
资产处置费用	无对应	
上缴上级费用	对应	上缴上级支出
对附属单位补助费用	对应	对附属单位补助支出

续表

财务会计费用类账户	是否对应	预算会计预算支出类账户
所得税费用	无对应	
	无对应	投资支出
	无对应	债务还本支出
其他费用	基本对应	其他支出

（二）“双基础”的表现

财务会计和预算会计的“双基础”，是指财务会计采用权责发生制，预算会计采用收付实现制，国务院另有规定的，依照其规定。

财务会计采用权责发生制，按照收入、费用是否归属本期为标准来确定本期收入和费用；预算会计采用收付实现制，按照预算收入、预算支出是否在本期实际收到或付出为标准确定本期预算收入和预算支出。

政府会计主体在进行账务处理时，首先要判断政府会计主体发生的经济业务或事项引起的现金的增减变动是否属于纳入单位部门预算管理的现金；然后对纳入单位部门预算管理的现金收支业务分别根据权责发生制和收付实现制判断确认收入（预算收入）、费用（预算收入）的时间与金额。对不属于单位部门预算管理的现金收支根据权责发生制判断是否确认收入费用及确认的时间与金额，只进行财务会计核算不进行预算会计核算。

对纳入单位部门预算管理的现金收支业务在进行账务处理时有以下几种具体情况：

（1）发生现收现付业务时，财务会计确认收入（或费用、或资产成本、或负债），预算会计同时确认预算收入或预算支出，既要进行财务会计核算又要进行预算会计核算。

（2）发生应收应付业务时，财务会计先确认收入或费用（或采购成本）的同时记应收账款或应付账款，只进行财务会计核算不进行预算会计核算；应收应付款项结算时，财务会计冲销应收应付款项，预算会计再确认预算收入或预算支出。

（3）发生预收预付业务时，财务会计记预收账款或预付账款，预算会计先确认预算收入或预算支出；预收预付款项结算时，财务会计再确认收入或费用（或采购成本）的同时冲销预收预付款项。

（4）发生库存物品领用、计提固定资产等折旧摊销、计提工资薪酬等业务时，财务会计确认费用，只进行财务会计核算不进行预算会计核算。

政府会计主体发生未纳入单位部门预算管理的现金收支业务时，如受托代理、应缴财政款、暂存暂付等业务，不涉及收入与费用的确认，只进行财务会计核算不进行预算会计核算。

（三）“双报告”的表现

财务会计和预算会计“双报告”，是指通过财务会计核算形成财务报告，通过预算会计核算形成决算报告。

政府财务报告是反映政府会计主体某一特定日期的财务状况和某一会计期间的运行情况和现金流量等信息的文件。政府财务报告应当包括财务报表和其他应当在财务报告中披露的相关信息和资料。政府财务报告的编制主要以权责发生制为基础，以财务会计核算生成的数据为准。

政府决算报告是综合反映政府会计主体年度预算收支执行结果的文件。政府决算报告应当包括决算报表和其他应当在决算报告中反映的相关信息和资料。政府决算报告的编制主要以收付实现制为基础，以预算会计核算生成的数据为准。

二、财务会计和预算会计“相互衔接”的表现

所谓“相互衔接”，是指在同一会计核算系统中政府预算会计要素和相关财务会计要素相互协调，决算报告和财务报告相互补充，共同反映政府会计主体的预算执行信息和财务信息。主要体现在以下两个方面。

（一）财务会计和预算会计的“平行记账”

财务会计和预算会计的“平行记账”是指对纳入部门预算管理的现金收支进行平行核算，即对于纳入部门预算管理的现金收支业务，在进行财务会计核算的同时也应当进行预算会计核算。对于其他业务，仅需要进行财务会计核算①。

通常情况下，“平行记账”可理解为对纳入单位部门预算管理的现金收支业务在进行账务处理时，财务会计遵循权责发生制确认收入或费用，预算会计同时遵循收付实现制确认预算收入或预算支出；财务会计将收到的款项（或额度、或应返还额度）记入“库存现金”“银行存款”“其他货币资金”“零余额账户用款额度”“财政应返还额度”，预算会计相应地记入“资金结存”的货币资金、零余额账户用款额度和财政应返还额度明细账。

（二）财务会计和预算会计的“钩稽关系”

财务会计和预算会计的“钩稽关系”是由对政府会计发生的经济业务或事项进行账务处理时的两方面差异形成的，一方面是涉及的资金性质上造成的差异，即对纳入部门预算管理的现金收支“平行记账”，对其他业务只进行财务会计核算；另一方面是对纳入部门预算管理的现金收支财务会计核算时收入和费用确认采用权责发生制，预算会计核算时预算收入和预算支出确认采用收付实现制。两方面因素形成的差异分为重要事项差异和其他事项差异，重要事项差异表现为以下 4 种类型：

（1）当期财务会计确认为收入但预算会计没有确认为预算收入的业务或事项，如应收款项、预收账款确认的收入，接受非货币性资产捐赠确认的收入。

（2）当期预算会计确认为预算支出但财务会计没有确认为费用的业务或事项，如支付应付款项、预付账款的支出，为取得存货、政府储备物资等计入物资成本的支出，为购建固定资产等的资本性支出，偿还借款本息支出。

（3）当期预算会计确认为预算收入但财务会计没有确认为收入的业务或事项，如收到应收款项、预收账款确认的预算收入，取得借款确认的预算收入。

---

① 按照《财政部关于进一步做好政府会计准则制度新旧衔接和加强行政事业单位资产核算的通知》（财会〔2018〕34 号）精神，单位应当按照部门综合预算管理的要求，对纳入部门预算管理的全部现金收支业务进行预算会计核算。未纳入年初批复的预算但纳入决算报表编制范围的非财政拨款收支，应当进行预算会计核算。

（4）当期财务会计确认为费用但预算会计没有确认为预算支出的业务或事项，如发出存货、政府储备物资等确认的费用，计提的折旧费用和摊销费用，确认的资产处置费用（处置资产价值），应付款项、预付账款确认的费用。

上述 4 种类型的差异，以每年 12 月 31 日为界，通过编制“本年预算结余与本年盈余差异调节表”来证明财务会计和预算会计之间存在的“钩稽关系”，从而揭示财务会计和预算会计的内在联系。

“本年预算结余与本年盈余差异调节表”（简表）如表 2－3 所示。

表 2－3　本年预算结余与本年盈余差异调节表（简表）

项目	金额
一、本年预算结余	
二、差异调节	——
加：1. 财收预未收	
2. 预支财未费	
减：1. 预收财未收	
2. 财费预未支	
三、本年盈余	

政府会计核算模式，如图 2－2 所示。

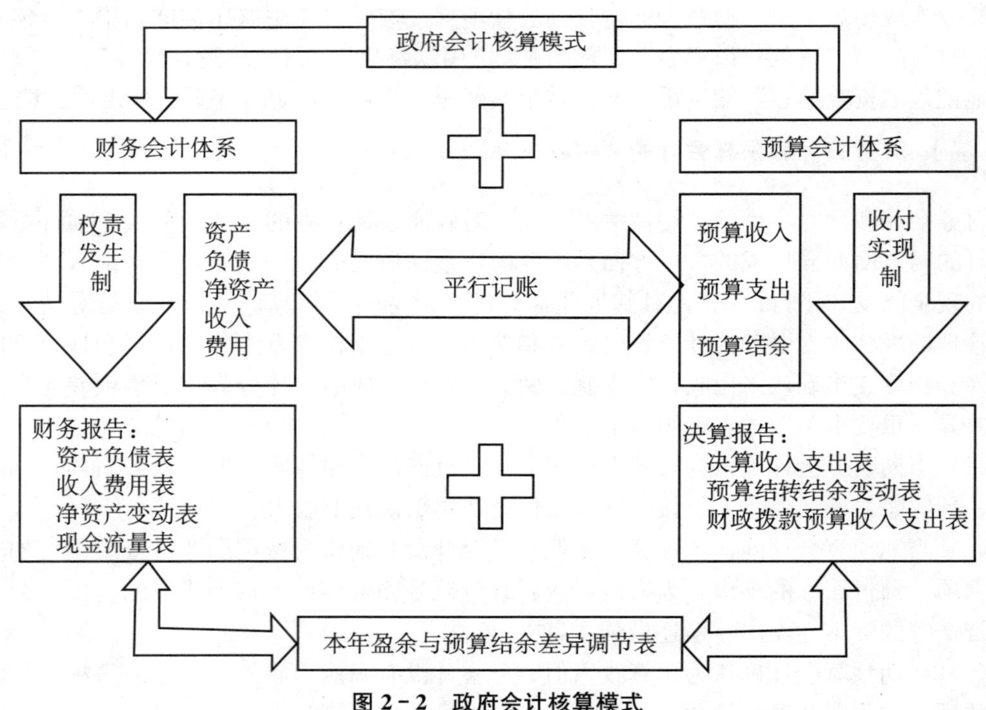

图 2－2　政府会计核算模式

知识归纳

政府会计核算模式是“财务会计和预算会计适度分离并相互衔接”。所谓“适度分离”，是指适度分离政府预算会计和财务会计功能、决算报告和财务报告功能，全面反映政府会计主体的预算执行信息和财务信息；所谓“相互衔接”，是指在同一会计核算系统中政府预算会计要素和相关财务会计要素相互协调，决算报告和财务报告相互补充，共同反映政府会计主体的预算执行信息和财务信息。

“适度分离”主要体现在“双功能”“双基础”“双报告”三个方面；“相互衔接”主要体现在“平行记账”和“钩稽关系”两个方面。

问题探究

1. “双功能”的账户对应关系表现在哪些方面？
2. “双基础”收支确认的差异表现为几种情况？
3. “平行记账”的核算范围如何确定？
4. “钩稽关系”重要事项的差异表现为几种类型？

会计职业道德案例（二）

任务二 “双功能”平行记账关键科目及其应用举例

任务目标

◇ 熟悉资金结存的定义与内容。
◇ 掌握资金结存的确认与计量。
◇ 学会资金结存的核算。

“资金结存”科目是政府会计制度实现“双功能”核算的关键科目，“双功能”核算的代表性业务是“资金结存”的核算业务。

一、资金结存的定义与内容

资金结存是指单位纳入部门预算管理的资金。单位的资金结存包括以下内容：

（1）零余额账户用款额度，是指实行国库集中支付的单位收到财政部门批复的用款计划所列示的当期用款额度。

（2）货币资金，是指单位以库存现金、银行存款、其他货币资金形态存在的资金。

（3）财政应返还额度，是指实行国库集中支付的单位可以使用的以前年度财政直接支付资金额度和财政应返还的财政授权支付资金额度。

另外，日常临时性的往来资金（如押金、预借差旅费等）、受托代理的资金、应缴财政的资金、直接计入专用基金的资金不属于资金结存的内容，这些业务发生时只进行财务会计核算不进行预算会计核算。

二、资金结存的确认与计量

资金结存的确认与计量分资金结存增加的确认与计量和资金结存减少的确认与计量。

（一）资金结存增加的确认与计量

（1）财政授权支付方式下，根据代理银行转来的财政授权支付额度到账通知书上列明的授权支付额度确认。

（2）以国库集中支付以外的其他支付方式取得预算收入时，按照实际收到的金额确认。

（3）从零余额账户退回现金时，按退回额确认。

（4）收到从其他单位调入的财政拨款结转资金的，按照实际调入资金数额确认。

（5）因购货退回、发生差错更正等退回国库直接支付、授权支付款项，或者收回货币资金的，按发生额确认。

（6）年末，根据本年度财政直接支付预算指标数与当年财政直接支付实际支出数的差额确认；年末，单位依据代理银行提供的对账单作注销额度的，按注销额度调整；本年度财政授权支付预算指标数大于零余额账户用款额度下达数的，根据未下达的用款额度确认。下年初，单位依据代理银行提供的额度恢复到账通知书作恢复额度的，按恢复额度调整。单位收到财政部门批复的上年末未下达零余额账户用款额度的，按未下达额度调整。

（二）资金结存减少的确认与计量

（1）财政授权支付方式下，发生相关支出时，按照实际支付的金额确认。

（2）从零余额账户提取现金时，按提现额确认。

（3）使用以前年度财政直接支付额度发生支出时，按照实际支付金额确认。

（4）在国库集中支付以外的其他支付方式下，发生相关支出时，按照实际支付的金额确认。

（5）按照规定上缴财政拨款结转结余资金或注销财政拨款结转结余资金额度的，按照实际上缴资金数额或注销的资金额度数额确认。

（6）按规定向原资金拨入单位缴回非财政拨款结转资金的，按照实际缴回资金数额确认。

（7）按照规定使用专用基金时，按照实际支付金额确认。

（8）有企业所得税缴纳义务的事业单位缴纳所得税时，按照实际缴纳金额确认。

三、资金结存的典型业务核算举例

政府会计主体为了核算其纳入部门预算管理的资金的流入、流出、调整和滚存等情况，应设置“资金结存”（预算结余类）科目。其借方登记资金流入额及调整增加额，贷方登记资金流出额及调整减少额。年末借方余额，反映单位预算资金的累计滚存情况。

“资金结存”科目应当设置下列明细科目：

（1）“零余额账户用款额度”核算实行国库集中支付的单位根据财政部门批复的用款计划收到和支用的零余额账户用款额度。年末结账后，应无余额。

（2）“货币资金”核算单位以库存现金、银行存款、其他货币资金形态存在的资金。年末借方余额，反映单位尚未使用的货币资金。

（3）“财政应返还额度”核算实行国库集中支付的单位可以使用的以前年度财政直接支付资金额度和财政应返还的财政授权支付资金额度。本明细科目下可设置“财政直接支付”“财政授权支付”两个明细科目进行明细核算。年末借方余额，反映单位应收财政返还的资金额度。

“资金结存”三个时点（时期）的三类核算内容图示，如图2-3所示。

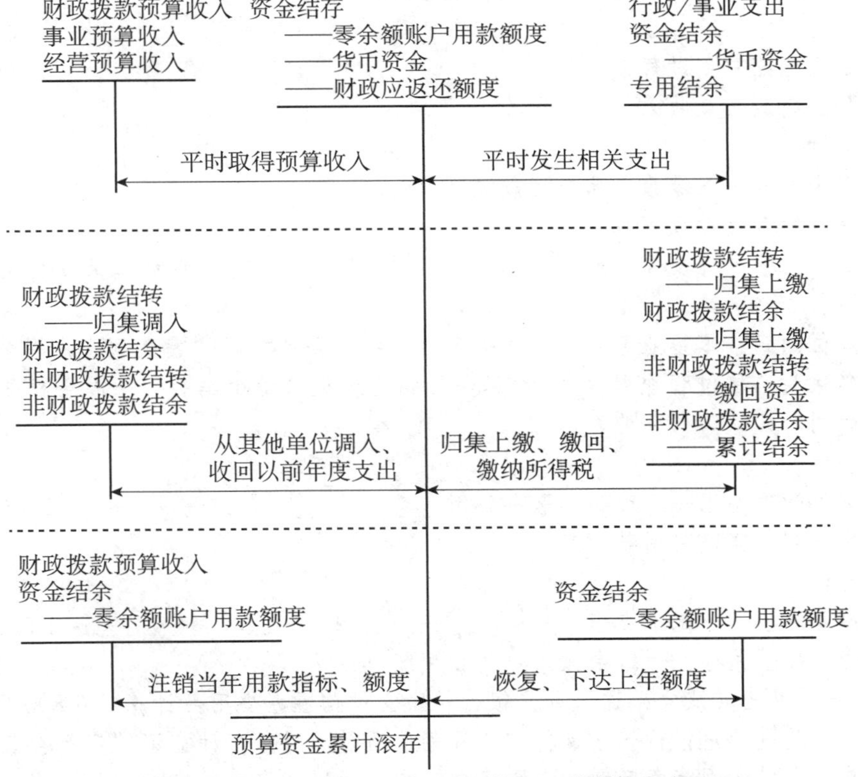

图2-3 “资金结存”三个时点（期）三类核算内容图示

核算举例

某事业单位2020年5月发生下列有关资金结存的业务，请根据有关凭证编制会计分录。

1. 7日，开出现金支票从零余额账户代理银行提现2 000元备用。

事业单位的一般收支业务都实行国库集中支付，财政部门给纳入国库集中支付的单位在商业银行开设的结算账户称为“零余额账户”，代理零余额账户的银行称为“代理银行”，“代理银行”收到的资金额度称为“零余额账户用款额度”。所以，从零余额账户代理银行提现，财务会计是将代理银行的零余额账户额度变为库存现金，对应的预算会计的资金结存的明细账要进行调整，从零余额账户用款额度明细账调整到货币资金明细账。

财务会计

借：库存现金　　2 000

　　贷：零余额账户用款额度　　2 000

预算会计

借：资金结存——货币资金　　2 000

　　贷：资金结存——零余额账户用款额度　　2 000

2. 8日，收到代理银行“授权支付用款额度到账通知书”，单位当月授权支付用款额度为50 000元。

事业单位纳入国库集中支付后，收到当月的授权支付用款额度后财务会计记“零余额账户用款额度”的同时确认为“财政拨款收入”，预算会计相应地记“资金结存——零余额账户用款额度”的同时确认为“财政拨款预算收入”。

财务会计

借：零余额账户用款额度　　50 000

　　贷：财政拨款收入　　50 000

预算会计

借：资金结存——零余额账户用款额度　　50 000

　　贷：财政拨款预算收入　　50 000

3. 9日，开出转账支票，通过零余额账户转账支付党政办公室零星办公用品采购款1 500元。

事业单位的日常零星业务开支事项报销时，财务会计在记“零余额账户用款额度”减少的同时确认为“单位管理费用”，预算会计相应地记“资金结存——零余额账户用款额度”减少的同时确认为“事业支出”。

财务会计

借：单位管理费用——商品和服务费用　　1 500

　　贷：零余额账户用款额度　　1 500

预算会计

借：事业支出——基本支出　　1 500

　　贷：资金结存——零余额账户用款额度　　1 500

4. 10日，开出转账支票通过开户银行转账支付购置办公用品计算机6 800元。

事业单位通过开户银行转账支付购买设备款项时，财务会计在记“银行存款”减少的同时按采购成本确认固定资产增加，预算会计相应地记“资金结存——货币资金”减少的同时确认为“事业支出”。

财务会计

借：固定资产——一般设备 6 800

　　贷：银行存款 6 800

预算会计

借：事业支出——基本支出 6 800

　　贷：资金结存——货币资金 6 800

5. 11日，通过网上银行转账支付上月应付职工基本工资180 000元。

事业单位通过网上银行发放上月已经计提的工资时，财务会计在冲销应付职工薪酬的同时记银行存款减少，预算会计确认事业支出的同时记资金结存减少。

财务会计

借：应付职工薪酬 180 000

　　贷：银行存款 180 000

预算会计

借：事业支出——基本支出——基本工资 180 000

　　贷：资金结存——货币资金 180 000

6. 12日，报销办公室王亮差旅费3 100元，原预借3 000元，补以现金100元。

预借差旅费属暂付业务，事业单位发生暂付业务只进行财务会计核算不进行预算会计核算；报销差旅费时，财务会计冲销预借款项的同时确认相关费用，并多退少补，预算会计相应地确认预算支出的同时记资金结存减少。

财务会计

借：单位管理费用——商品和服务费用 3 100

　　贷：其他应收款——王亮 3 000

　　　　库存现金 100

预算会计

借：事业支出——基本支出——差旅费 3 100

　　贷：资金结存——货币资金 3 100

知识归纳

资金结存是指单位纳入部门预算管理的资金，包括零余额账户用款额度、货币资金和财政应返还额度。“资金结存”科目是政府会计制度实现“双功能”核算的关键科目，“双功能”核算的代表性业务是“资金结存”的核算业务。

资金结存的增减分别根据不同经济业务或事项采用的不同结算方式所引起的实际增加额与减少额确认与计量。

“资金结存”科目设置零余额账户用款额度、货币资金和财政应返还额度三个明细科目，资金结存的核算分三个时点（期）三类核算内容。

问题探究

1. 为什么说“资金结存”科目是体现“双功能”的关键科目？

2. “资金结存”科目和“库存现金”“银行存款”“零余额账户用款额度”“其他货币资金”“财政应返还额度”的区别与联系有哪些?

3. 资金结存的核算的三个时点（期）三类核算内容分别是什么?

会计名人轶事摘选（二）

任务三 “双基础”收支确认差异及其应用举例

任务目标

◇ 熟悉收入类科目与预算收入类科目、费用类科目与预算支出类科目的对应状况。

◇ 掌握收入与预算收入确认的差异、费用与预算支出确认的差异。

◇ 学会应收、应付、预收、预付等业务活动或事项发生与结算的核算。

一、收入与预算收入确认的差异

按照政府会计制度“双功能”平行记账的规定，财务会计核算采用权责发生制，预算会计核算采用收付实现制；财务会计收入类要素确认的时点是确认取得收入权利时，预算会计预算收入类要素确认的时点是实际收到现金时；财务会计收入类要素的核算范围是导致净资产增加的、含有服务潜力或者经济利益的经济资源的流入，预算会计预算收入类要素的核算范围是纳入单位部门预算管理的现金流入。

财务会计收入类会计科目与预算会计预算收入类会计科目的对应状况及其确认原理差异如图 2-4 所示。

核算基础：权责发生制

确认时点：确认收取权利时

核算范围：导致净资产增加的、含有服务潜力或者经济利益的经济资源的流入

收入类	是否对应	预算收入类
财政拨款收入	对应	财政拨款预算收入
事业收入	对应	事业预算收入
上级补助收入	对应	上级补助预算收入
附属单位上缴收入	对应	附属单位上缴预算收入
经营收入	对应	经营预算收入
	无对应	债务预算收入
非同级财政拨款收入	对应	非同级财政拨款预算收入
投资收益	对应	投资预算收益
捐赠收入	对应	其他预算收入
利息收入		
租金收入		
其他收入		

核算基础：收付实现制

确认时点：实际收到时

核算范围：纳入预算管理的现金流入

图 2-4 收入与预算收入确认差异对应状况

二、费用与预算支出确认的差异

按照政府会计制度“双功能”平行记账的规定，财务会计核算采用权责发生制，预算会计核算采用收付实现制；财务会计费用类要素确认的时点是确认支付义务时，预算会计预算支出类要素确认的时点是实际支付现金时；财务会计费用类要素的核算范围是导致净资产减少的、含有服务潜力或者经济利益的经济资源的流出，预算会计预算支出类要素的核算范围是纳入单位部门预算管理的现金流出。

财务会计费用类会计科目与预算会计预算支出类会计科目的对应状况及其确认原理差异如图 2-5 所示。

核算基础：权责发生制

确认时点：确认支付义务时

核算范围：导致净资产减少的、含有服务潜力或者经济利益的经济资源的流出

费用类	是否对应	预算支出类
业务活动费用	对应	行政支出
		事业支出
单位管理费用		
经营费用	对应	经营支出
资产处置费用	无对应	
上缴上级费用	对应	上缴上级支出
对附属单位补助费用	对应	对附属单位补助支出
所得税费用	无对应	
	无对应	投资支出
	无对应	债务还本支出
其他费用	基本对应	其他支出

核算基础：收付实现制

确认时点：实际支付时

核算范围：纳入预算管理的现金流出

图 2-5 费用与预算支出确认差异对应状况

三、“双基础”收支确认差异典型业务核算举例

“双基础”收支确认差异代表性业务主要为应收、应付、预收、预付等业务活动或事项的发生与结算。

核算举例

某事业单位2020年发生下列有关购置、应收应付、预收预付及费用计提摊销等业务，请根据有关凭证编制会计分录。

1. 4月2日，购进价值120 000元的专用设备，价款通过银行转账支付，设备已验收交付使用。设备使用年限为10年，每年应计提折旧12 000元，每月计提折旧1 000元，从购进的当月开始计提折旧。

(1) 购进设备时，财务会计按照确认的购进成本记固定资产，预算会计按照购进的成本确认事业支出。

财务会计

借：固定资产——专用设备　　120 000

　　贷：银行存款　　120 000

预算会计

借：事业支出——项目支出　　120 000

　　贷：资金结存——货币资金　　120 000

(2) 从2020年4月开始以后每月计提固定资产折旧，只进行财务会计核算不进行预算会计核算。

财务会计

借：业务活动费用——固定资产折旧费　　1 000

　　贷：固定资产累计折旧　　1 000

2. 5月15日，按照销售合同约定，将经营活动加工生产的A产品4 000元销售给创新中学。产品已发出，货款下月结算。

(1) 事业单位在专业业务活动及其辅助活动之外开展的非独立核算的生产经营活动，销售产品发生的应收款项一般应属收回后不上缴财政的应收账款，收回后不上缴财政的应收账款在确认应收账款的同时确认为收入（收回后应上缴财政的应收账款应当在确认应收账款的同时确认为应缴财政款），只进行财务会计核算不进行预算会计核算。

借：应收账款——创新中学　　4 000

　　贷：经营收入——A产品销售收入　　4 000

(2) 若下月按合同约定通过开户银行转账收到创新中学上述货款，财务会计在冲销应收账款的同时记银行存款增加，预算会计相应地在确认经营预算收入的同时记资金结存增加。

财务会计

借：银行存款　　4 000

贷：应收账款——创新中学 4 000

预算会计

借：资金结存——货币资金 4 000

贷：经营预算收入——A产品销售收入 4 000

3. 6月10日，按照采购材料合同约定，为购进生产经营活动用甲材料，通过网上银行转账预付光辉公司货款50 000元。

(1) 事业单位为在专业业务活动及其辅助活动在外开展的非独立核算的生产经营活动发生预付购货款时，财务会计在确认预付账款的同时记银行存款减少，预算会计在确认经营支出的同时记资金结存减少。

财务会计

借：预付账款——光辉公司 50 000

贷：银行存款 50 000

预算会计

借：经营支出——专用材料 50 000

贷：资金结存——货币资金 50 000

(2) 若下月按照合同约定，收到上述光辉公司发来甲材料并验收入库，通过网上银行转账补付货款5 000元。财务会计在确认库存物品入账成本的同时冲销预付账款并补付货款，预算会计相应地按照补付额在确认经营支出的同时记资金结存减少。

财务会计

借：库存物品——甲材料 55 000

贷：预付账款——光辉公司 50 000

银行存款 5 000

预算会计

借：经营支出——专用材料 5 000

贷：资金结存——货币资金 5 000

4. 7月8日，按照采购材料合同约定，从光大公司购进生产经营活动用价值为6 000元的乙材料，材料已验收入库，货款下月支付。

(1) 事业单位为在专业业务活动及其辅助活动之外开展的非独立核算的生产经营活动发生应付货款时，财务会计在确认应付账款的同时确认购进物品的成本，只进行财务会计核算而不进行预算会计核算。

借：库存物品——乙材料 6 000

贷：应付账款——光大公司 6 000

(2) 若下月按照合同约定，通过网上银行转账上述购进乙材料货款。财务会计在冲销应付账款的同时记银行存款减少，预算会计相应地在确认经营支出的同时记资金结存减少。

财务会计

借：应付账款——光大公司 6 000

贷：银行存款 6 000

预算会计

借：经营支出——专用材料　　6 000

　　贷：资金结存——货币资金　　6 000

5. 8月8日，按照销售合同约定，通过开户银行转账预收志存中学购买B产品款项34 000元。

(1) 事业单位在专业业务活动及其辅助活动之外开展的非独立核算的生产经营活动，为销售产品预收购货单位货款时，财务会计在确认预收账款的同时记银行存款增加，预算会计相应地在确认经营预算收入的同时记资金结存增加。

财务会计

借：银行存款　　34 000

　　贷：预收账款——志存中学　　34 000

预算会计

借：资金结存——货币资金　　34 000

　　贷：经营预算收入——B产品销售收入　　34 000

(2) 若下月按照合同约定，将价值为35 000元的B产品发给志存中学，通过网上银行收到志存中学补付货款1 000元。财务会计在冲销预收账款的同时按预收额和收到的补付额确认经营收入，预算会计相应地按照补付额确认经营预算收入的同时记资金结存增加。

财务会计

借：预收账款——志存中学　　34 000

　　银行存款　　1 000

　　贷：经营收入——B产品销售收入　　35 000

预算会计

借：资金结存——货币资金　　1 000

　　贷：经营预算收入——B产品销售收入　　1 000

6. 11月5日，按照人事部门提供的当月工资发放明细表，计提当月业务部门在职职工基本工资148 935元。

(1) 事业单位应付职工薪酬应先计提后发放，计提从事专业业务活动及其辅助活动人员工资时在确认业务活动费用的同时记应付职工薪酬，计提工资时只进行财务会计核算不进行预算会计核算。

借：业务活动费用——工资福利支出　　148 935

　　贷：应付职工薪酬——基本工资（离退休费）　　148 935

(2) 若下月收到工资发放代理银行盖章转回的工资发放明细表，发放上月工资148 935元。通过代理银行统一发放财政供养人员工资时，财务会计在冲销应付职工薪酬的同时确认财政拨款收入，预算会计相应地在确认事业支出的同时确认财政拨款预算收入。

财务会计

借：应付职工薪酬——基本工资（离退休费）　　148 935

　　贷：财政拨款收入——基本支出拨款　　148 935

预算会计

借：事业支出——基本支出——基本工资　　148 935

　　贷：财政拨款预算收入——基本支出拨款　　148 935

知识归纳

财务会计收入类要素确认的时点是确认取得收入权利时，预算会计预算收入类要素确认的时点是实际收到现金时；财务会计收入类要素的核算范围是导致净资产增加的、含有服务潜力或者经济利益的经济资源的流入，预算会计预算收入类要素的核算范围是纳入单位部门预算管理的现金流入。

财务会计费用类要素确认的时点是确认支付义务时，预算会计预算支出类要素确认的时点是实际支付现金时；财务会计费用类要素的核算范围是导致净资产减少的、含有服务潜力或者经济利益的经济资源的流出，预算会计预算支出类要素的核算范围是纳入单位部门预算管理的现金流出。

“双基础”收支确认差异代表性业务主要为应收、应付、预收、预付等业务活动或事项的发生与结算。

问题探究

1. 财务会计的收入与预算会计的预算收入确认的差异有哪些？

2. 财务会计的费用与预算会计的预算支出确认的差异有哪些？

3. “业务活动费用”、“单位管理费用”与“事业支出”、“行政支出”是如何对应的？

4. 应收、应付、预收、预付等业务活动或事项发生与结算时相应的收支确认有什么规律？

5. 为什么预算会计的“债务预算收入”和“债务还本支出”在财务会计中没有对应的收入和费用科目？

会计法律法规摘选（三）

任务四 “双报告”差异形成及其钩稽关系计算举例

任务目标

◇ 熟悉“双报告”差异形成的原理。
◇ 掌握“本年预算结余与本年盈余差异调节表”的作用。
◇ 学会“本年预算结余与本年盈余差异调节表”的编制。

一、“双报告”差异形成的原理

（一）因核算基础差异形成跨年度差异的原理

由于政府会计主体日常发生的同一经济业务或事项，财务会计采用权责发生制，预算会计采用收付实现制，财务会计的收入与预算会计的预算收入、财务会计的费用与预算会计的预算支出确认时点就会出现差异，既可能存在财务会计先确认预算会计后确认，也可能存在预算会计先确认财务会计后确认。

如果财务会计的收入和预算会计的预算收入、财务会计的费用和预算会计的预算支出确认的时点差异在一个年度内完成平行核算，只形成年度内暂时性差异，不形成年终“本年预算结余”和“本年盈余”的差异，不属于年终调节范围。

如果财务会计的收入和预算会计的预算收入、财务会计的费用和预算会计的预算支出确认的时点差异需跨年度才能完成平行核算，即以每年 12 月 31 日为界，财务会计年前确认收入预算会计年后确认预算收入，或预算会计年前确认预算收入财务会计年后确认收入，或财务会计年前确认费用预算会计年后确认预算支出，或预算会计年前确认预算支出财务会计年后确认费用，将形成年终“本年预算结余”和“本年盈余”的差异，即跨年度差异。

（二）因核算范围差异形成跨年度差异的原理

由于政府会计主体“单位对于纳入部门预算管理的现金收支业务，在采用财务会计核算的同时应当进行预算会计核算；对于其他业务，仅需进行财务会计核算”，财务会计的收入与预算会计的预算收入、财务会计的费用与预算会计的预算支出确认核算范围就会出现差异，既可能存在财务会计确认预算会计不确认，也可能出现预算会计确认财务会计不确认，也将形成年终“本年预算结余”和“本年盈余”的差异，即跨年度差异。

为了反映单位财务会计和预算会计因核算基础和核算范围不同所产生的本年盈余数和本年预算结余数之间的跨年度差异，单位年终应编制“本年预算结余与本年盈余差异调节表”来证明财务报告和决算报告之间存在的钩稽关系。

二、“双报告”钩稽关系计算举例

为了说明年终财务报告和决算报告之间存在的钩稽关系，将上述“双基础”收支确认差异业务举例假定为跨年度平行记账业务，逐一分析其形成的跨年度差异，并模拟编制调节表。

计算举例

某事业单位 2020 年发生下列有关购置、应收应付、预收预付及费用计提摊销等业务，2021 年结算上年应收应付款和预收预付款。

1. 4 月 2 日，购进价值 120 000 元的专用设备，价款通过银行转账支付，设备已验收交付使用。设备使用年限为 10 年，每年应计提折旧 12 000 元，每月计提折旧 1 000 元，从购进的当月开始直至该设备使用年限结束为止每月计提折旧。

为购置设备及计提固定资产折旧形成差异的原因与额度分两个层次：第一个层次是购置设备时财务会计按确定的成本记固定资产，预算会计按照实际支出列事业支出，形成的差异额是购置固定资产的实际支出额；第二个层次是固定资产在购进的当月计提固定资产折旧时财务会计按照计提的折旧额每月列业务活动费用或单位管理费用，计提折旧不需要进行预算会计核算，形成的差异额就是当年计提的折旧总额。两个层次的差异额之差就形成当年年终的差异额。

该项设备购置及计提折旧业务形成的年终差异额为 111 000（120 000－9 000）元，这项差异就属于 2020 年预算会计已经列支而财务会计还没有列入费用的项目，属于 2020 年“本年预算结余与本年盈余差异调节表”差异调节项目的调增项；到 2021 年以致以后每个年度每月计提固定资产折旧 1 000 元列业务活动费用或单位管理费用，只进行财务会计核算不进行预算会计核算，全年累计计提折旧 12 000 元形成 2021 年的年终差异额，这项差异 2021 年财务会计列入费用而预算会计不需要列支，属于 2021“本年预算结余与本年盈余差异调节表”差异调节项目的调减项。

2. 5 月 15 日，按照销售合同约定，将经营活动加工生产的 A 产品 4 000 元销售给创新中学。产品已发出，货款结算既可能在当年也可能在下年。

为销售产品发生应收未收款项业务形成差异的原因与额度分两种情况：一种情况是当年发生当年结算，不形成当年年终差异；另一种情况是当年发生下年度结算，一方面形成当年年终差异，另一方面也形成下年年终差异。

销售 A 产品发生的应收款项若当年结算，不形成年终差异；若当年没有结算，财务会计已经列收而预算会计还没有列收，形成 2020 年年终的差异额为 4 000 元，属于 2020 年“本年预算结余与本年盈余差异调节表”差异调节项目的调增项；若到 2021 年收到该项应收款项，财务会计冲销应收账款预算会计列收，形成 2021 年年终的差异额为 4 000 元，属于 2021 年“本年预算结余与本年盈余差异调节表”差异调节项目的调减项。

3. 6 月 10 日，按照采购材料合同约定，为购进生产经营活动用甲材料，通过网上银行转账预付光辉公司货款 50 000 元。甲材料既可能在当年收到也可能在下年收到。

为采购货物发生的预付款项形成差异的原因与额度也分两种情况：一种情况是当年发生当年结算，形成的年终差异额是当年购进未领用货物的成本；另一种情况是当年发生下年度结算，既形成当年年终差异，也形成下年年终差异，形成的当年年终差异额是预付的款项，形成的下年年终差异额是领用货物的成本。

为采购甲材料发生的预付款项若当年结算，假定当年领用的甲材料为 20 000 元，财务会计在减少库存物品的同时确认费用 20 000 元，形成的差异额为 30 000 元，属于 2020 年“本年预算结余与本年盈余差异调节表”差异调节项目的调增项；若当年没有结算，形成 2020 年年终的差异额为 50 000 元，属于 2020 年“本年预算结余与本年盈余差异调节表”差异调节项目的调增项；若到 2021 年收到采购材料结算预付账款，财务会计冲销预付账款的同时确认材料采购成本，假定 2021 年领用甲材料 10 000 元，财务会计在减少库存物品的同时确认费用为 10 000 元，形成 2021 年年终的差异额为 10 000 元，属于 2021 年“本年预算结余与本年盈余差异调节表”差异调节项目的调减项。

4. 7 月 8 日，按照采购材料合同约定，从光大公司购进生产经营活动用价值为 6 000 元的乙材料，材料已验收入库。货款既可能当年支付也可能下年支付。

为采购货物发生应付未付款项业务形成差异的原因与额度也分两种情况：一种情况是当年发生当年结算，形成的年终差异额就是购进未领用货物的额度；另一种情况是当年发生下年度结算，既形成当年年终差异，也形成下年年终差异，形成的当年年终差异是购进已领用的货物成本，形成的下年年终差异是截至下年年终还没有领用货物的成本。

采购乙材料发生的应付款项若当年结算，假定当年领用乙材料 2 000 元，财务会计在减少库存物品的同时确认费用 2 000 元，形成的差异额为 4 000 元，属于 2020 年“本年预算结余与本年盈余差异调节表”差异调节项目的调增项；若当年没有结算，假定当年领用乙材料 2 000 元，财务会计在减少库存物品的同时确认费用 2 000 元，形成的差异额为 2 000 元，属于 2020 年“本年预算结余与本年盈余差异调节表”差异调节项目的调减项；若到 2021 年结算应付账款后，假定 2021 年领用乙材料 1 000 元，财务会计在减少库存物品的同时确认费用为 1 000 元，预算会计在减少资金结存的同时确认支出 6 000 元，形成 2021 年年终的差异额为 5 000 元，属于 2021 年“本年预算结余与本年盈余差异调节表”差异调节项目的调增项。

5. 8 月 8 日，按照销售合同约定，通过开户银行转账预收志存中学购买 B 产品款项 34 000 元。产品既可能当年发出也可能下年发出。

为销售产品发生预收款项形成差异的原因与额度分两种情况：一种情况是当年发生当年结算，不形成当年年终差异；另一种情况是当年发生下年度结算，一方面形成当年年终差异，另一方面也形成下年年终差异。

销售 B 产品发生的预收款项若当年结算，不形成年终差异；若当年没有结算，预算会计已经列收而财务会计还没有列收，形成2020年年终的差异额为34 000元，属于2020年“本年预算结余与本年盈余差异调节表”差异调节项目的调减项；若到2021年给志存中学发出B产品，财务会计冲销预收账款的同时确认收入，形成2021年年终的差异额为34 000元，属于2021年“本年预算结余与本年盈余差异调节表”差异调节项目的调增项。

6. 11月5日，按照人事部门提供的当月工资发放明细表，计提当月业务部门在职职工基本工资148 935元。计提的应付职工薪酬既可能当年发放，也可能下年发放。

按规定计提的应付职工薪酬形成差异的原因与额度分两种情况：一种情况是当年计提当年发放，不形成当年年终差异；另一种情况是当年计提到下年度发放，一方面形成当年年终差异，另一方面也形成下年年终差异。

该项计提11月份工资业务若当年发放，不形成年终差异；若当年年终没有发放，财务会计已经列入费用预算会计还没有列支，形成2020年年终差异额为148 935元，属于2020年“本年预算结余与本年盈余差异调节表”差异调节项目的调减项；若到2021年发放上年11月份工资，财务会计在冲销应付职工薪酬的同时记银行存款等减少（或收入增加），预算会计相应地在减少资金结存（或预算收入增加）的同时列支，形成2021年年终的差异额为148 935元，属于2021年“本年预算结余与本年盈余差异调节表”差异调节项目的调增项。

将上述六项业务可能形成的差异分2020年和2021年编制“本年预算结余与本年盈余差异调节表（简表）”，如表2-4、表2-5所示。

表2-4 2020年预算结余与本年盈余差异调节表（简表） 单位：元

项目	金额
一、本年预算结余	
二、差异调节	——
加：1. 财收预未收	
第二项业务可能形成的第一项差异	4 000
2. 预支财未费	
第一项业务可能形成的第一项差异	111 000
第四项业务可能形成的第一项差异	4 000
第三项业务可能形成的第一项差异	30 000
第三项业务可能形成的第二项差异	50 000
减：1. 预收财未收	
第五项业务可能形成的第一项差异	34 000
2. 财费预未支	
第六项业务可能形成的第一项差异	148 935
第四项业务可能形成的第二项差异	2 000
三、本年盈余	

表 2-5　2021 年预算结余与本年盈余差异调节表（简表）　　单位：元

项目	金额
一、本年预算结余	
二、差异调节	——
加：1. 财收预未收	
第五项业务可能形成的第二项差异	34 000
2. 预支财未费	
第六项业务可能形成的第二项差异	148 935
第四项业务可能形成的第三项差异	5 000
减：1. 预收财未收	
第二项业务可能形成的第二项差异	4 000
2. 财费预未支	
第一项业务可能形成的第二项差异	12 000
第三项业务可能形成的第三项差异	10 000
三、本年盈余	

知识归纳

政府会计主体日常发生的同一经济业务或事项，由于财务会计采用权责发生制，预算会计采用收付实现制，既可能形成预算结余与本年盈余年度内差异，也可能形成跨年度差异。同时由于财务会计和预算会计平行核算范围的差异，也可能形成跨年度预算结余与本年盈余差异。为了反映单位财务会计和预算会计因核算基础和核算范围不同所产生的本年盈余数和本年预算结余数之间的跨年度差异，单位年终应编制“本年预算结余与本年盈余差异调节表”来证明财务报告和决算报告之间存在的钩稽关系。

问题探究

1. 形成“双报告”差异的因素有哪些？
2. 编制“本年预算结余与本年盈余差异调节表”有什么意义？

会计名人轶事摘选（三）

项目三

财政预算基础知识及相关典型核算业务举例

任务一　政府收支分类科目简介及应用

任务目标

◇ 了解政府收支分类科目的种类与层级。

◇ 熟悉支出功能分类科目、支出经济分类科目的种类。

◇ 掌握部门预算经济分类科目的内容、政府收支分类科目在会计核算中的应用。

一、政府收支分类科目的种类与层级

（一）政府收支分类科目的分类

不断充实与完善政府收支分类科目是党的二十大报告中“健全现代预算制度”一项重要内容。政府收支分类科目是反映政府收支活动的分类体系，它是各级政府预算和部门预算编制、执行、决算的基础和重要工具，包括收入经济分类科目、支出功能分类科目和支出经济分类科目。

（二）政府支出分类两套科目的关系

将政府支出分类科目分为支出功能分类科目和支出经济分类科目，是 2007 年政府收

支分类改革的主要成果。支出功能分类科目与支出经济分类科目从不同侧面、以不同方式反映政府支出活动。支出分类科目与部门分类编码和基本支出预算、项目支出预算相配合，在财政信息管理系统的有力支持下，可以对任何一项财政支出进行“多维”定位，清清楚楚地说明政府的钱是怎么来的、干了什么事、最终用到了什么地方，为预算管理、统计分析、宏观决策和财政监督等提供了全面、真实、准确的经济信息。

（三）支出经济分类科目的分类

支出经济分类科目是各级政府、各部门（单位）编制预决算的重要工具，按经济分类科目编制预算是细化预算编制、规范预算执行、保障预算监督、提升政府效能的重要举措，也是世界主要发达国家的通行做法。支出经济分类科目分设政府预算支出经济分类和部门预算支出经济分类两套科目。

政府预算支出经济分类科目突出政府预算管理重点，主要用于政府预算的编制、执行、决算、公开和总预算会计核算；部门预算支出经济分类科目着重体现部门预算管理要求，主要用于部门预算编制、执行、决算、公开和部门（单位）会计核算。两套科目均设置类、款两个层级，并保持一定的对应关系，以利于部门预算与政府预算相衔接。

政府收支分类科目的分类与分级如图 3-1 所示。

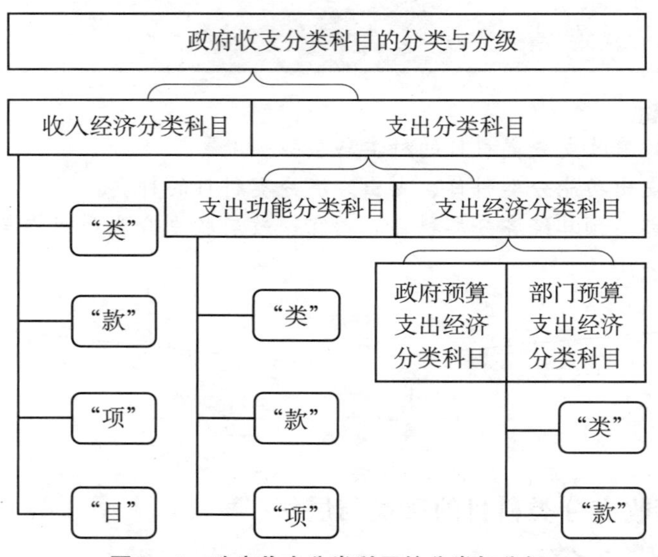

图 3-1 政府收支分类科目的分类与分级

二、一般公共预算支出功能分类科目

一般公共预算支出功能分类科目设置类、款两级科目，类级科目如下：

（1）一般公共服务支出类。

（2）外交支出类。

（3）国防支出类。

（4）公共安全支出类。

（5）教育支出类。
（6）科学技术支出类。
（7）文化旅游体育与传媒支出类。
（8）社会保障和就业支出类。
（9）卫生健康支出类。
（10）节能环保支出类。
（11）城乡社区支出类。
（12）农林水支出类。
（13）交通运输支出类。
（14）资源勘探工业信息等支出类。
（15）商业服务业等支出类。
（16）金融支出类。
（17）援助其他地区支出类。
（18）自然资源海洋气象等支出类。
（19）住房保障支出类。
（20）粮油物资储备支出类。
（21）灾害防治及应急管理支出类。
（22）预备费类。
（23）其他支出类。
（24）转移性支出类。
（25）债务还本支出类。
（26）债务付息支出类。
（27）债务发行费用支出类。

三、部门预算支出经济分类

部门预算支出经济分类体现部门预算管理要求，主要用于部门预算编制、执行、决算、公开和部门（单位）预算会计核算。按照《中华人民共和国预算法》的要求设置类、款两级，类级科目 10 个，款级科目 96 个。类级科目设置情况如下：

（1）工资福利支出类。
（2）商品和服务支出类。
（3）对个人和家庭的补助类。
（4）债务利息及费用支出类。
（5）资本性支出（基本建设）类。
（6）资本性支出类。
（7）对企业补助（基本建设）类。
（8）对企业补助类。
（9）对社会保障基金补助类。
（10）其他支出类。

四、部门预算支出经济分类科目使用的要求

按照财政部 2016 年印发的《支出经济分类科目改革试行方案》的要求，部门（单位）在政府预算和部门预算编制、执行和决算时按以下规定使用支出经济分类科目。

（一）预算编制环节

部门（单位）按照部门预算经济分类科目编制部门预算，财政部门在原有按部门预算经济分类批复部门预算的基础上，将政府预算经济分类作为部门经费来源和申请款项的控制科目一并批复。

（二）预算执行环节

部门预算经财政部门批复后，执行中部门（单位）如需对政府预算经济分类“类”级科目进行调剂的，应当报本级财政部门批准，部门（单位）不得自行办理；需要对“款”级科目进行调剂的，由部门（单位）自行处理。

（三）决算编制环节

部门决算编制使用部门预算经济分类，以部门（单位）会计核算数据为基础生成。

五、政府收支分类科目在会计核算中的应用

按照《政府会计制度》财政资金收支核算的要求，“财政拨款预算收入”“行政支出”“事业支出”“财政拨款结转”等科目，一方面应当按照《政府收支分类科目》的“支出功能分类科目”的“项”级科目进行明细核算，另一方面应当按照《政府收支分类科目》的“部门预算支出经济分类科目”的“款”级科目进行明细核算。

“行政支出”和“事业支出”科目明细科目的设置如图 3－2 所示。

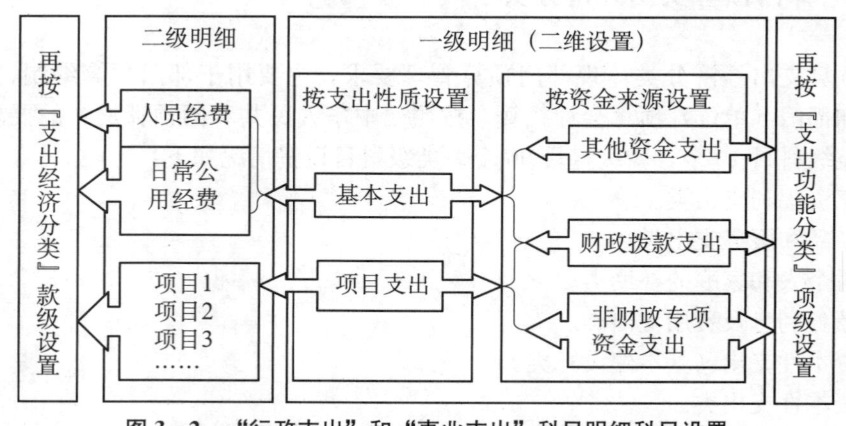

图 3－2 “行政支出”和“事业支出”科目明细科目设置

知识归纳

政府收支分类科目包括收入经济分类科目、支出功能分类科目和支出经济分类科目。

支出经济分类科目分设政府预算支出经济分类和部门预算支出经济分类两套科目。

部门预算支出经济分类科目设置类、款两级，类级科目 10 个，款级科目 96 个。政府预算支出经济分类科目设置类、款两级，类级科目 15 个，款级科目 60 个。

按照财政拨款资金核算的要求，“财政拨款预算收入”“行政支出”“事业支出”“财政拨款结转”等科目，一方面应当按照“支出功能分类科目”的“项”级科目进行明细核算，另一方面应当按照“部门预算支出经济分类科目”的“款”级科目进行明细核算。

问题探究

1. 政府收支分类科目分为几类、几个层级？
2. 支出功能分类科目在会计核算中的主要用途是什么？
3. 部门预算支出经济分类科目在会计核算中的主要用途是什么？

会计名人轶事摘选（四）

任务二 国库集中收付制度及其两种支付方式

任务目标

◇ 了解国库[①]集中收付制度的含义。

◇ 熟悉国库单一账户体系的构成及各账户的功能。

◇ 掌握财政直接支付方式与财政授权支付方式的适用范围、单位零余额账户和财政零余额账户的区别。

① 《中华人民共和国预算法实施条例》规定：国库是办理预算收入的收纳、划分、留解、退付和库款支拨的专门机构。国库分为中央国库和地方国库。中央国库业务由中国人民银行经理。未设中国人民银行分支机构的地区，由中国人民银行商财政部后，委托有关银行业金融机构办理。地方国库业务由中国人民银行分支机构经理。未设中国人民银行分支机构的地区，由上级中国人民银行分支机构商有关地方政府财政部门后，委托有关银行业金融机构办理。具备条件的乡、民族乡、镇，应当设立国库。

一、国库集中收付制度的含义

按照《财政国库管理制度改革试点方案》（财库〔2001〕24 号）的规定，财政国库管理制度的基本发展要求是：建立国库单一账户体系，所有财政性资金都纳入国库单一账户体系管理，收入直接缴入国库或财政专户，支出通过国库单一账户体系支付给商品和劳务供应者或用款单位。

国库集中收付制度是指以国库单一账户体系为基础、资金缴拨以国库集中收付为主要形式的财政国库管理制度。国库集中收付制度包括财政性资金集中收缴和集中支付两个方面。

国库集中收付制度实施之前，征收机关开设收入过渡户、预算单位开设银行存款户，财政预算收入在入库之前通过收入过渡户汇缴，财政预算拨款按季分月先拨付预算单位银行存款户形成预算支出；国库集中收付制度实施之后，注销征收机关开设的收入过渡户和预算单位开设的银行存款户，财政预算收入通过国库经收处直接缴库，财政预算支出按直接支付方式和授权支付方式分别与其对应零余额账户代理银行结算，即零余额账户代理银行先垫资，后与国库清算。

国库集中收付制度实施前与实施后财政预算收入和财政预算支出形成过程通过图 3-3 和图 3-4 对照如下。

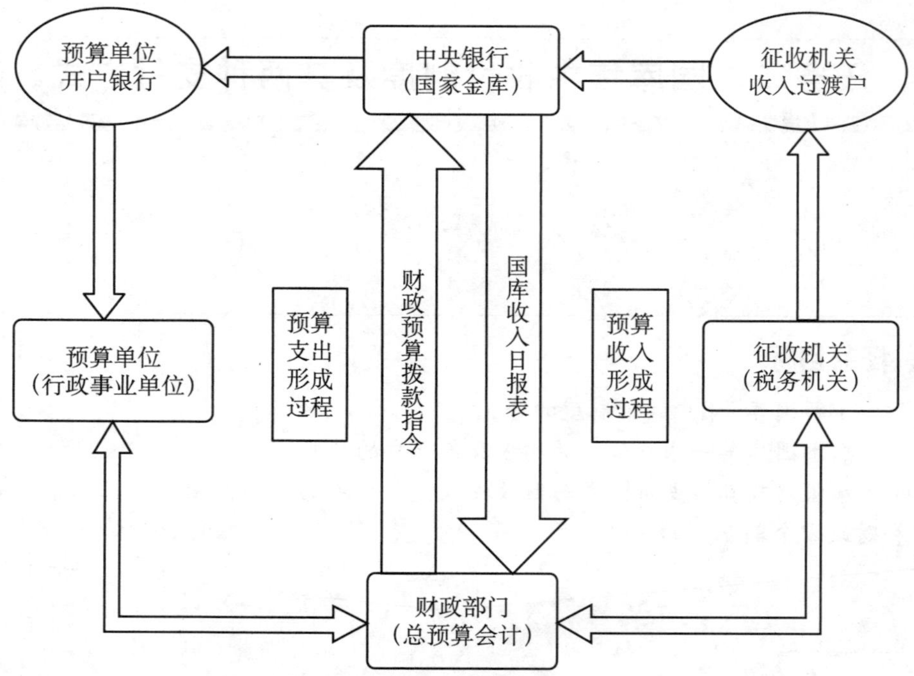

图 3-3　国库集中收付制度实施前预算收支形成过程图

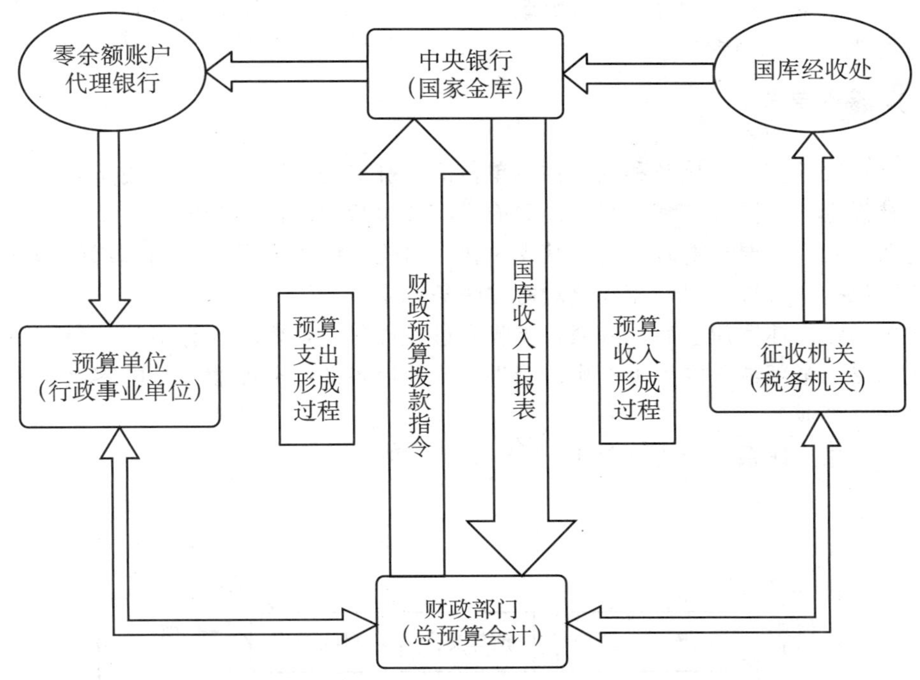

图3-4 国库集中收付制度实施后预算收支形成过程图

二、国库单一账户体系的构成

（一）国库单一账户

国库单一账户为国库存款账户，用于记录、核算和反映纳入预算管理的财政收入和支出活动，并用于与财政部门在商业银行开设的零余额账户清算，实现支付。国库单一账户由财政部门在中国人民银行开设，并按收入和支出设置分类账，收入账按预算科目设置明细科目，支出账按资金使用性质设立分账册。

（二）财政部门零余额账户

财政部门零余额账户用于财政直接支付和与国库单一账户支出清算。财政部门零余额账户由财政部门按资金使用性质在商业银行开设。

（三）预算单位零余额账户

预算单位零余额账户用于财政授权支付和与国库单一账户支出清算。预算单位零余额账户由财政部门在商业银行为预算单位开设。

（四）预算外资金财政专户

预算外资金财政专户用于记录、核算和反映预算外资金的收入和支出活动，并用于预算外资金日常收支清算。预算外资金财政专户由财政部门在商业银行开设，并按收入和支出设置分类账。

（五）特设专户

特设专户用于记录、核算和反映预算单位的特殊专项支出活动，并用于与国库单一账户清算。特设专户经国务院和省级人民政府批准或授权财政部门开设。

上述账户和专户要与财政部门及其支付执行机构、中国人民银行国库部门和预算单位的会计核算保持一致性，以便相互核对有关账务记录。

国库单一账户体系建立后，取消各类收入过渡性账户，要求预算单位的所有财政性资金的收入和支出全部纳入国库单一账户管理，并通过各部门在商业银行的零余额账户处理日常支付和清算业务。

国库单一账户体系的构成如图 3－5 所示。

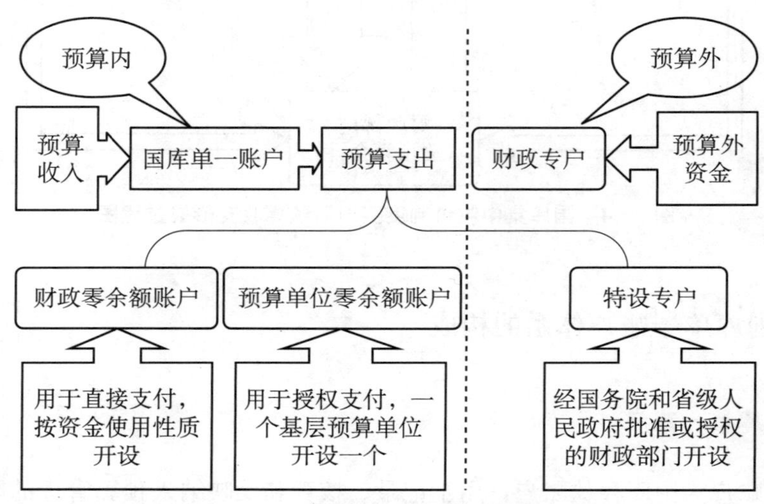

图 3－5　国库单一账户体系构成图

单位零余额账户与财政零余额账户的差别对比如图 3－6 所示。

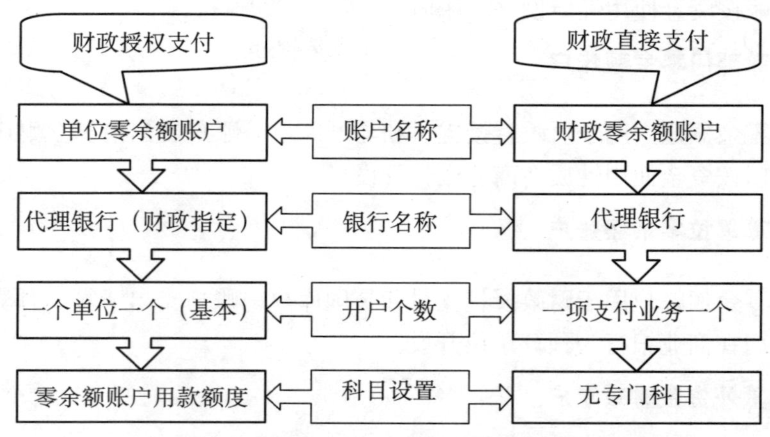

图 3－6　单位零余额账户与财政零余额账户的差别对比图

三、国库集中支付的两种支付方式

一般情况下，财政性资金都应通过国库单一账户体系存储、支付和清算。纳入国库集中收付管理的预算单位财政性资金包括：财政预算内资金；纳入财政预算管理的政府性基金；纳入财政专户管理的预算外资金；其他财政性资金。财政支出一般分为购买性支出和转移性支出，根据国库集中支付管理的需要将财政支出进一步细分为工资支出、购买支出、零星支出和转移支出。按照不同支付主体，针对不同类型的支出，财政国库资金集中支付分别实行财政直接支付和财政授权支付。

（一）财政直接支付方式

财政直接支付是指由财政部门开具支付令，通过国库单一账户体系，直接将财政资金支付给收款人（即商品或劳务供应者，下同）或用款单位账户。实行财政直接支付的支出包括：

（1）工资支出、购买支出以及中央对地方的专项转移支付，拨付企业大型工程项目或大型设备采购的资金等，直接支付给收款人。

（2）转移支出（中央对地方专项转移支出除外），包括中央对地方的一般性转移支付中的税收返还、原体制补助、过渡期转移支付、结算补助等支出，对企业的补贴和未指明购买内容的某些专项支出等，支付到用款单位（包括下级财政部门和预算单位，下同）。

（二）财政授权支付方式

财政授权支付是指预算单位根据财政授权，自行开具支付令，通过国库单一账户体系将资金支付到收款人账户。实行财政授权支付的支出包括未实行财政直接支付的购买支出和零星支出。

财政直接支付和财政授权支付两种支付方式的异同如图 3－7 所示。

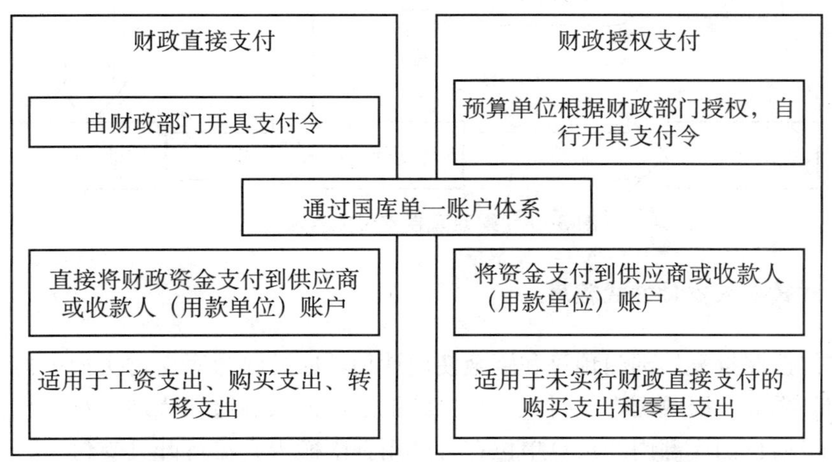

图 3－7 财政直接支付和财政授权支付两种支付方式异同图示

四、两种支付方式的程序

（一）财政直接支付方式的程序

预算单位按照批复的部门预算和资金使用计划，向财政国库支付执行机构提出支付申请，财政国库支付执行机构根据批复的部门预算和资金使用计划及相关要求对支付申请审核无误后，向代理银行发出支付令，并通知中国人民银行国库部门，通过代理银行进入全国银行清算系统进行实时清算，将财政资金从国库单一账户划拨到收款人的银行账户。

财政直接支付主要通过转账方式进行，也可以采取国库支票支付。财政国库支付执行机构根据预算单位的要求签发支票，并将签发给收款人的支票交给预算单位，由预算单位转给收款人。收款人持支票到其开户银行入账，收款人开户银行再与代理银行进行清算。每日营业终了前，由国库单一账户与代理银行进行清算。

工资性支付涉及的各预算单位人员编制、工资标准、开支数额等，分别由编制部门、人事部门和财政部门核定。

支付对象为预算单位和下级财政部门的支出，由财政部门按照预算执行进度将资金从国库单一账户直接拨付到预算单位或下级财政部门账户。

财政直接支付的业务流程如图 3-8 所示。

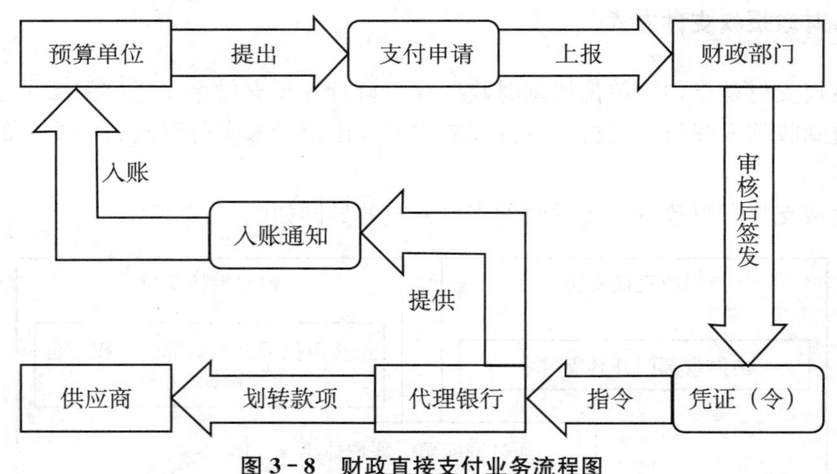

图 3-8 财政直接支付业务流程图

（二）财政授权支付方式程序

预算单位按照批复的部门预算和资金使用计划，向财政国库支付执行机构申请授权支付的月度用款限额，财政国库支付执行机构将批准后的限额通知代理银行和预算单位，并通知中国人民银行国库部门。预算单位在月度用款限额内，自行开具支付令，通过财政国库支付执行机构转由代理银行向收款人付款，并与国库单一账户清算。

上述财政直接支付和财政授权支付流程，以现代化银行支付系统和财政信息管理系统的国库管理操作系统为基础。在这些系统尚未建立和完善前，财政国库支付执行机构或预算单位的支付令通过人工操作转到代理银行，代理银行通过现行银行清算系统向收款人付款，并在每天轧账前，与国库单一账户进行清算。

预算外资金的支付，逐步比照上述程序实施。

财政授权支付的业务流程如图 3－9 所示。

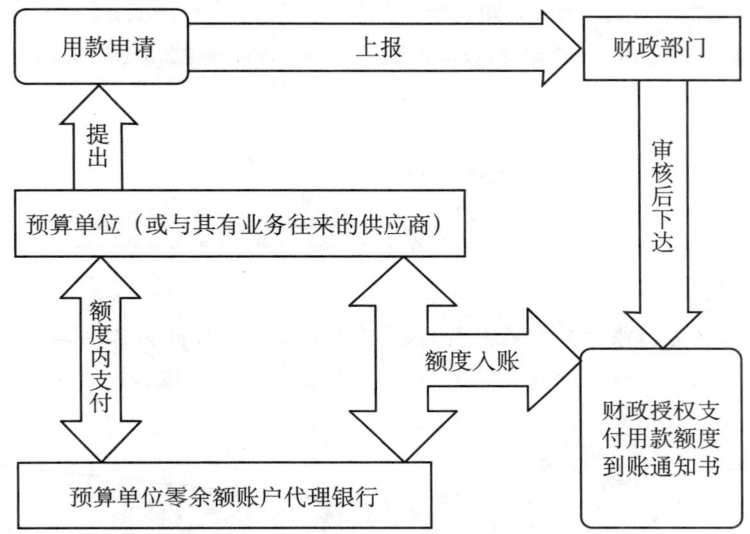

图 3－9 财政授权支付业务流程图示

知识归纳

国库集中收付制度是指以国库单一账户体系为基础、资金缴拨以国库集中收付为主要形式的财政国库管理制度。国库集中收付制度包括财政性资金集中收缴和集中支付两个方面。

国库单一账户体系包括国库单一账户、财政部门零余额账户、预算单位零余额账户、预算外资金财政专户、特设专户。

财政支出一般分为购买性支出和转移性支出，根据国库集中支付管理的需要将财政支出进一步细分为工资支出、购买支出、零星支出和转移支出。按照不同支付主体，针对不同类型的支出，财政国库资金集中支付分别实行财政直接支付和财政授权支付。

财政直接支付是指由财政部门开具支付令，通过国库单一账户体系，直接将财政资金支付给收款人或用款单位账户；财政授权支付是指预算单位根据财政授权，自行开具支付令，通过国库单一账户体系将资金支付到收款人账户。实行财政授权支付的支出包括未实行财政直接支付的购买支出和零星支出。

问题探究

1. 什么是国库集中收付制度？
2. 国库单一账户体系中各账户的功能及相互关系是什么？

3. 财政直接支付和财政授权支付有什么区别？

4. 财政零余额账户与单位零余额账户有什么区别？

任务三　零余额账户与财政应返还额度的管理

任务目标

◇ 熟悉零余额账户的开立与管理、财政应返还额度的内容与使用规定。

◇ 掌握零余额账户的含义与种类、代理银行与开户银行的区别、财政应返还额度的含义。

一、零余额账户的管理

零余额账户是指财政部门或预算单位经财政部门批准，在国库集中支付代理银行和非税收入收缴代理银行开立的，用于办理国库集中收付业务的银行结算账户。主要包括财政部门零余额账户、预算单位零余额账户和财政汇缴零余额账户（即财政汇缴专户）。其中：财政部门零余额账户和财政汇缴零余额账户的性质为专用存款账户；预算单位零余额账户的性质为基本存款账户或专用存款账户①。

（一）零余额账户的开立

预算单位使用纳入同级财政授权支付范围内的财政性资金，应当按照同级财政国库管理制度及资金支付管理办法规定的程序和要求，向同级财政提出设立预算单位零余额账户的申请，并向同级财政国库管理机构和国库支付执行机构办理预留印鉴手续。

（二）零余额账户的管理

零余额账户需由同级财政部门批准开立，并出具证明文件，由开户银行报经中国人民

① 预算单位未开立基本存款账户，或原基本存款账户在国库集中支付改革后已经按财政部门要求撤销的，经同级财政部门批准，预算单位零余额账户作为基本存款账户。除上述情况外，预算单位零余额账户作为专用存款账户。

银行核准后核发开户许可证。

（1）财政部门和预算单位已经开立零余额账户的，财政部门应当按规定规范和明确账户性质；预算单位新开立零余额账户的，财政部门在批准开户时，应按规定在相关证明文件中明确账户性质。财政部门为预算单位开设单位零余额账户后，单位零余额账户即为单位基本账户。零余额账户的变更、合并与撤销须经同级财政部门批准，并按照财政国库管理制度规定的程序和要求执行。

（2）财政部门原则上只能为预算单位开立一个预算单位零余额账户，为执收单位开立一个财政汇缴零余额账户。确因特殊管理需要[①]，需要开立一个以上账户的，应当由主管部门向同级财政部门提出申请，经同级财政部门批准后开立。财政部门在同一家代理银行原则上只能开立一个财政部门零余额账户。

（3）财政部门零余额账户和预算单位零余额账户的用款额度具有与人民币存款相同的支付结算功能。财政部门零余额账户可以办理转账等支付结算业务，但不得提取现金。预算单位零余额账户可办理转账、汇兑、委托收款和提取现金等支付结算业务。

（4）代理银行应当严格按照财政部门下达的用款额度办理支付结算业务，在有相应科目用款额度的情况下，不得违反规定拒绝办理规定的各类支付结算业务。

“零余额账户用款额度”与“银行存款”的差别对比如图 3－10 所示。

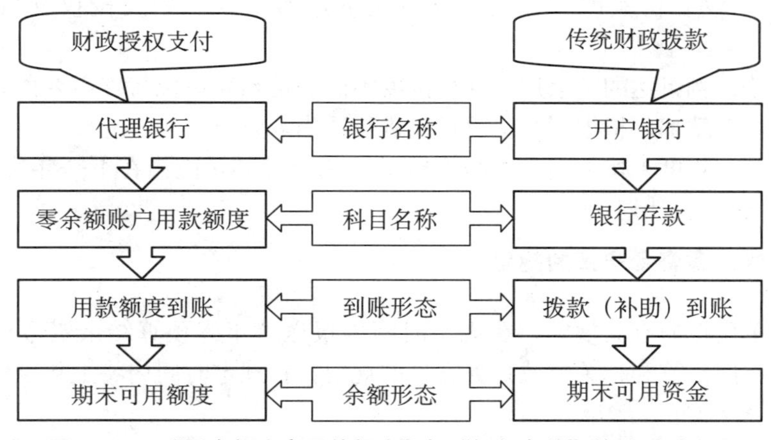

图 3－10 “零余额账户用款额度”与“银行存款”的差别对比图

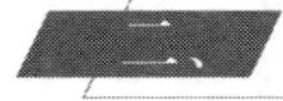

二、财政应返还额度的管理

财政应返还额度，亦称年终预算结余资金（简称“结余资金”），是指纳入国库管理制度改革试点的预算单位在预算年度内，按照本级财政部门批复的部门预算，当年尚未支用并按规定应留归预算单位继续使用的资金。即实行国库集中支付制度后，单位年度实际支出数小于年度预算额度的部分，具体表现为已经申请的、到年底还没有使用的额度和到年底还没有申请的用款额度。

① 如存在异址办公并独立核算的非法人机构等情形。

（一）财政应返还额度的内容

财政应返还额度具体包括：

（1）单位经费结余。

（2）政府采购资金结余。

（3）留归预算单位使用的项目经费结余。

（4）基本建设项目竣工结余和投资包干结余。

（5）财政财务规章、制度规定的其他结余资金。

（二）年终结余用款计划额度的注销

年度终了，财政部门将单位年终结余用款计划额度注销，同时代理银行向基层预算单位提供对账单后，将各基层预算单位零余额账户额度余额注销。

（三）年终结余用款计划额度使用的规定

下一年度1月至6月，财政部门原则上每个月将未下达的结余用款计划额度的20%重新下达给各部门，于6月份将未下达的结余用款计划额度全部下达完毕，同时向代理银行下达财政授权支付额度。各预算单位在下达的用款计划及授权支付额度内使用资金。

财政部门按比例下达的结余用款计划额度不能满足预算单位特殊需要的，由一级预算单位提出申请，财政部门根据用款情况可以进行适当调整。

如预算单位本年度未按部门预算数全额编报用款计划，应当在下一年度1月10日前补报当年12月份用款计划。

（四）年终结余资金申报的规定

一级预算单位按照有关规定，在规定时间内报送《年终预算结余资金申报核定表》，财政部门根据部门预算和相关财政财务管理的规定，在规定时间内将上年度结余资金以正式文件通知预算单位。

财政部门核定的结余资金数额如小于已恢复的上年度财政授权支付额度与未支用财政直接支付用款计划数额之和，预算单位应当报送负数用款计划冲抵差额；不足以冲抵的，抵减当年预算。

知识归纳

零余额账户是指财政部门或预算单位经财政部门批准，在国库集中支付代理银行和非税收入收缴代理银行开立的，用于办理国库集中收付业务的银行结算账户。主要包括财政部门零余额账户、预算单位零余额账户和财政汇缴零余额账户（即财政汇缴专户）。其中：财政部门零余额账户和财政汇缴零余额账户的性质为专用存款账户；预算单位零余额账户的性质为基本存款账户或专用存款账户。

财政应返还额度，亦称年终预算结余资金（简称“结余资金”），是指纳入国库管理制度改革试点的预算单位在预算年度内，按照本级财政部门批复的部门预算，当年尚未支用并按规定应留归预算单位继续使用的资金。

问题探究

1. 什么是零余额账户？
2. 单位零余额账户代理银行与开户银行有什么不同？
3. 什么是财政应返还额度？财政应返还额度的表现形式有哪些？

任务四 国库集中支付典型业务核算举例

任务目标

◇ 掌握国库集中支付两种方式下三个时点核算内容的含义。

◇ 学会财政授权支付平时的核算、财政直接支付平时的核算、财政应返还额度的核算。

一、国库集中支付业务核算的种类

国库集中支付业务的核算按照支付方式不同分为财政直接支付方式的核算和财政授权支付方式的核算，按照核算的时间不同分为当年平时的核算、当年年终财政应返还额度的核算和下年年初财政应返还额度的核算，按照核算所设置的总账科目不同分为“零余额账户用款额度”的核算和“财政应返还额度”的核算。所以，国库集中支付业务的核算可概括为“两种方式、三个时点、两个账户”的核算。

国库集中支付两种方式下三个时点两个账户的核算如图 3－11 所示。

二、财政授权支付业务平时的核算

零余额账户用款额度是指实行国库集中支付的单位根据财政部门批复的用款计划收到和支用的用款额度。单位为了核算其在财政授权支付方式下收到的用款额度的增减及结存

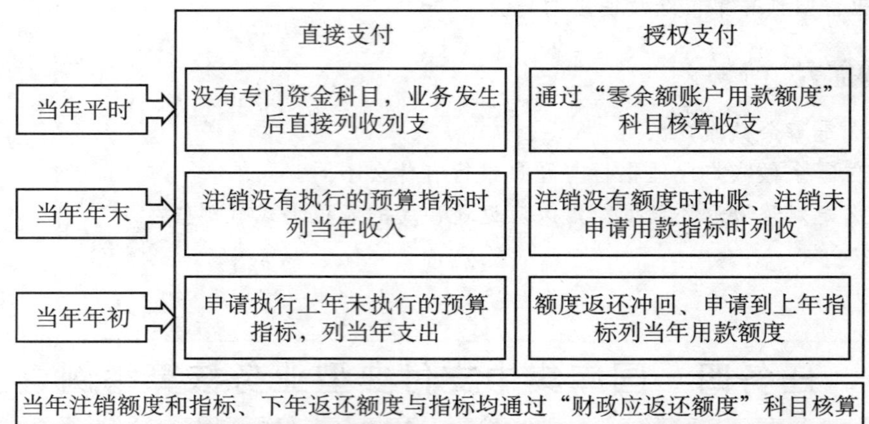

图 3-11　国库集中支付两种方式下三个时点两个账户的核算

情况，应设置“零余额账户用款额度”（资产类）科目。其借方登记收到的用款额度数，贷方登记在用款额度内的支用数及注销数。期末借方余额，反映单位尚未支用的零余额账户用款额度。年末注销单位零余额账户用款额度后，应无余额。

核算举例

某事业单位 2020 年 3 月份发生以下有关授权支付业务，请根据有关凭证编制会计分录。

1. 3 日，收到零余额账户代理银行《财政授权支付用款额度到账通知书》，本月用款额度 50 000 元到账。

财务会计

借：零余额账户用款额度　　50 000

　　贷：财政拨款收入　　50 000

预算会计

借：资金结存——零余额账户用款额度　　50 000

　　贷：财政拨款预算收入　　50 000

2. 5 日，通过网银转账支付本季度行政后勤部门水费 6 800 元。

财务会计

借：单位管理费用——商品和服务费用——水费　　6 800

　　贷：零余额账户用款额度　　6 800

预算会计

借：事业支出——财政拨款支出（基本支出）——水费　　6 800

　　贷：资金结存——零余额账户用款额度　　6 800

3. 8 日，通过网银转账支付计算机耗材 16 000 元。

财务会计

借：库存物品——计算机耗材　　16 000

　　贷：零余额账户用款额度　　16 000

预算会计

借：事业支出——财政拨款支出（基本支出）——专用材料费 16 000

　　贷：资金结存——零余额账户用款额度 16 000

4. 9日，从零余额账户提现2 000元备用。

财务会计

借：库存现金 2 000

　　贷：零余额账户用款额度 2 000

预算会计

借：资金结存——货币资金 2 000

　　贷：资金结存——零余额账户用款额度 2 000

5. 17日，将超过库存现金限额的1 000元退回零余额账户。

财务会计

借：零余额账户用款额度 1 000

　　贷：库存现金 1 000

预算会计

借：资金结存——零余额账户用款额度 1 000

　　贷：资金结存——货币资金 1 000

6. 15日，上述购进计算机耗材业务因价格计算多付1 000元，通过零余额账户退回。

财务会计

借：零余额账户用款额度 1 000

　　贷：库存物品 1 000

预算会计

借：资金结存——零余额账户用款额度 1 000

　　贷：事业支出——财政拨款支出（基本支出）——专用材料费 1 000

另外，按照《政府会计准则制度解释第2号》的规定，单位在某些特定情况下按规定从本单位零余额账户向本单位实有资金账户划转资金用于后续相关支出的，可在“银行存款”或“资金结存——货币资金”科目下设置“财政拨款资金”明细科目，或采用辅助核算等形式，核算反映按规定从本单位零余额账户转入实有资金账户的资金金额，并应当按照以下规定进行账务处理：

（1）从本单位零余额账户向实有资金账户划转资金时，按照划转的资金金额，借记“银行存款”科目，贷记“零余额账户用款额度”科目；同时，在预算会计中借记“资金结存——货币资金”科目，贷记“资金结存——零余额账户用款额度”科目。

（2）将本单位实有资金账户中从零余额账户划转的资金用于相关支出时，按照实际支付的金额，借记“应付职工薪酬”“其他应交税费”等科目，贷记“银行存款”科目；同时，在预算会计中借记“行政支出”“事业支出”等支出科目下的“财政拨款支出”明细科目，贷记“资金结存——货币资金”科目。

三、财政直接支付业务平时的核算

目前，按照财政预算资金管理的要求，行政事业单位财政供养人员的工资、纳入政府采购的购买性支出和贫困支助款项一般采用财政直接支付方式。采用财政直接支付方式办理支付业务时，在收到相关支付凭证时一般直接列收列支。下面以常见的采用财政直接支付方式的典型业务举例说明。

核算举例

某事业单位2020年发生下列有关采用财政直接支付方式的业务，请根据有关凭证编制会计分录。

1. 3月29日，按照人事部门提供考勤资料及相关资料计提当月行政后勤管理人员工资284 300元。

财务会计

借：单位管理费用——工资福利费用　　284 300

　　贷：应付职工薪酬——基本工资（离退休费）　　284 300

预算会计不做账务处理。

2. 4月1日，收到财政部门工资发放代理银行盖章转回的上月行政后勤管理人员工资发放明细表，上述工资全部打入个人工资卡。

财务会计

借：应付职工薪酬——基本工资（离退休费）　　284 300

　　贷：财政拨款收入——一般公共预算财政拨款　　284 300

预算会计

借：事业支出——基本支出（财政拨款支出）——基本工资　　284 300

　　贷：财政拨款预算收入——基本支出——人员经费　　284 300

3. 5月20日，收到教育主管部门学生奖助学金发放代理银行盖章转回的上月助学金发放表，给上月应享受助学金学生共发放168 900元。

财务会计

借：业务活动费用——对个人和家庭补助费用　　168 900

　　贷：财政拨款收入——一般公共预算财政拨款　　168 900

预算会计

借：事业支出——基本支出（财政拨款支出）——助学金　　168 900

　　贷：财政拨款预算收入——基本支出——人员经费　　168 900

4. 6月10日，收到《财政直接支付到账通知书》等相关资料，政府采购零余额账户代理银行为单位采购的医疗设备款128 000元，设备已验收交付使用。

财务会计

借：固定资产——专用设备　　128 000

　　贷：财政拨款收入——一般公共预算财政拨款　　128 000

预算会计

借：事业支出——项目支出（财政拨款支出）——专用设备购置　　128 000

　　贷：财政拨款预算收入——项目支出——医疗设备　　128 000

另外，按照《政府会计准则制度解释第 2 号》的规定，单位按规定报经财政部门审核批准，在财政授权支付用款额度或财政直接支付用款计划下达之前，用本单位实有资金账户资金垫付相关支出，再通过财政授权支付方式或财政直接支付方式将资金归还原垫付资金账户的，应当按照以下规定进行账务处理：

（1）用本单位实有资金账户资金垫付相关支出时，按照垫付的资金金额，借记“其他应收款”科目，贷记“银行存款”科目；预算会计不做处理。

（2）通过财政直接支付方式或授权支付方式将资金归还原垫付资金账户时，按照归垫的资金金额，借记“银行存款”科目，贷记“财政拨款收入”科目，并按照相同的金额，借记“业务活动费用”等科目，贷记“其他应收款”科目；同时，在预算会计中，按照相同的金额，借记“行政支出”“事业支出”等科目，贷记“财政拨款预算收入”科目。

四、财政应返还额度的核算

单位为了核算其实行国库集中支付制度后应收财政返还的资金额度，应设置“财政应返还额度”科目（资产类）。

在财政直接支付方式下，对年终结余资金进行账务处理时，“财政应返还额度”科目的借方登记单位本年度财政直接支付预算指标数与财政直接支付实际支出数的差额，贷方登记下年度在恢复的财政直接支付额度内的实际支出数。

在财政授权支付方式下，对年终结余资金进行账务处理时，“财政应返还额度”科目的借方登记单位零余额账户注销的申请已到账的和因未申请未到账的额度数，贷方登记下年度代理银行通知的恢复额度数和财政部门批复的上年末未下达的零余额账户用款额度数。

期末，“财政应返还额度”科目借方余额反映单位应收财政返还的资金额度。

“财政应返还额度”科目下应当设置“财政直接支付”“财政授权支付”两个明细科目。

注意：年终结余资金及其分配的账务处理按照财政部门的财务管理相关规定执行。若正式批复后的结余资金数小于已恢复的额度数，则进行调减结余资金和已提取基金的账务处理。

核算举例

某事业单位 2020 年预算指标及当年预算指标执行情况如下：

1. 财政部门年初批复的当年预算指标为 2 000 000 元，其中：财政直接支付预算指标 1 000 000 元，财政授权支付预算指标 1 000 000 元。

2. 财政直接支付预算指标截至 12 月底实际执行 900 000 元，100 000 元预算指标没有申请执行，年终应予注销。

3. 财政授权支付预算指标截至12月底实际到账900 000元，100 000元预算指标没有申请到账，年终应予注销。

4. 财政授权支付已经到账的900 000元额度中有20 000元没有使用，年终代理银行自动注销。

按照财政预算资金管理规定，2020年注销的220 000元到2021年全额返还。

请根据上述预算指标当年执行与下年返还情况分别编制2020年和2021年的注销与返还的会计分录。

（一）2020年注销预算指标与额度的会计分录

1. 注销2020年未执行的财政直接支付预算指标100 000元。

财务会计

借：财政应返还额度——财政直接支付　　100 000

　　贷：财政拨款收入　　100 000

预算会计

借：资金结存——财政应返还额度　　100 000

　　贷：财政拨款预算收入　　100 000

2. 注销2020年未申请到账的财政授权支付预算指标100 000元。

财务会计

借：财政应返还额度——财政授权支付　　100 000

　　贷：财政拨款收入　　100 000

预算会计

借：资金结存——财政应返还额度　　100 000

　　贷：财政拨款预算收入　　100 000

3. 代理银行自动注销财政授权支付已经到账的900 000元额度中没有使用的20 000元额度。

财务会计

借：财政应返还额度——财政授权支付　　20 000

　　贷：零余额账户用款额度　　20 000

预算会计

借：资金结存——财政应返还额度　　20 000

　　贷：资金结存——零余额账户用款额度　　20 000

（二）2021年返还预算指标与额度的会计分录

1. 1月1日，代理银行自动恢复2020年注销的零余额账户额度20 000元。

财务会计

借：零余额账户用款额度　　20 000

　　贷：财政应返还额度——财政授权支付　　20 000

预算会计

借：资金结存——零余额账户用款额度　　20 000

　　贷：资金结存——财政应返还额度　　20 000

2.1月20日，单位报经批准继续按原预算口径（为某项目购买专用材料）执行2020年预算指标100 000元。

财务会计

借：库存物品——专用材料　　100 000

　　贷：财政应返还额度——财政直接支付　　100 000

预算会计

借：事业支出——项目支出——某项目　　100 000

　　贷：资金结存——财政应返还额度　　100 000

3.1月23日，收到代理银行《财政授权支付用款额度到账通知书》，返还2020年已注销的财政授权支付指标100 000元到账。

财务会计

借：零余额账户用款额度　　100 000

　　贷：财政应返还额度——财政授权支付　　100 000

预算会计

借：资金结存——零余额账户用款额度　　100 000

　　贷：资金结存——财政应返还额度　　100 000

零余额账户用款额度三个时点（期）的核算如图3-12所示。

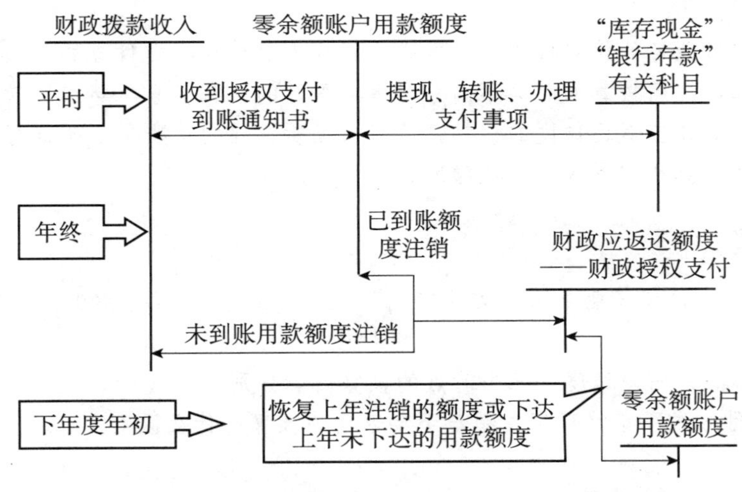

图3-12　"零余额账户用款额度"三个时点（期）核算

两种支付方式下年终额度注销与下年返还的核算如图3-13所示。

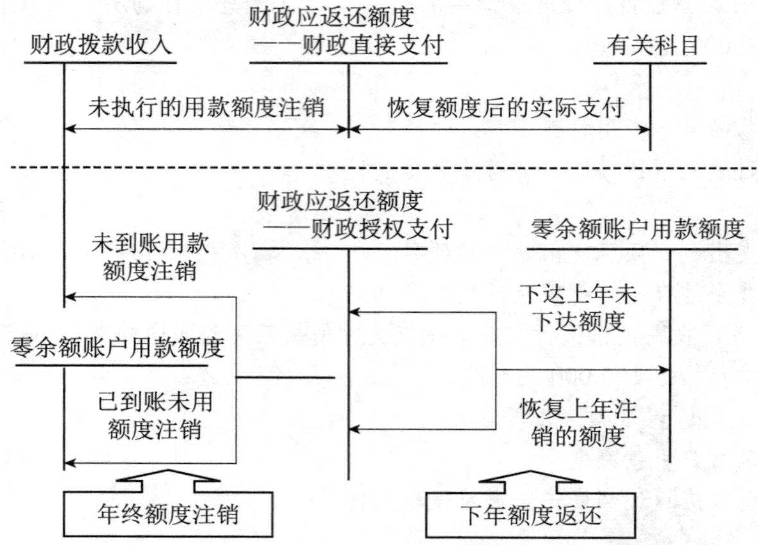

图 3－13　两种支付方式下年终额度注销与下年返还的核算

知识归纳

国库集中支付业务的核算按照支付方式不同分为财政直接支付方式的核算和财政授权支付方式的核算，按照核算的时间不同分为当年平时的核算、当年年终财政应返还额度的核算和下年年初财政应返还额度的核算，按照核算所设置的总账科目不同分为“零余额账户用款额度”的核算和“财政应返还额度”的核算。

问题探究

1. 国库集中支付核算业务的“两种方式”“三个时点”“两个账户应用”的含义分别是什么意思？

2. “零余额账户用款额度”三个时点的核算内容分别是什么？

3. 两种支付方式下年终额度注销与下年返还的核算有什么区别？

项目四

资产基础知识与初级实务

任务一　资产基础知识

任务目标

◇ 了解资产类会计科目体系。
◇ 熟悉资产的确认条件与计量属性。
◇ 掌握资产的定义与分类。

一、资产概述

（一）资产的定义

资产是指政府会计主体过去的经济业务或者事项形成的，由政府会计主体控制的，预期能够产生服务潜力或者带来经济利益流入的经济资源。

服务潜力是指政府会计主体利用资产提供公共产品和服务以履行政府职能的潜在能力。

经济利益流入表现为现金及现金等价物的流入，或者现金及现金等价物流出的减少。

（二）资产的分类

政府会计主体的资产按照流动性，分为流动资产和非流动资产。

流动资产是指预计在1年内（含1年）耗用或者可以变现的资产，包括货币资金、短期投资、应收及预付款项、存货等。

非流动资产是指流动资产以外的资产，包括固定资产、在建工程、无形资产、长期投资、公共基础设施、政府储备资产、文物文化资产、保障性住房和自然资源资产等。

（三）资产的确认条件

符合资产定义的经济资源，在同时满足以下条件时，确认为资产：

（1）与该经济资源相关的服务潜力很可能实现或者经济利益很可能流入单位。

（2）该经济资源的成本或者价值能够可靠计量。

（四）资产的计量属性

资产的计量属性主要包括历史成本、重置成本、现值、公允价值和名义金额。

（1）在历史成本计量下，资产按照取得时支付的现金金额或者支付对价的公允价值计量。

（2）在重置成本计量下，资产按照现在购买相同或者相似资产所需支付的现金金额计量。

（3）在现值计量下，资产按照预计从其持续使用和最终处置中所产生的未来净现金流入量的折现金额计量。

（4）在公允价值计量下，资产按照市场参与者在计量日发生的有序交易中，出售资产所能收到的价格计量。

（5）无法采用上述计量属性的，采用名义金额（即人民币1元）计量。

政府会计主体在对资产进行计量时，一般应当采用历史成本。采用重置成本、现值、公允价值计量的，应当保证所确定的资产金额能够持续、可靠计量。

符合资产定义和资产确认条件的项目，应当列入资产负债表。

二、资产类会计科目及其核算内容

政府会计主体资产类会计科目及其核算内容如表4-1所示。

表4-1 资产类会计科目及其核算内容

会计科目	核算内容	备注
库存现金	核算单位的库存现金。	初级
银行存款	核算单位存入银行或者其他金融机构的各种存款。	初级
零余额账户用款额度	核算实行国库集中支付的单位根据财政部门批复的用款计划收到和支用的零余额账户用款额度。	初级
其他货币资金	核算单位的外埠存款、银行本票存款、银行汇票存款、信用卡存款等各种其他货币资金。	初级
短期投资	核算事业单位按照规定取得的，持有时间不超过1年（含1年）的投资。	高级
财政应返还额度	核算实行国库集中支付的单位应收财政返还的资金额度，包括可以使用的以前年度财政直接支付资金额度和财政应返还的财政授权支付资金额度。	初级
应收票据	核算事业单位因开展经营活动销售产品、提供有偿服务等而收到的商业汇票，包括银行承兑汇票和商业承兑汇票。	中级

续表

会计科目	核算内容	备注
应收账款	核算事业单位提供服务、销售产品等应收取的款项，以及单位因出租资产、出售物资等应收取的款项。	中级
预付账款	核算单位按照购货、服务合同或协议规定预付给供应单位（或个人）的款项，以及按照合同规定向承包工程的施工企业预付的备料款和工程款。	中级
应收股利	核算事业单位持有长期股权投资应当收取的现金股利或应当分得的利润。	中级
应收利息	核算事业单位长期债券投资应当收取的利息。	中级
其他应收款	核算单位除财政应返还额度、应收票据、应收账款、预付账款、应收股利、应收利息以外的其他各项应收及暂付款项，如职工预借的差旅费、已经偿还银行尚未报销的本单位公务卡欠款、拨付给内部有关部门的备用金、应向职工收取的各种垫付款项、支付的可以收回的订金或押金、应收的上级补助和附属单位上缴款项等。	中级
坏账准备	核算事业单位对收回后不需上缴财政的应收账款和其他应收款提取的坏账准备。	中级
在途物品	核算单位采购材料等物资时货款已付或已开出商业汇票但尚未验收入库的在途物品的采购成本。	中级
库存物品	核算单位在开展业务活动及其他活动中为耗用或出售而储存的各种材料、产品、包装物、低值易耗品，以及达不到固定资产标准的用具、装具、动植物等的成本。	中级
加工物品	核算单位自制或委托外单位加工的各种物品的实际成本。	中级
待摊费用	核算单位已经支付，但应当由本期和以后各期分别负担的分摊期在 1 年以内（含 1 年）的各项费用，如预付航空保险费、预付租金等。	高级
长期股权投资	核算事业单位按照规定取得的，持有时间超过 1 年（不含 1 年）的股权性质的投资。	高级
长期债券投资	核算事业单位按照规定取得的，持有时间超过 1 年（不含 1 年）的债券投资。	高级
固定资产	核算单位固定资产的原值。	初级
固定资产累计折旧	核算单位计提的固定资产累计折旧。	初级
工程物资	核算单位为在建工程准备的各种物资的成本，包括工程用材料、设备等。	初级
在建工程	核算单位在建的建设项目工程的实际成本。	初级
无形资产	核算单位无形资产的原值。	高级
无形资产累计摊销	核算单位对使用年限有限的无形资产计提的累计摊销。	高级
研发支出	核算单位自行研究开发项目研究阶段和开发阶段发生的各项支出。	高级
公共基础设施	核算单位控制的公共基础设施的原值。	高级
公共基础设施累计折旧（摊销）	核算单位计提的公共基础设施累计折旧和累计摊销。	高级
政府储备物资	核算单位控制的政府储备物资的成本。	高级
文物文化资产	核算单位为满足社会公共需求而控制的文物文化资产的成本。	高级
保障性住房	核算单位为满足社会公共需求而控制的保障性住房的原值。	高级
保障性住房累计折旧	核算单位计提的保障性住房的累计折旧。	高级
受托代理资产	核算单位接受委托方委托管理的各项资产，包括受托指定转赠的物资、受托存储保管的物资等的成本。	初级
长期待摊费用	核算单位已经支出，但应由本期和以后各期负担的分摊期限在 1 年以上（不含 1 年）的各项费用，如以经营租赁方式租入的固定资产发生的改良支出等。	高级
待处理财产损溢	核算单位在资产清查过程中查明的各种资产盘盈、盘亏和报废、毁损的价值。	初级

知识归纳

资产是指政府会计主体过去的经济业务或者事项形成的，由政府会计主体控制的，预期能够产生服务潜力或者带来经济利益流入的经济资源。政府会计主体的资产按照流动性，分为流动资产和非流动资产。

符合资产定义的经济资源，在同时满足以下条件时，确认为资产：与该经济资源相关的服务潜力很可能实现或者经济利益很可能流入单位；该经济资源的成本或者价值能够可靠计量。

资产的计量属性主要包括历史成本、重置成本、现值、公允价值和名义金额。政府会计主体在对资产进行计量时，一般应当采用历史成本。

问题探究

1. 什么是资产？资产确认的条件有哪些？
2. 资产的计量属性有哪些？政府会计一般采用哪种计量属性？
3. 政府会计资产类科目和企业会计资产类科目有什么异同？

任务二　货币资金的管理与核算

任务目标

◇ 了解单位库存现金管理的原则、银行结算账户的种类及用途。
◇ 熟悉单位库存现金收付业务办理的流程。
◇ 掌握单位库存现金清查盘点的要点。
◇ 学会单位库存现金、银行存款、其他货币资金的核算。

一、库存现金的管理与核算

（一）库存现金的管理原则

库存现金是指政府会计主体存放在财会部门并由出纳人员保管的纸币和铸币。政府会计主体的库存现金应以满足日常零星开支为限，并切实加强管理。

1. 设置专人经管库存现金的出纳工作

按照《中华人民共和国会计法》的规定，政府会计主体会计机构内部应当建立稽核制度，出纳人员不得兼任稽核、会计档案保管和收入、支出、费用、债权债务账目的登记工作。政府会计主体的现金收付业务，应由专职或兼职的出纳人员办理，出纳、会计分开，钱账分管，责任分明。

2. 严格遵守库存现金限额规定

为了便于政府会计主体支付日常零星开支，开户银行要对政府会计主体核定一个库存现金限额。超过库存现金限额的现金应于当日业务终了前送存开户银行。

3. 严格遵守库存现金使用范围

根据国务院发布的《现金管理暂行条例》的规定，政府会计主体可以在下列范围内使用现金：职工工资、津贴；个人劳务报酬；根据国家规定颁发给个人的科学技术、文化艺术、体育等各种奖金；各种劳保、福利费用以及国家规定的对个人的其他支出；向个人收购农副产品和其他物资的价款；出差人员必须随身携带的差旅费；结算起点以下的零星支出；中国人民银行确定需要支付现金的其他支出。凡不属于上述现金结算范围的款项支付，一律通过银行办理转账结算。

4. 严格库存现金收付手续

出纳人员在工作中要坚持原则、一丝不苟，严格以经过审核无误的合法凭证为依据，办理现金收付业务。支付现金后，应在原始凭证上加盖“现金付讫”戳记，以防止利用凭证重复报销。不能以借据抵顶现金。凡属于现金收入业务的，应给对方开出正式合法的收据，严密手续，防止漏洞。

5. 不准坐支现金

政府会计主体支付现金，应从政府会计主体库存现金限额内支付或者从开户银行提取，不得从本政府会计主体的现金收入中直接支付，即坐支。因特殊情况需要坐支的，应当事先报经开户银行审查批准，由开户银行核定坐支范围和限额。政府会计主体经批准坐支现金时，应当定期向开户银行报送坐支的金额和使用情况。

6. 做到日清月结，保证账款相符

现金收付要及时入账，每日清点库存；主管会计人员应定期或不定期地对库存实际结存，以及对有关部门的备用金进行核对与检查，做到日清月结，账款相符。任何有现金收支的部门都不得以借据或白条抵顶现金。

（二）现金的核算

政府会计主体为核算其库存现金，应设置“库存现金”（资产类）科目。其借方登记库存现金的增加数，贷方登记库存现金的减少数，期末借方余额反映政府会计主体实际持有的库存现金。

“库存现金”科目应当设置“受托代理资产”明细科目，核算政府会计主体受托代理、代管的现金。

政府会计主体有外币现金的，应当分别按照人民币、外币种类设置“库存现金日记账”进行明细核算。

核算举例

某事业单位2020年发生下列有关库存现金业务，请根据有关凭证编制会计分录。

1. 2月8日，开出现金支票从开户银行提现3 000元备用。

财务会计

借：库存现金　　3 000

　　贷：银行存款　　3 000

预算会计不做账务处理。

2. 2月15日，办公室交来变卖废旧资料现金580元。

财务会计

借：库存现金　　580

　　贷：其他收入——废旧物品变价收入　　580

预算会计

借：资金结存——货币资金　　580

　　贷：其他预算收入——废旧物品变价收入　　580

3. 2月22日，将零星现金收款3 000元存入开户银行。

财务会计

借：银行存款　　3 000

　　贷：库存现金　　3 000

预算会计不做账务处理。

4. 2月25日，办公室王辉出差预借差旅费4 000元。

财务会计

借：其他应收款——王辉　　4 000

　　贷：库存现金　　4 000

预算会计不做账务处理。

5. 3月15日，王辉出差回来按规定应报销差旅费4 500元。

财务会计

借：单位管理费用——商品和服务费用　　4 500

　　贷：其他应收款——王辉　　4 000

　　　　库存现金　　500

预算会计

借：事业支出——财政拨款支出（基本支出）——差旅费　　4 500

　　贷：资金结存——货币资金　　4 500

（三）现金的清查

为了加强对现金出纳工作的监督，防止盗窃和营私舞弊，保护现金安全完整，必须建立现金清查盘点制度。库存现金的清查盘点包括出纳人员每日的清查盘点和清查小组定期或不定期的清查盘点，清查的主要手段是实地盘点。

每日账款核对中发现现金溢余或短缺的，应当及时进行处理。清查小组清查盘点现金时，出纳人员必须在场，盘点后将实存数与账存数核对，并编制库存现金盘点报告表，列明实存、账存和溢余或短缺金额。如有溢余或短缺，应查明原因，并及时报请领导审批。

每日账款核对中发现有待查明原因的现金短缺或溢余的，应当通过“待处理财产损溢”科目核算。现金溢余和现金短缺的核算举例见“待处理财产损溢”。

二、银行存款的管理与核算

（一）银行结算账户的种类

银行结算账户，即人民币银行结算账户，是指银行为存款人开立的办理资金收付结算的人民币活期存款账户。存款人以政府会计主体名称开立的银行结算账户为政府会计主体银行结算账户。按照《人民币银行结算账户管理办法》的规定，政府会计主体银行结算账户按用途分为基本存款账户、一般存款账户、专用存款账户和临时存款账户。

（二）银行结算账户的开立

一般情况下，存款人应在注册地或住所地开立银行结算账户。存款人开立基本存款账户、临时存款账户和预算单位开立专用存款账户实行核准制度，经中国人民银行核准后由开户银行核发开户登记证。存款人可以自主选择银行开立银行结算账户。银行结算账户的开立和使用应当遵守法律、行政法规的规定，不得利用银行结算账户进行偷逃税款、逃废债务、套取现金及其他违法犯罪活动。银行应依法为存款人的银行结算账户信息保密。对政府会计主体银行结算账户的存款和有关资料，除国家法律、行政法规另有规定外，银行有权拒绝任何单位或个人查询。对个人银行结算账户的存款和有关资料，除国家法律、行政法规另有规定外，银行有权拒绝任何单位或个人查询。

（三）银行存款的核算

银行存款是指政府会计主体存入银行或其他金融机构的各种存款。政府会计主体为了核算其存入银行或其他金融机构的各种存款，应设置“银行存款”科目（资产类）。其借方登记款项的存入及转入数等，贷方登记款项的支出、提取、转出及汇出数等。期末借方余额，反映政府会计主体实际存放在银行或其他金融机构的款项。

“银行存款”科目应当设置“受托代理资产”明细科目，核算政府会计主体受托代理、代管的银行存款。

核算举例

某事业单位2020年6月发生下列有关银行存款本币业务，请根据有关凭证编制会计分录。

1. 4日，将日常业务零星现金收款3 500元存入开户银行。

财务会计

借：银行存款　　3 500

　　贷：库存现金　　3 500

预算会计不做账务处理。

2. 10日，从开户银行提取现金1 000元备用。

财务会计

借：库存现金　　1 000

　　贷：银行存款　　1 000

预算会计不做账务处理。

3. 14日，通过网银转账支付行政部门零星办公用品采购款4 800元。

财务会计

借：单位管理费用——商品和服务费用——办公费　　4 800

　　贷：银行存款　　4 800

预算会计

借：事业支出——财政拨款支出（基本支出）——办公费　　4 800

　　贷：资金结存——货币资金　　4 800

4. 30日，收到开户银行活期存款利息结算单，本季度银行存款利息5 632元。

财务会计

借：银行存款　　5 632

　　贷：利息收入　　5 632

预算会计

借：资金结存——货币资金　　5 632

　　贷：其他预算收入——利息预算收入　　5 632

（四）银行存款日记账的设置

政府会计主体应当按照开户银行或其他金融机构、存款种类及币种等，分别设置“银行存款日记账”，由出纳人员根据收付款凭证，按照业务的发生顺序逐笔登记，每日终了应结出余额。

（五）银行对账

“银行存款日记账”应定期与“银行对账单”核对，至少每月核对一次。月度终了，政府会计主体银行存款日记账账面余额与银行对账单余额之间如有差额，应当逐笔查明原因并进行处理，按月编制“银行存款余额调节表”，调节相符。

核算举例

2020年6月底，某事业单位银行存款日记账的账面余额为19 600元，银行对账单上单位存款余额为18 800元，经过逐笔核对，发现有下列未达账项：

1. 单位委托银行收款600元，银行已办理收款入账手续，单位尚未收到收款单据。
2. 银行代单位支付邮电费400元，单位尚未收到邮电费结算凭证，因而尚未记账。
3. 单位向银行送存转账支票一张，金额为3 000元，单位已入账，银行尚未入账。
4. 单位签发支票一张，金额为2 000元，付款入账，持票人尚未到银行办理转账手续。

根据以上资料编制银行存款余额调节表，如表4-2所示。

表4-2 银行存款余额调节表

2020年6月30日 单位：元

项目	余额	项目	余额
单位银行存款余额	19 600	银行对账单月末余额	18 800
加：单位未收、银行已收	600	加：银行未收、单位已收	3 000
减：单位未付、银行已付	400	减：银行未付、单位已付	2 000
调节后余额	19 800	调节后余额	19 800

三、其他货币资金的管理与核算

（一）其他货币资金的定义与种类

其他货币资金是指政府会计主体除现金、银行存款、零余额账户用款额度以外的其他各种货币资金，即存放地点和用途均与现金、银行存款、零余额账户用款额度不同的货币资金。包括外埠存款、银行汇票存款、银行本票存款、信用卡存款等。

按照《政府会计准则制度解释第1号》的规定，单位通过支付宝、微信等方式取得相关收入的，对于尚未转入银行存款的支付宝、微信收付款等第三方支付平台账户的余额，也属其他货币资金。

（二）“其他货币资金”科目

政府会计主体为了核算其各种其他货币资金，应设置“其他货币资金”（资产类）科目。其借方登记其他货币资金的增加数，贷方登记其他货币资金的减少数。期末借方余额，反映政府会计主体实际持有的其他货币资金。

“其他货币资金”科目应当设置“外埠存款”“银行本票存款”“银行汇票存款”“信用卡存款”等明细科目，进行明细核算。

核算举例

某事业单位2020年3月份发生下列有关其他货币资金的增减业务，请根据有关凭证编制会计分录。

1. 1日，通过网银转账向开户银行申请签发面值为65 000元的银行本票一张。

财务会计

借：其他货币资金——银行本票存款　　65 000

　　贷：银行存款　　65 000

预算会计不做账务处理。

2. 5日，用上述银行本票支付从凯悦公司购买专用材料款60 000元，材料已验收入库。

财务会计

借：库存物品——某专用材料　　60 000

　　贷：其他货币资金——银行本票存款　　60 000

预算会计

借：事业支出——财政拨款支出（基本支出）——专用材料费　　60 000

　　贷：资金结存——货币资金　　60 000

3. 15日，上述银行本票余款5 000元通过网银转账退回。

财务会计

借：银行存款　　5 000

　　贷：其他货币资金——银行本票存款　　5 000

预算会计不做账务处理。

知识归纳

库存现金是指政府会计主体存放在财会部门并由出纳人员保管的纸币和铸币。政府会计主体的库存现金应以满足日常零星开支为限，并切实加强管理。为了加强对现金出纳工作的监督，防止盗窃和营私舞弊，保护现金安全完整，必须建立现金清查盘点制度。

银行结算账户，即人民币银行结算账户，是指银行为存款人开立的办理资金收付结算的人民币活期存款账户。政府会计主体银行结算账户按用途分为基本存款账户、一般存款账户、专用存款账户和临时存款账户。

其他货币资金是指政府会计主体除现金、银行存款、零余额账户用款额度以外的其他各种货币资金，即存放地点和用途均与现金、银行存款、零余额账户用款额度不同的货币资金。其他货币资金包括外埠存款、银行汇票存款、银行本票存款、信用卡存款等。

问题探究

1. 政府会计主体现金管理应遵循哪些原则？
2. 政府会计主体现金盘点过程中对出现的溢余或短缺应如何处理？
3. 政府会计主体可以开设的银行结算账户有哪些？

4. 其他货币资金包括哪些内容？

会计职业道德案例（三）

任务三　固定资产的管理与核算

任务目标

◇ 了解固定资产的定义及分类。

◇ 熟悉固定资产管理与核算的范围、确认与计量的依据、计提折旧的政策、固定资产管理的“三账一卡”模式。

◇ 学会固定资产、固定资产累计折旧的核算。

一、固定资产的定义、分类及范围

（一）固定资产的定义

固定资产是指政府会计主体为满足自身开展业务活动或其他活动需要而控制的，使用年限超过1年（不含1年）、单位价值在规定标准以上，并在使用过程中基本保持原有物质形态的资产，一般包括房屋及构筑物、专用设备、通用设备等。

单位价值虽未达到规定标准，但是使用年限超过1年（不含1年）的大批同类物资，如图书、家具、用具、装具等，应当确认为固定资产。

单位为满足社会公共需要而控制的公共基础设施、政府储备物资、保障性住房、自然资源资产等，不属于单位的固定资产。

（二）固定资产的分类

政府会计主体的固定资产一般分为：房屋和建筑物，专用设备，通用设备，文物和陈列品，图书、档案，家具、用具、装具及动植物六类。

政府会计主体应当根据固定资产的定义，结合本单位的具体情况，制定适合于本单位的固定资产目录、分类方法，作为进行固定资产核算的依据。

（三）固定资产管理与核算的范围

政府会计主体固定资产管理与核算的范围如图 4-1 所示。

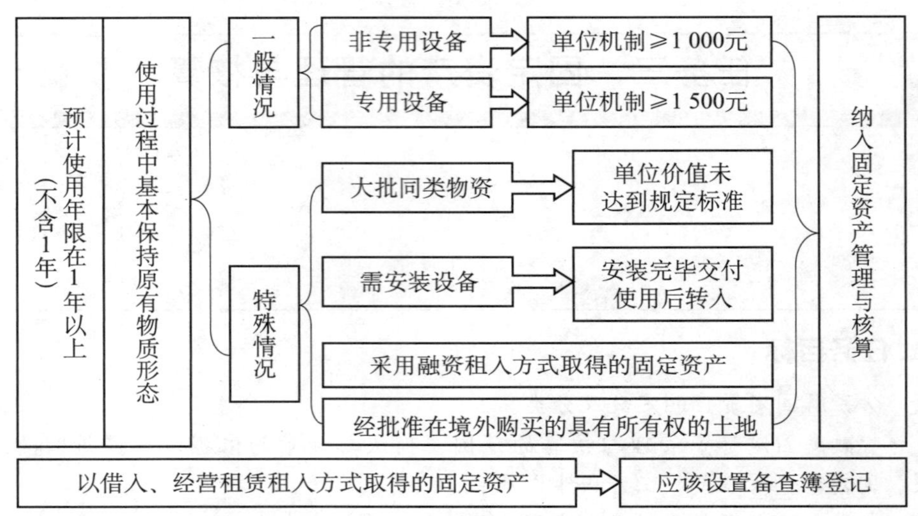

图 4-1 固定资产管理与核算范围

二、固定资产的确认条件及时间

（一）固定资产的确认条件

固定资产同时满足下列条件的，应当予以确认：

(1) 与该固定资产相关的服务潜力很可能实现或者经济利益很可能流入政府会计主体。

(2) 该固定资产的成本或者价值能够可靠地计量。

（二）固定资产的确认时间

一般固定资产的确认时间分以下几种情况：

(1) 购入、换入、接受捐赠、无偿调入不需安装的固定资产，在固定资产验收合格时确认。

(2) 购入、换入、接受捐赠、无偿调入需要安装的固定资产，在固定资产安装完成交付使用时确认。

（3）自行建造、改建、扩建的固定资产，在建造完成交付使用时确认。

（三）固定资产确认应考虑的情况

确认固定资产时，应当考虑以下情况：

（1）固定资产的各组成部分具有不同使用年限或者以不同方式为单位实现服务潜力或提供经济利益，适用不同折旧率或折旧方法且可以分别确定各自原价的，应当分别将各组成部分确认为单项固定资产。

（2）应用软件构成相关硬件不可缺少的组成部分的，应当将该软件的价值包括在所属的硬件价值中，一并确认为固定资产；不构成相关硬件不可缺少的组成部分的，应当将该软件确认为无形资产。

（3）购建房屋及构筑物时，不能分清购建成本中的房屋及构筑物部分与土地使用权部分的，应当全部确认为固定资产；能够分清购建成本中的房屋及构筑物部分与土地使用权部分的，应当将其中的房屋及构筑物部分确认为固定资产，将其中的土地使用权部分确认为无形资产。

（四）固定资产后续支出的确认

固定资产在使用过程中发生的后续支出，符合上述固定资产确认条件的，应当计入固定资产成本；不符合上述固定资产确认条件的，应当在发生时计入当期费用或者相关资产成本。

将发生的固定资产后续支出计入固定资产成本的，应当同时从固定资产账面价值中扣除被替换部分的账面价值。

三、固定资产的初始计量

固定资产在取得时应当按照成本进行初始计量。

（一）外购的固定资产

政府会计主体外购的固定资产，其成本包括购买价款、相关税费以及固定资产交付使用前所发生的可归属于该项资产的运输费、装卸费、安装费和专业人员服务费等。

以一笔款项购入多项没有单独标价的固定资产，应当按照各项固定资产同类或类似资产市场价格的比例对总成本进行分配，分别确定各项固定资产的成本。

（二）自行建造的固定资产

政府会计主体自行建造的固定资产，其成本包括该项资产至交付使用前所发生的全部必要支出。

在原有固定资产基础上进行改建、扩建、修缮后的固定资产，其成本按照原固定资产账面价值加上改建、扩建、修缮发生的支出，再扣除固定资产被替换部分的账面价值后的金额确定。

为建造固定资产借入的专门借款的利息，属于建设期间发生的，计入在建工程成本；

不属于建设期间发生的，计入当期费用。

已交付使用但尚未办理竣工决算手续的固定资产，应当按照估计价值入账，待办理竣工决算后再按实际成本调整原来的暂估价值。

（三）通过置换取得的固定资产

政府会计主体通过置换取得的固定资产，其成本按照换出资产的评估价值加上支付的补价或减去收到的补价，加上换入固定资产发生的其他相关支出确定。

（四）接受捐赠的固定资产

政府会计主体接受捐赠的固定资产，其成本按照有关凭据注明的金额加上相关税费、运输费等确定；没有相关凭据可供取得，但按规定经过资产评估的，其成本按照评估价值加上相关税费、运输费等确定；没有相关凭据可供取得，也未经资产评估的，其成本比照同类或类似资产的市场价格加上相关税费、运输费等确定；没有相关凭据且未经资产评估、同类或类似资产的市场价格也无法可靠取得的，按照名义金额入账，相关税费、运输费等计入当期费用。

如受赠的系旧的固定资产，在确定其初始入账成本时应当考虑该项资产的新旧程度。

（五）无偿调入的固定资产

政府会计主体无偿调入的固定资产，其成本按照调出方账面价值加上相关税费、运输费等确定。

（六）盘盈的固定资产

政府会计主体盘盈的固定资产，按规定经过资产评估的，其成本按照评估价值确定；未经资产评估的，其成本按照重置成本确定。

（七）融资租赁取得及跨年度分期付款购入的固定资产

政府会计主体融资租赁取得的固定资产，其成本按照租赁协议或者合同确定的租赁价款、相关税费以及固定资产交付使用前所发生的可归属于该项资产的运输费、途中保险费、安装调试费等确定。政府会计主体跨年度分期付款购入固定资产参照融资租入固定资产计量。

四、固定资产的后续计量

（一）固定资产的折旧

1. 折旧的定义与范围

折旧，是指在固定资产的预计使用年限内，按照确定的方法对应计的折旧额进行系统分摊。政府会计主体应当对除下列固定资产之外的固定资产计提折旧：

（1）文物和陈列品。

（2）动植物。

（3）图书、档案。

（4）单独计价入账的土地。

（5）以名义金额计量的固定资产。

政府会计主体固定资产应计的折旧额为其成本，计提固定资产折旧时不考虑预计净残值。

政府会计主体应当对暂估入账的固定资产计提折旧，实际成本确定后不需调整原已计提的折旧额。

2. 折旧计提的年限

政府会计主体应当根据相关规定以及固定资产的性质和使用情况，合理确定固定资产的使用年限。一般情况下，政府会计主体确定固定资产使用年限，应当考虑下列因素：

（1）预计实现服务潜力或提供经济利益的期限。

（2）预计有形损耗和无形损耗。

（3）法律或者类似规定对资产使用的限制。

固定资产的使用年限一经确定，不得随意变更。因改建、扩建等原因而延长固定资产使用年限的，应当重新确定固定资产的折旧年限；政府会计主体盘盈、无偿调入、接受捐赠以及置换的固定资产，应当考虑该项资产的新旧程度，按照其尚可使用的年限计提折旧。

《政府会计准则第 3 号——固定资产》应用指南规定的政府固定资产折旧年限如表 4-3 所示。

表 4-3 政府固定资产折旧年限表

<table>
<tr><th>固定资产类别</th><th colspan="2">内容</th><th>折旧年限（年）</th></tr>
<tr><td rowspan="7">房屋及构筑物</td><td rowspan="4">业务及管理用房</td><td>钢结构</td><td>不低于 50</td></tr>
<tr><td>钢筋混凝土结构</td><td>不低于 50</td></tr>
<tr><td>砖混结构</td><td>不低于 30</td></tr>
<tr><td>砖木结构</td><td>不低于 30</td></tr>
<tr><td colspan="2">简易房</td><td>不低于 8</td></tr>
<tr><td colspan="2">房屋附属设施</td><td>不低于 8</td></tr>
<tr><td colspan="2">构筑物</td><td>不低于 8</td></tr>
<tr><td rowspan="12">通用设备</td><td colspan="2">计算机设备</td><td>不低于 6</td></tr>
<tr><td colspan="2">办公设备</td><td>不低于 6</td></tr>
<tr><td colspan="2">车辆</td><td>不低于 8</td></tr>
<tr><td colspan="2">图书档案设备</td><td>不低于 5</td></tr>
<tr><td colspan="2">机械设备</td><td>不低于 10</td></tr>
<tr><td colspan="2">电气设备</td><td>不低于 5</td></tr>
<tr><td colspan="2">雷达、无线电和卫星导航设备</td><td>不低于 10</td></tr>
<tr><td colspan="2">通信设备</td><td>不低于 5</td></tr>
<tr><td colspan="2">广播、电视、电影设备</td><td>不低于 5</td></tr>
<tr><td colspan="2">仪器仪表</td><td>不低于 5</td></tr>
<tr><td colspan="2">电子和通信测量设备</td><td>不低于 5</td></tr>
<tr><td colspan="2">计量标准器具及量具、衡器</td><td>不低于 5</td></tr>
</table>

续表

固定资产类别	内容	折旧年限（年）
专用设备	探矿、采矿、选矿和造块设备	10～15
	石油天然气开采专用设备	10～15
	石油和化学工业专用设备	10～15
	炼焦和金属冶炼轧制设备	10～15
	电力工业专用设备	20～30
	非金属矿物制品工业专用设备	10～20
	核工业专用设备	20～30
	航空航天工业专用设备	20～30
	工程机械	10～15
	农业和林业机械	10～15
	木材采集和加工设备	10～15
	食品加工专用设备	10～15
	饮料加工设备	10～15
	烟草加工设备	10～15
专用设备	粮油作物和饲料加工设备	10～15
	纺织设备	10～15
	缝纫、服饰、制革和毛皮加工设备	10～15
	造纸和印刷机械	10～20
	化学药品和中药专用设备	5～10
	医疗设备	5～10
	电工、电子专用生产设备	5～10
	安全生产设备	10～20
	邮政专用设备	10～15
	环境污染防治设备	10～20
	公安专用设备	3～10
	水工机械	10～20
	殡葬设备及用品	5～10
	铁路运输设备	10～20
	水上交通运输设备	10～20
	航空器及其配套设备	10～20
	专用仪器仪表	5～10
	文艺设备	5～15
	体育设备	5～15
	娱乐设备	5～15
家具、用具及装具	家具	不低于15
	用具、装具	不低于5

3. 折旧计提的方法

政府会计主体一般应当采用年限平均法[①]或者工作量法计提固定资产折旧。

在确定固定资产的折旧方法时，应当考虑与固定资产相关的服务潜力或经济利益的预期实现方式。

固定资产折旧方法一经确定，不得随意变更。

4. 折旧计提的时点

固定资产应当按月计提折旧，并根据用途计入当期费用或者相关资产成本。当月增加的固定资产，当月开始计提折旧；当月减少的固定资产，当月不再计提折旧。

固定资产提足折旧后，无论能否继续使用，均不再计提折旧；提前报废的固定资产，也不再补提折旧。已提足折旧的固定资产，可以继续使用的，应当继续使用，规范实物管理。

5. 折旧年限的特殊规定

固定资产因改建、扩建或修缮等原因而延长其使用年限的，应当按照重新确定的固定资产的成本以及重新确定的折旧年限计算折旧额。

政府会计主体计提融资租入固定资产折旧时，应当采用与自有固定资产相一致的折旧政策。能够合理确定租赁期届满时将会取得租入固定资产所有权的，应当在租入固定资产尚可使用年限内计提折旧；无法合理确定租赁期届满时能够取得租入固定资产所有权的，应当在租赁期与租入固定资产尚可使用年限两者中较短的期间内计提折旧。

（二）固定资产的处置

1. 出售、转让固定资产或固定资产报废、毁损

政府会计主体按规定报经批准出售、转让固定资产或固定资产报废、毁损的，应当将固定资产账面价值[②]转销计入当期费用，并将处置收入扣除相关处置税费后的差额按规定作应缴款项处理（差额为净收益时）或计入当期费用（差额为净损失时）。

2. 对外捐赠、无偿调出固定资产

政府会计主体按规定报经批准对外捐赠、无偿调出固定资产的，应当将固定资产的账面价值予以转销，对外捐赠、无偿调出中发生的归属于捐出方、调出方的相关费用应当计入当期费用。

3. 以固定资产对外投资

政府会计主体按规定报经批准以固定资产对外投资的，应当将该固定资产的账面价值予以转销，并将固定资产在对外投资时的评估价值与其账面价值的差额计入当期收入或费用。

---

① 年限平均法又称直线法，是将固定资产的应计折旧金额均衡地分摊到固定资产预计使用寿命内的一种方法。采用这种方法计算的每期折旧额均是相等的。采用年限平均法计算折旧的公式如下：

$$年折旧率=\frac{1}{预计使用年限}\times 100\%$$

$$月折旧率=\frac{年折旧率}{12}$$

$$月折旧额=固定资产原值\times 月折旧率$$

② 账面价值是指某会计科目的账面余额减去相关备抵科目（如“累计折旧”“累计摊销”科目）账面余额后的净值。账面余额是指某会计科目的账面实际余额。

4. 固定资产盘亏

固定资产盘亏造成的损失，按规定报经批准后应当计入当期费用。

五、固定资产的管理

政府会计主体固定资产的管理一般涉及政府会计主体的三个部门，即财务部门、财产物资管理部门和财产物资使用部门。政府会计主体的固定资产在管理过程中应由固定资产管理涉及的三个部门协调好固定资产的增加、使用与维护、处置三个环节之间的关系。

（1）财务部门在固定资产管理中的基本职责一般是通过建立总账及一级明细账进行固定资产的金额控制，要能随时掌握政府会计主体固定资产的总金额及各大类固定资产的金额。

（2）财产物资管理部门在固定资产管理中的基本职责是通过设置固定资产登记簿和固定资产卡片，按照固定资产的类别、项目和使用部门设置明细科目并建立固定资产明细账，进行固定资产的金额和数量控制，要能随时掌握政府会计主体各类固定资产的数量、金额及目前分布和使用状况，应对出租、出借的固定资产设置备查簿进行登记。

（3）财产物资使用部门在固定资产管理中的基本职责是进行实物控制，要能够始终保证固定资产的安全、完整、正常使用。

政府会计主体应当对固定资产进行定期或者不定期的清查盘点。年度终了前，应当进行一次全面清查盘点，保证账实相符。

总体上讲，政府会计主体固定资产的管理涉及内部三类部门、负责三项控制、实现“三账一卡”相符，简称固定资产的“三账一卡”管理模式。政府会计主体固定资产的“三账一卡”管理模式如图 4-2 所示。

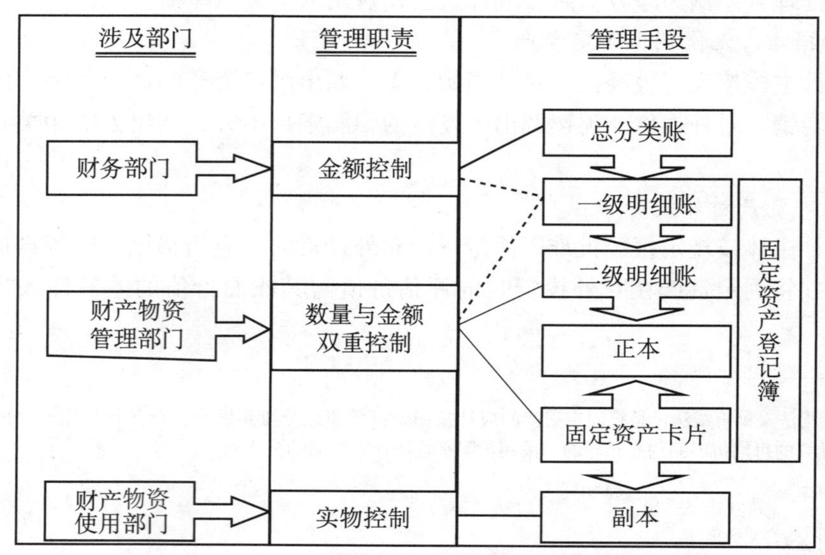

图 4-2 固定资产“三账一卡”管理模式

六、固定资产的核算

政府会计主体为了进行固定资产的核算，主要设置“固定资产”科目和“固定资产累计折旧”科目。

（一）“固定资产”科目

政府会计主体为了核算其固定资产的原价，应设置“固定资产”（资产类）科目。其借方登记取得的固定资产的成本，贷方登记处置等减少固定资产的账面余额。期末借方余额，反映政府会计主体固定资产的原值。

“固定资产”科目应当按照固定资产类别和项目设置明细科目，进行明细核算。

固定资产核算时，应当考虑以下情况：（1）购入需要安装的固定资产，应当先通过“在建工程”科目核算，安装完毕交付使用时再转入“固定资产”科目核算；（2）以借入、经营租赁租入方式取得的固定资产，不通过“固定资产”科目核算，应当设置备查簿进行登记；（3）采用融资租入方式取得的固定资产，通过“固定资产”科目核算，并在“固定资产”科目下设置“融资租入固定资产”明细科目；（4）经批准在境外购买具有所有权的土地，作为固定资产，通过“固定资产”科目核算；政府会计主体应当在“固定资产”科目下设置“境外土地”明细科目，进行相应明细核算。

（二）“固定资产累计折旧”科目

政府会计主体为了核算其固定资产计提的折旧，应设置“固定资产累计折旧”（资产类/备抵账户）科目。其贷方登记按月提取的固定资产折旧等，借方登记因处置或盘亏固定资产等而冲减的已计提折旧。期末贷方余额，反映政府会计主体计提的固定资产折旧累计数。

“固定资产累计折旧”科目应当按照所对应固定资产的明细分类设置明细科目，进行明细核算。

核算举例

某事业单位2020年发生下列有关固定资产业务，请根据有关凭证编制会计分录。

1. 2月3日，用财政项目拨款购进专用录播设备一套，价款48 000元，安装调试费500元，价款及调试费通过网银转账支付。录播设备调试完毕交付使用。

财务会计

借：固定资产——专用设备　　48 500

　　贷：银行存款　　48 500

预算会计

借：事业支出——财政拨款支出（项目支出）——专用设备购置费　　48 500

　　贷：资金结存——货币资金　　48 500

2. 2月6日，用财政项目经费购入财务机器人一台，价款85 000元。合同约定质保期为一年，质保金8 500元。通过网银转账支付76 500元。机器人调试完毕交付使用。

财务会计

借：固定资产——专用设备　85 000
　　贷：银行存款　76 500
　　　　其他应付款——质保金　8 500
预算会计
借：事业支出——财政拨款支出（项目支出）——专用设备购置费　76 500
　　贷：资金结存——货币资金　76 500
一年后，质保期满，通过网银转账支付质保金8 500元。
财务会计
借：其他应付款 ——质保金　8 500
　　贷：银行存款　8 500
预算会计
借：事业支出——财政拨款支出（项目支出）——专用设备购置费　8 500
　　贷：资金结存——货币资金　8 500

3. 3月20日，采用融资租赁方式租入商务车一辆，合同约定总租金300 000元，租期5年，车辆已交付使用。通过网银转账支付第一年租金60 000元。

财务会计
借：固定资产——通用设备　300 000
　　贷：长期应付款——商务车租金　240 000
　　　　银行存款　60 000
预算会计
借：事业支出——财政拨款支出（基本支出）——通用设备购置费　60 000
　　贷：资金结存——货币资金　60 000
以后四年按合同约定支付租金时：
财务会计
借：长期应付款——商务车租金　60 000
　　贷：银行存款　60 000
预算会计
借：事业支出——财政拨款支出（基本支出）——通用设备购置费　60 000
　　贷：资金结存——货币资金　60 000

4. 4月1日，接受某友好合作单位捐赠价值为78 000元的热成像测温设备一套。通过网银转账支付调试费及辅助设备费2 000元。

财务会计
借：固定资产——专用设备　80 000
　　贷：银行存款　2 000
　　　　捐赠收入　78 000
预算会计
借：其他支出——运输费等　2 000
　　贷：资金结存——货币资金　2 000

5. 5月10日，接受某友好学校捐赠课桌椅一批，因新旧差异较大且无法估价，故以名义金额入账。通过代理银行转账支付运输费 2 000 元。

财务会计

借：固定资产——通用设备　　1

　　贷：捐赠收入　　1

同时

借：其他费用——运输费　　2 000

　　贷：零余额账户用款额度　　2 000

预算会计

借：其他支出——运输费　　2 000

　　贷：资金结存——零余额账户用款额度　　2 000

6. 5 月 20 日，接受主管部门无偿调入监控设备一套，价值 86 000 元。通过代理银行转账支付安装费 2 000 元。监控设备安装调试完毕交付使用。

财务会计

借：固定资产——通用设备　　88 000

　　贷：零余额账户用款额度　　2 000

　　　　无偿调拨净资产　　86 000

预算会计

借：其他支出——安装费　　2 000

　　贷：资金结存——零余额账户用款额度　　2 000

7. 5 月 22 日，按车辆合同约定用单位一辆小轿车与某公司一辆商务车置换。单位小轿车估价为 100 000 元，置换补差价 32 500 元。单位小轿车账面余额 150 000 元，累计已提折旧 30 000 元。置换交接手续办理完毕，通过网银转账支付置换差价 32 500 元。

财务会计

借：固定资产——通用设备——商务车　　132 500

　　固定资产累计折旧　　30 000

　　资产处置费用　　20 000

　　贷：固定资产——通用设备——小轿车　　150 000

　　　　银行存款　　32 500

预算会计

借：其他支出——车辆置换补差　　32 500

　　贷：资金结存——货币资金　　32 500

8. 5 月 30 日，资产管理部门提供折旧计算表列明，本月业务部门固定资产应提折旧 8 720 元，行政后勤部门固定资产应提折旧 7 530 元。

财务会计

借：业务活动费用——固定资产折旧费　　8 720

　　单位管理费用——固定资产折旧费　　7 530

　　贷：固定资产累计折旧　　16 250

预算会计不进行账务处理。

9. 6 月 5 日，经研究决定将一批旧办公用计算机出售，其账面余额 35 000 元，累计已提折旧 23 000 元。

财务会计

借：资产处置费用——固定资产 12 000

固定资产累计折旧 23 000

贷：固定资产——通用设备 35 000

预算会计不进行账务处理。

10. 6 月 6 日，通过网银转账收到上述旧办公用计算机出售款 7 000 元。

财务会计

借：银行存款 7 000

贷：应缴财政款——变价收入 7 000

预算会计不进行账务处理。

11. 6 月 10 日，经研究决定将一批旧课桌椅捐赠给对口扶贫学校，其账面余额 180 000 元，累计已提折旧 140 000 元。通过网银转账支付运输费 2 000 元。

财务会计

借：资产处置费用——固定资产 42 000

固定资产累计折旧 140 000

贷：固定资产——家具、用具、装具及动植物 180 000

银行存款 2 000

预算会计

借：其他支出——运输费 2 000

贷：资金结存——货币资金 2 000

12. 6 月 22 日，按上级主管部门要求将一批旧办公家具调拨给系统内某学校，其账面余额 85 000 元，累计已提折旧 50 000 元。通过网银转账支付运输费 1 500 元。

财务会计

借：无偿调拨净资产 35 000

固定资产累计折旧 50 000

贷：固定资产——家具、用具、装具及动植物 85 000

借：资产处置费用——固定资产 1 500

贷：银行存款 1500

预算会计

借：其他支出——运输费 1 500

贷：资金结存——货币资金 1 500

知识归纳

固定资产是指政府会计主体为满足自身开展业务活动或其他活动需要而控制的，使用年限超过 1 年（不含 1 年），单位价值在规定标准以上，并在使用过程中基本保持原有物质形态的资产，一般包括房屋及构筑物、专用设备、通用设备等。

政府会计主体确认固定资产应同时满足两个条件：与该固定资产相关的服务潜力很可

能实现或者经济利益很可能流入政府会计主体；该固定资产的成本或者价值能够可靠地计量。

固定资产在取得时应当按照成本进行初始计量。政府会计主体应当对除文物和陈列品、动植物、图书、档案、单独计价入账的土地及以名义金额计量的固定资产之外的固定资产计提折旧。

政府会计主体固定资产的管理一般涉及政府会计主体的三个部门，即财务部门、财产物资管理部门和财产物资使用部门。政府会计主体的固定资产在管理过程中应由固定资产管理涉及的三个部门协调好固定资产的增加、使用与维护、处置三个环节之间的关系。

政府会计主体固定资产主要通过“固定资产”“固定资产累计折旧”等科目核算。

问题探究

1. 什么是固定资产？如何确认政府会计主体固定资产管理与核算的范围？
2. 固定资产的管理与核算的“三账一卡”涉及哪些部门？包括哪些环节？
3. 政府会计主体固定资产计提折旧的范围、方法、时点是如何界定的？

会计法律法规摘选（四）

项目五 负债基础知识与初级实务

任务一 负债基础知识

任务目标

- ◇ 了解负债类会计科目体系。
- ◇ 熟悉负债的确认条件与计量属性。
- ◇ 掌握负债的定义与分类。

一、负债的定义、分类及确认

（一）负债的定义

负债是指政府会计主体过去的经济业务或者事项形成的，预期会导致经济资源流出政府会计主体的现时义务。

现时义务是指政府会计主体在现行条件下已承担的义务。未来发生的经济业务或者事项形成的义务不属于现时义务，不应当确认为负债。

（二）负债的分类

政府会计主体的负债按照流动性，分为流动负债和非流动负债。

（1）流动负债是指预计在 1 年内（含 1 年）偿还的负债，包括应付及预收款项、应付职工薪酬、应缴款项等。

（2）非流动负债是指流动负债以外的负债，包括长期应付款、应付政府债券和政府依法担保形成的债务等。

（三）负债的确认条件

符合负债定义的义务，在同时满足以下条件时，确认为负债：

（1）履行该义务很可能导致含有服务潜力或者经济利益的经济资源流出政府会计主体。

（2）该义务的金额能够可靠地计量。

（四）负债的计量属性

负债的计量属性主要包括历史成本、现值和公允价值。

（1）在历史成本计量下，负债按照因承担现时义务而实际收到的款项或者资产的金额，或者承担现时义务的合同金额，或者按照为偿还负债预期需要支付的现金计量。

（2）在现值计量下，负债按照预计期限内需要偿还的未来净现金流出量的折现金额计量。

（3）在公允价值计量下，负债按照市场参与者在计量日发生的有序交易中，转移负债所需支付的价格计量。

政府会计主体在对负债进行计量时，一般应当采用历史成本。

采用现值、公允价值计量的，应当保证所确定的负债金额能够持续、可靠计量。

符合负债定义和负债确认条件的项目，应当列入资产负债表。

二、负债类会计科目及其核算内容

政府会计主体负债类会计科目及其核算内容如表 5－1 所示。

表 5－1 负债的种类及会计科目核算的内容

会计科目	核算内容	备注
短期借款	核算事业单位经批准向银行或其他金融机构等借入的期限在 1 年内（含 1 年）的各种借款。	高级
应缴增值税	核算单位按照税法规定计算应缴纳的增值税。	高级
其他应交税费	核算单位按照税法等规定计算应缴纳的除增值税以外的各种税费，包括城市维护建设税、教育费附加、地方教育费附加、车船税、房产税、城镇土地使用税和企业所得税等。	高级
应缴财政款	核算单位取得或应收的按照规定应当上缴财政的款项，包括应缴国库的款项和应缴财政专户的款项。	高级
应付职工薪酬	核算单位按照有关规定应付给职工（含长期聘用人员）及为职工支付的各种薪酬，包括基本工资、国家统一规定的津贴补贴、规范津贴补贴（绩效工资）、改革性补贴、社会保险费（如职工基本养老保险费、职业年金、基本医疗保险费等）、住房公积金等。	初级

续表

会计科目	核算内容	备注
应付票据	核算事业单位因购买材料、物资等而开出、承兑的商业汇票，包括银行承兑汇票和商业承兑汇票。	中级
应付账款	核算单位因购买物资、接受服务、开展工程建设等而应付的偿还期限在1年以内（含1年）的款项。	中级
应付政府补贴款	核算负责发放政府补贴的行政单位，按照规定应当支付给政府补贴接受者的各种政府补贴款。	中级
应付利息	核算事业单位按照合同约定应支付的借款利息，包括短期借款、分期付息到期还本的长期借款等应支付的利息。	中级
预收账款	核算事业单位预先收取但尚未结算的款项。	中级
其他应付款	核算单位除应交增值税、其他应交税费、应缴财政款、应付职工薪酬、应付票据、应付账款、应付政府补贴款、应付利息、预收账款以外，其他各项偿还期限在1年内（含1年）的应付及暂收款项，如收取的押金、存入保证金、已经报销但尚未偿还银行的本单位公务卡欠款等。	中级
预提费用	核算单位预先提取的已经发生但尚未支付的费用，如预提租金费用等。	中级
长期借款	核算事业单位经批准向银行或其他金融机构等借入的期限超过1年（不含1年）的各种借款本息。	高级
长期应付款	核算单位发生的偿还期限超过1年（不含1年）的应付款项，如以融资租赁方式取得固定资产应付的租赁费等。	中级
预计负债	核算单位对因或有事项所产生的现时义务而确认的负债，如对未决诉讼等确认的负债。	高级
受托代理负债	核算单位接受委托取得受托代理资产时形成的负债。	初级

知识归纳

负债是指政府会计主体过去的经济业务或者事项形成的，预期会导致经济资源流出政府会计主体的现时义务。政府会计主体的负债按照流动性，分为流动负债和非流动负债。

符合负债定义的义务，在同时满足以下条件时，确认为负债：履行该义务很可能导致含有服务潜力或者经济利益的经济资源流出政府会计主体；该义务的金额能够可靠地计量。

负债的计量属性主要包括历史成本、现值和公允价值。政府会计主体在对负债进行计量时，一般应当采用历史成本。

问题探究

1. 什么是负债？负债确认的条件有哪些？
2. 负债的计量属性有哪些？政府会计一般采用哪种计量属性？
3. 政府会计负债类科目和企业会计负债类科目有什么异同？

任务二 应付职工薪酬业务及其核算

任务目标

◇ 了解应付职工薪酬的含义与内容。
◇ 熟悉应付职工薪酬确认与计量的方法。
◇ 掌握应付职工薪酬的核算。

一、应付职工薪酬的含义与内容

应付职工薪酬是指政府会计主体按照有关规定应付给职工（含长期聘用人员）及为职工支付的各种薪酬，包括基本工资、国家统一规定的津贴补贴、规范津贴补贴（绩效工资）、改革性补贴、社会保险费（如职工基本养老保险费、职业年金、基本医疗保险费等）、住房公积金等。

二、应付职工薪酬的确认与计量

（1）计算提取当期应付职工薪酬（含单位为职工计算缴纳的社会保险费、住房公积金）时，应按当期应付个人的和单位应承担的额度确认。

（2）向职工支付工资、津贴补贴等薪酬时，按照实际支付的金额确认。

（3）按照国家有关规定代扣应由职工个人负担的款项时，按照实际扣除的金额确认。

（4）按照国家有关规定缴纳职工社会保险费和住房公积金时，按照实际支付的金额确认。

（5）从应付职工薪酬中支付的其他款项，按照实际支付的金额确认。

三、应付职工薪酬的核算

政府会计主体为了核算其按照有关规定应付给职工（含长期聘用人员）及为职工支付

的各种薪酬，应设置“应付职工薪酬”（负债类）科目。其贷方登记按有关规定计提的应付给职工（含长期聘用人员）及为职工支付的各种薪酬，借方登记实际支付数及代扣的应由职工个人承担的款项。期末贷方余额，反映政府会计主体应付未付的职工薪酬。

“应付职工薪酬”科目应当根据国家有关规定，按照“基本工资（含离退休费）”“国家统一规定的津贴补贴”“规范津贴补贴（绩效工资）”“改革性补贴”“社会保险费”“住房公积金”“其他个人收入”等设置明细科目，进行明细核算。

（1）基本工资（含离退休费），包括公务员的职务和级别工资、机关工人的岗位和技术等级工资、事业人员的岗位和薪级工资、离退休费等。

（2）国家统一规定的津贴补贴，是指经国务院或人力资源和社会保障部、财政部批准设立的津贴补贴，主要包括地区津贴、特殊岗位津贴、艰苦边远地区津贴、公务员（参公）的年终一次性奖金。

（3）规范津贴补贴（绩效工资），包括规范合并后的公务员工作性津贴、生活性补贴、离退休人员补贴、事业人员绩效工资（含基础性绩效工资和奖励性绩效工资）等。

（4）改革性补贴，指通过转化原用于干部职工职务消费和福利待遇的资金，直接发放的货币补贴，如购房补贴、提租补贴、采暖补贴、物业服务补贴、公务交通补贴等。

（5）社会保险费，指单位按国家规定为个人（含长期聘用人员）缴纳的基本养老、职工年金、基本医疗、生育保险、失业保险、工伤保险等，单位从职工工资中代扣代缴的社会保险费也在本明细科目核算。

（6）住房公积金，指单位按国家规定比例为职工缴纳的住房公积金，单位从职工工资中代扣代缴的住房公积金也在本明细科目核算。

（7）其他个人收入，除上述项目以外的其他各类收入，包括福利、工作考核性奖金、按规定允许发放的值加班工资、编制外长期聘用人员劳动报酬等。

核算举例

某事业单位2020年发生下列有关行政、后勤在职人员薪酬业务，请根据有关凭证编制会计分录。

1. 7月28日，根据人事部门提供的相关资料，计算出本月应付行政、后勤人员薪酬742 340元，其中：基本工资452 728元，绩效工资289 612元。

财务会计

借：单位管理费用——工资福利费用　　742 340

　　贷：应付职工薪酬——基本工资　　452 728

　　　　　　　　　　——绩效工资　　289 612

预算会计不进行账务处理。

2. 7月28日，按有关规定计算出应代扣个人负担的基本医疗保险费32 510元、住房公积金57 320元，扣回为个人垫付电费23 340元（预算会计垫付时已经列支）。

财务会计

借：应付职工薪酬——基本工资　　113 170

　　贷：应付职工薪酬——社会保险费　　32 510

　　　　　　　　　　——住房公积金　　57 320

其他应收款——电费 23 340

预算会计不进行账务处理。

3. 7月28日，按有关规定计算出应由单位负担的基本医疗保险费98 320元、住房公积金120 370元。

财务会计

借：单位管理费用——工资福利费用 218 690

贷：应付职工薪酬——社会保险费 98 320

——住房公积金 120 370

预算会计不进行账务处理。

4. 8月3日，通过零余额账户转账支付行政、后勤人员上月工资。

财务会计

借：应付职工薪酬——基本工资 339 558

——绩效工资 289 612

贷：零余额账户用款额度 629 170

预算会计

借：事业支出——财政拨款支出——基本支出——基本工资 339 558

——绩效工资 289 612

贷：资金结存——零余额账户用款额度 629 170

5. 8月4日，通过零余额账户给有关经办机构转账支付上月单位和个人应负担的基本医疗保险费和住房公积金。

财务会计

借：应付职工薪酬——社会保险费 130 830

——住房公积金 177 690

贷：零余额账户用款额度 308 520

预算会计

借：事业支出——财政拨款支出——基本支出——社会保险费 130 830

——住房公积金 177 690

贷：资金结存——零余额账户用款额度 308 520

知识归纳

应付职工薪酬是指政府会计主体按照有关规定应付给职工（含长期聘用人员）及为职工支付的各种薪酬，包括基本工资、国家统一规定的津贴补贴、规范津贴补贴（绩效工资）、改革性补贴、社会保险费、住房公积金等。

“应付职工薪酬”科目应当设置“基本工资（含离退休费）”“国家统一规定的津贴补贴”“规范津贴补贴（绩效工资）”“改革性补贴”“社会保险费”“住房公积金”“其他个人收入”等明细科目。

问题探究

1. 应付职工薪酬具体包括哪些内容?
2. 应付职工薪酬的核算应当设置那些明细科目? 各明细科目核算的具体内容有哪些?
3. 行政单位和事业单位计提工资薪酬的核算有什么区别?
4. 采用财政直接支付方式和财政授权支付方式发放工资的核算有什么区别?

项目六

收入（预算收入）基础知识与初级实务

任务一　收入（预算收入）基础知识

任务目标

◇ 了解收入类和预算收入类会计科目体系。

◇ 熟悉收入要素和预算收入要素的确认条件。

◇ 掌握收入要素和预算收入要素的定义。

一、收入的定义、确认条件与科目设置

收入是指报告期内导致政府会计主体净资产增加的、含有服务潜力或者经济利益的经济资源的流入。收入的确认应当同时满足以下条件：

（1）与收入相关的含有服务潜力或者经济利益的经济资源很可能流入政府会计主体。

（2）含有服务潜力或者经济利益的经济资源流入会导致政府会计主体资产增加或者负债减少。

（3）流入金额能够可靠地计量。

符合收入定义和收入确认条件的项目，应当列入收入费用表。

收入类会计科目及其核算内容如表6-1所示。

表 6-1　收入类会计科目及其核算内容

会计科目	核算内容	备注
财政拨款收入	核算单位从同级政府财政部门取得的各类财政拨款。	初级
事业收入	核算事业单位开展专业业务活动及其辅助活动实现的收入，不包括从同级政府财政部门取得的各类财政拨款。	中级
上级补助收入	核算事业单位从主管部门和上级单位取得的非财政拨款收入。	高级
附属单位上缴收入	核算事业单位取得的附属独立核算单位按照有关规定上缴的收入。	高级
经营收入	核算事业单位在专业业务活动及其辅助活动之外开展非独立核算经营活动取得的收入。	高级
非同级财政拨款收入	核算单位从非同级政府财政部门取得的经费拨款，包括从同级政府其他部门取得的横向转拨财政款、从上级或下级政府财政部门取得的经费拨款等。	中级
投资收益	核算事业单位股权投资和债券投资所实现的收益或发生的损失。	高级
捐赠收入	核算单位接受其他单位或者个人捐赠取得的收入。	高级
利息收入	核算单位取得的银行存款利息收入。	高级
租金收入	核算单位经批准利用国有资产出租取得并按照规定纳入本单位预算管理的租金收入。	高级
其他收入	核算单位取得的除财政拨款收入、事业收入、上级补助收入、附属单位上缴收入、经营收入、非同级财政拨款收入、投资收益、捐赠收入、利息收入、租金收入以外的各项收入，包括现金盘盈收入、按照规定纳入单位预算管理的科技成果转化收入、行政单位收回已核销的其他应收款、无法偿付的应付及预收款项、置换换出资产评估增值等。	高级

二、预算收入的定义、确认条件与科目设置

预算收入是指单位在预算年度内依法取得的并纳入预算管理的现金流入。

预算收入一般在实际收到时予以确认，以实际收到的金额计量。

符合预算收入定义及其确认条件的项目应当列入政府决算报表。

预算收入类会计科目及其核算内容如表 6-2 所示。

表 6-2　预算收入类会计科目及其核算内容

会计科目	核算内容	备注
财政拨款预算收入	核算单位从同级政府财政部门取得的各类财政拨款。	初级
事业预算收入	核算事业单位开展专业业务活动及其辅助活动取得的现金流入。事业单位因开展科研及其辅助活动从非同级政府财政部门取得的经费拨款，也通过本科目核算。	中级
上级补助预算收入	核算事业单位从主管部门和上级单位取得的非财政补助现金流入。	高级
附属单位上缴预算收入	核算事业单位取得附属独立核算单位根据有关规定上缴的现金流入。	高级
经营预算收入	核算事业单位在专业业务活动及其辅助活动之外开展非独立核算经营活动取得的现金流入。	高级
债务预算收入	核算事业单位按照规定从银行和其他金融机构等借入的、纳入部门预算管理的、不以财政资金作为偿还来源的债务本金。	高级

续表

会计科目	核算内容	备注
非同级财政拨款预算收入	核算单位从非同级政府财政部门取得的财政拨款，包括本级横向转拨财政款和非本级财政拨款。	中级
投资预算收益	核算事业单位取得的按照规定纳入部门预算管理的属于投资收益性质的现金流入，包括股权投资收益、出售或收回债券投资所取得的收益和债券投资利息收入。	高级
其他预算收入	核算单位除财政拨款预算收入、事业预算收入、上级补助预算收入、附属单位上缴预算收入、经营预算收入、债务预算收入、非同级财政拨款预算收入、投资预算收益之外的纳入部门预算管理的现金流入，包括捐赠预算收入、利息预算收入、租金预算收入、现金盘盈收入等。	高级

知识归纳

收入是指报告期内导致政府会计主体净资产增加的、含有服务潜力或者经济利益的经济资源的流入。

预算收入是指单位在预算年度内依法取得的并纳入预算管理的现金流入。

问题探究

1. 收入要素和预算收入要素的定义与确认有什么区别？
2. 收入类科目和预算收入类科目在名称及包含内容上有什么差异？

任务二 财政拨款业务及其核算

任务目标

◇ 了解财政拨款收入与财政拨款预算收入的定义。
◇ 掌握财政拨款收入与财政拨款预算收入确认与计量的依据。
◇ 学会财政拨款收入与财政拨款预算收入的核算。

一、财政拨款（预算）收入的定义

财政拨款收入是指政府会计主体从同级政府财政部门取得的各类财政拨款。

财政拨款预算收入是指政府会计主体从同级政府财政部门取得的各类财政拨款。财政拨款预算收入包括基本支出拨款和项目支出拨款。

（1）基本支出拨款是指政府会计主体为了保障其正常运转、完成日常工作任务，从同级财政部门取得的各类财政拨款，包括人员经费拨款和日常公用经费拨款。

（2）项目支出拨款是指政府会计主体为了完成特定工作任务和事业发展目标，在基本支出补助之外从同级财政部门取得的各类财政拨款。

二、财政拨款（预算）收入的确认与计量

（一）财政直接支付方式下的确认与计量

财政直接支付方式下，财政拨款收入和财政拨款预算收入均根据收到的“财政直接支付入账通知书”及相关原始凭证，按照通知书中的直接支付入账金额确认。

年末，根据本年度财政直接支付预算指标数与当年财政直接支付实际支付数的差额确认。

（二）财政授权支付方式下的确认与计量

财政授权支付方式下，财政拨款收入和财政拨款预算收入均根据收到的“财政授权支付额度到账通知书”，按照通知书中的授权支付额度确认。

年末，本年度财政授权支付预算指标数大于零余额账户用款额度下达数的，根据未下达的用款额度确认。

（三）其他支付方式下的确认与计量

其他方式下，财政拨款收入和财政拨款预算收入均根据实际收到的金额确认。

收到下期预算的财政预拨款，应当在下个预算期，按照预收的金额确认。

（四）因差错更正或购货退回等发生国库直接支付款项退回的确认与计量

因差错更正、购货退回等发生国库直接支付款项退回的，属于本年度支付的款项，财政拨款收入和财政拨款预算收入均按照退回金额冲回。

三、财政拨款（预算）收入的核算

政府会计主体为了进行财政拨款业务的核算，应设置“财政拨款收入”（财务会计）和“财政拨款预算收入”（预算会计）科目。

（一）“财政拨款收入”科目

政府会计主体为了核算其从同级政府财政部门取得的各类财政拨款，应设置“财政拨款收入”（收入类）科目。其贷方登记直接支付方式下确认的入账金额及年末当年预算指标数与实际支付数的差额、授权支付方式下收到的授权支付额度及年末当年预算指标数大于零余额账户用款额度下达数的差额、其他方式下实际收到的财政拨款额，借方登记本年已支付的款项发生的退回数及期末结转额。期末结转后，应无余额。

同级政府财政部门预拨的下期预算款和没有纳入预算的暂付款项，以及采用实拨资金方式通过本单位转拨给下属单位的财政拨款，通过“其他应付款”科目核算，不通过“财政拨款收入”科目核算。

“财政拨款收入”科目可按照一般公共预算财政拨款、政府性基金预算财政拨款等拨款种类设置明细科目，进行明细核算。

三种方式下财政拨款收入核算图示，如图 6－1 所示。

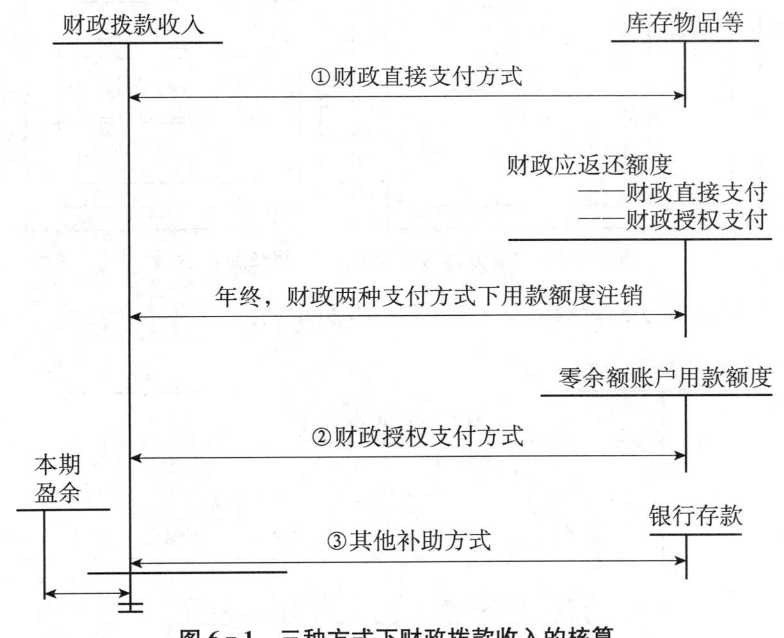

图 6－1　三种方式下财政拨款收入的核算

（二）“财政拨款预算收入”科目

政府会计主体为了核算其从同级政府财政部门取得的各类财政拨款，应设置“财政拨款预算收入”（预算收入类）科目。其贷方登记直接支付方式下的支付金额及年末当年预算指标数与实际支出数的差额、授权支付方式下收到的授权支付额度及年末当年预算指标数大于零余额账户用款额度下达数的差额、其他方式下按照本期预算实际收到的财政拨款预算收入金额及收到下期预算的财政预拨款额，借方登记本年已支付的款项发生的退回数及年末结转额。年末结转后，应无余额。

“财政拨款预算收入”科目应当设置“基本支出”和“项目支出”两个明细科目，并按照《政府收支分类科目》中“支出功能分类科目”的项级科目设置明细科目，进行明细核算；同时，在“基本支出”明细科目下按照“人员经费”和“日常公用经费”设置明细科目进行明细核算，在“项目支出”明细科目下按照具体项目设置明细科目，进行明细核算。

有一般公共预算财政拨款、政府性基金预算财政拨款等两种或两种以上财政拨款的政府会计主体，还应当按照财政拨款的种类设置明细科目，进行明细核算。

“财政拨款预算收入”科目的明细科目设置如图 6-2 所示。

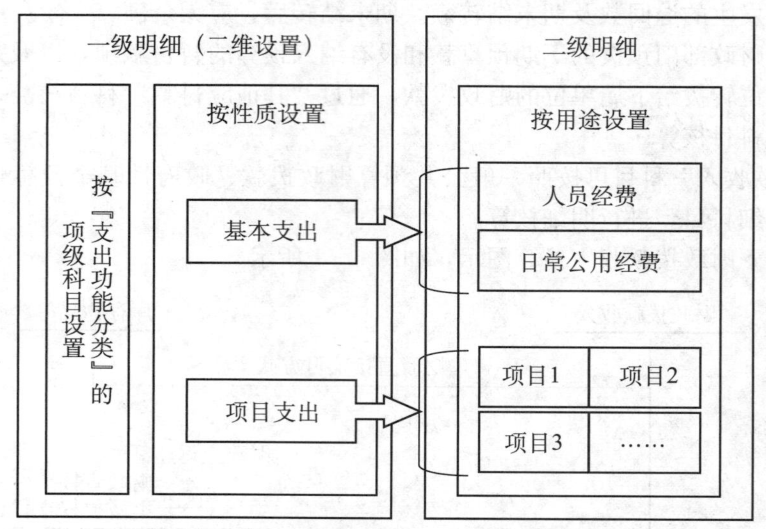

图 6-2 “财政拨款预算收入”明细科目设置

三种方式下财政拨款预算收入核算如图 6-3 所示。

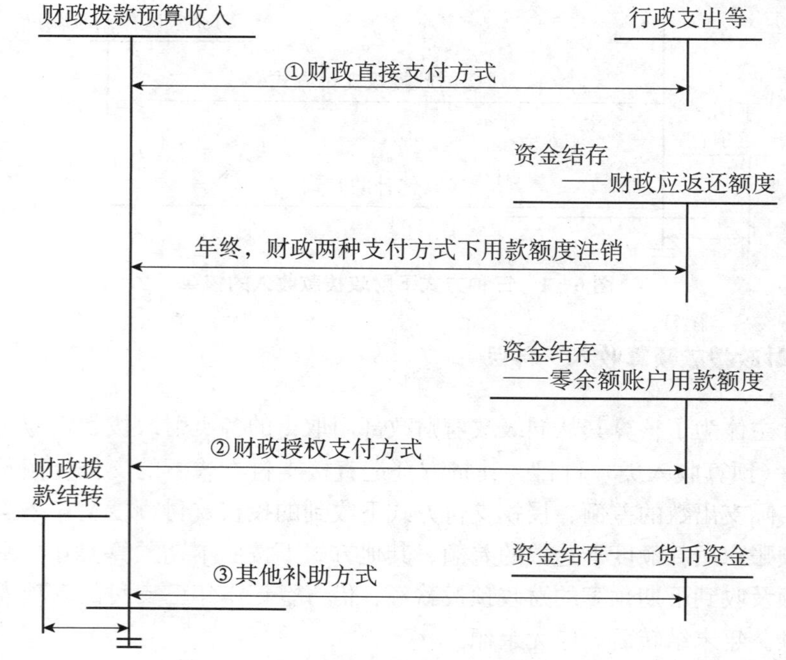

图 6-3 三种方式下财政拨款预算收入的核算

核算举例

某事业单位2020年12月份发生下列有关财政拨款业务，请根据有关凭证编制会计分录。

1. 5日，收到单位零余额账户代理银行盖章转回的“财政授权支付到账通知书”，单位申请的本月授权支付用款额度183 000元到账。

财务会计

借：零余额账户用款额度　183 000

　　贷：财政拨款收入——一般公共预算拨款　183 000

预算会计

借：资金结存——零余额账户用款额度　183 000

　　贷：财政拨款预算收入——基本支出——日常公用经费　183 000

2. 6日，收到同级财政工资统发零余额账户代理银行转来“财政直接支付入账通知书”及盖章转回的工资发放明细表，支付上月在职职工基本工资183 563元。

财务会计

借：应付职工薪酬——基本工资　183 563

　　贷：财政拨款收入——一般公共预算拨款　183 563

预算会计

借：事业支出——基本支出——基本工资　183 563

　　贷：财政拨款预算收入——基本支出——日常公用经费　183 563

3. 8日，收到同级财政政府采购零余额账户代理银行转来的“财政直接支付入账通知书”，退回当年购买甲材料的退货款34 000元。

财务会计

借：财政拨款收入——一般公共预算拨款　34 000

　　贷：库存物品——甲材料　34 000

预算会计

借：财政拨款预算收入——项目支出——专用材料费　34 000

　　贷：事业支出——项目支出——某项目　34 000

4. 12日，收到同级财政政府采购零余额账户代理银行转来的“财政直接支付入账通知书”，退回上年度购买乙材料的退货款13 000元（属于财政拨款结转资金）。

财务会计

借：财政应返还额度——财政直接支付　13 000

　　贷：库存物品——乙材料　13 000

预算会计

借：资金结存——财政应返还额度　13 000

　　贷：财政拨款结转——年初余额调整　13 000

5. 15日，通过开户银行转账收到同级财政拨入当月日常运转经费79 000元。

财务会计

借：银行存款　79 000

　　贷：财政拨款收入——一般公共预算拨款　79 000

预算会计

借：资金结存——货币资金　　79 000
　　贷：财政拨款预算收入——基本支出——日常公用经费　　79 000

6. 31 日，计算出当年未执行的一般公共预算拨款的财政直接支付预算指标为 132 000 元。

财务会计

借：财政应返还额度——财政直接支付　　132 000
　　贷：财政拨款收入——一般公共预算拨款　　132 000

预算会计

借：资金结存——财政应返还额度　　132 000
　　贷：财政拨款预算收入——基本支出　　132 000

7. 31 日，计算出当年未申请到账的一般公共预算拨款的财政授权支付的预算指标 68 000 元。

财务会计

借：财政应返还额度——财政授权支付　　68 000
　　贷：财政拨款收入——一般公共预算拨款　　68 000

预算会计

借：资金结存——财政应返还额度　　68 000
　　贷：财政拨款预算收入——基本支出　　68 000

知识归纳

财政拨款收入是指政府会计主体从同级政府财政部门取得的各类财政拨款；财政拨款预算收入是指政府会计主体从同级政府财政部门取得的各类财政拨款。

财政拨款（预算）收入分别按照财政直接支付方式下、财政授权支付方式下、其他支付方式下等取得财政拨款的情况确认与计量。

财政拨款（预算）收入的核算主要通过“财政拨款收入”和“财政拨款预算收入”两个总账科目核算。

问题探究

1. 什么是财政拨款收入和财政拨款预算收入？
2. 财政拨款收入和财政拨款预算收入在不同拨款方式下如何分别确认与计量？
3. 财政拨款收入和财政拨款预算收入核算时所对应的会计科目有什么区别？
4. 基本支出拨款和项目支出拨款有什么区别？
5. 财政拨款预算收入的明细科目如何设置？

会计名人轶事摘选（五）

项目七

费用（预算支出）基础知识与初级实务

任务一 费用（预算支出）基础知识

任务目标

◇ 了解费用类和预算支出类会计科目体系、支出管理的要求。

◇ 熟悉费用要素和预算支出要素的确认条件、常用部门预算支出经济分类科目。

◇ 掌握费用要素和预算支出要素的定义。

一、费用的定义、确认条件与科目设置

费用是指报告期内导致政府会计主体净资产减少的，含有服务潜力或者经济利益的经济资源的流出。费用的确认应当同时满足以下条件：

（1）与费用相关的含有服务潜力或者经济利益的经济资源很可能流出政府会计主体。

（2）含有服务潜力或者经济利益的经济资源流出会导致政府会计主体资产减少或者负债增加。

（3）流出金额能够可靠地计量。

符合费用定义和费用确认条件的项目，应当列入收入费用表。

费用类会计科目及其核算内容如表 7－1 所示。

表 7-1 费用类会计科目及其核算内容

会计科目	核算内容	备注
业务活动费用	核算单位为实现其职能目标，依法履职或开展专业业务活动及其辅助活动所发生的各项费用。	初级
单位管理费用	核算事业单位本级行政及后勤管理部门开展管理活动发生的各项费用，包括单位行政及后勤管理部门发生的人员经费、公用经费、资产折旧（摊销）等费用，以及由单位统一负担的离退休人员经费、工会经费、诉讼费、中介费等。	初级
经营费用	核算事业单位在专业业务活动及其辅助活动之外开展非独立核算经营活动发生的各项费用。	高级
资产处置费用	核算单位经批准处置资产时发生的费用，包括转销的被处置资产价值，以及在处置过程中发生的相关费用或者处置收入小于相关费用形成的净支出。资产处置的形式按照规定包括无偿调拨、出售、出让、转让、置换、对外捐赠、报废、毁损以及货币性资产损失核销等。	高级
上缴上级费用	核算事业单位按照财政部门和主管部门的规定上缴上级单位款项发生的费用。	高级
对附属单位补助费用	核算事业单位用财政拨款收入之外的收入对附属单位补助发生的费用。	高级
所得税费用	核算有企业所得税缴纳义务的事业单位按规定缴纳企业所得税所形成的费用。	高级
其他费用	核算单位发生的除业务活动费用、单位管理费用、经营费用、资产处置费用、上缴上级费用、对附属单位补助费用、所得税费用以外的各项费用，包括利息费用、坏账损失、罚没支出、现金资产捐赠支出以及相关税费、运输费等。	高级

二、预算支出的定义、确认条件与科目设置

预算支出是指政府会计主体在预算年度内依法发生并纳入预算管理的现金流出。

预算支出一般在实际支付时予以确认，以实际支付的金额计量。

符合预算支出定义及其确认条件的项目应当列入政府决算报表。

预算支出类会计科目及其核算内容如表 7-2 所示。

表 7-2 预算支出类会计科目及其核算内容

会计科目	核算内容	备注
行政支出	核算行政单位履行其职责实际发生的各项现金流出。	初级
事业支出	核算事业单位开展专业业务活动及其辅助活动实际发生的各项现金流出。	初级
经营支出	核算事业单位在专业业务活动及其辅助活动之外开展非独立核算经营活动实际发生的各项现金流出。	高级
上缴上级支出	核算事业单位按照财政部门和主管部门的规定上缴上级单位款项发生的现金流出。	高级
对附属单位补助支出	核算事业单位用财政拨款预算收入之外的收入对附属单位补助发生的现金流出。	高级

续表

会计科目	核算内容	备注
投资支出	核算事业单位以货币资金对外投资发生的现金流出。	高级
债务还本支出	核算事业单位偿还自身承担的纳入预算管理的、从金融机构举借的债务本金的现金流出。	高级
其他支出	核算单位除行政支出、事业支出、经营支出、上缴上级支出、对附属单位补助支出、投资支出、债务还本支出以外的各项现金流出，包括利息支出、对外捐赠现金支出、现金盘亏损失、接受捐赠（调入）和对外捐赠（调出）非现金资产发生的税费支出、资产置换过程中发生的相关税费支出、罚没支出等。	高级

三、常用部门预算支出经济分类科目

政府会计主体常用的部门预算支出经济分类科目的“类”级科目有工资福利支出、商品和服务支出、对个人和家庭的补助、资本性支出（基本建设）、资本性支出等。

（一）工资福利支出

工资福利支出反映单位开支的在职职工和编制外长期聘用人员的各类劳动报酬，以及为上述人员缴纳的各项社会保险费等。

（1）基本工资。反映按规定发放的基本工资，包括公务员的职务工资、级别工资；机关工人的岗位工资、技术等级工资；事业单位工作人员的岗位工资、薪级工资；各类学校毕业生试用期（见习期）工资；新参加工作工人学徒期、熟练期工资；军队（武警）军官、文职干部的职务（专业技术等级）工资、军衔（级别）工资、基础工资和军龄工资；军队士官的军衔等级工资、基础工资和军龄工资等。

（2）津贴补贴。反映按规定发放的津贴、补贴，包括机关工作人员工作性津贴、生活性补贴、地区附加津贴、岗位津贴，机关事业单位艰苦边远地区津贴，事业单位工作人员特殊岗位津贴补贴，以及提租补贴、购房补贴、采暖补贴、物业服务补贴等。

（3）奖金。反映按规定发放的奖金，包括机关工作人员年终一次性奖金等。

（4）伙食补助费。反映单位发给职工的伙食补助费，因公负伤等住院治疗，住疗养院期间的伙食补助费，军队（含武警）人员的伙食费等。

（5）绩效工资。反映事业单位工作人员的绩效工资。

（6）机关事业单位基本养老保险缴费。反映单位为职工缴纳的基本养老保险费。由单位代扣的工作人员基本养老保险缴费，不在此科目反映。

（7）职业年金缴费。反映单位实际缴纳的职业年金（含职业年金补记支出）。由单位代扣的工作人员职业年金缴费，不在此科目反映。

（8）职工基本医疗保险缴费。反映单位为职工缴纳的基本医疗保险费。

（9）公务员医疗补助缴费。反映按规定可享受公务员医疗补助单位为职工缴纳的公务员医疗补助费。

（10）其他社会保障缴费。反映单位为职工缴纳的失业、工伤、生育、大病统筹等社会保险费，残疾人就业保障金，军队（含武警）为军人缴纳的退役养老、医疗等社会保险费。生育保险和职工基本医疗保险合并实施的地区，相关缴费不在此科目反映。

（11）住房公积金。反映单位按规定为职工缴纳的住房公积金。

（12）医疗费。反映未参加医疗保险单位的医疗经费和单位按规定为职工支出的其他医疗费用。

（13）其他工资福利支出。反映上述科目未包括的工资福利支出，如各种加班工资，病假两个月以上期间的人员工资，职工探亲旅费，困难职工生活补助，编制外长期聘用人员（不包括劳务派遣人员）劳务报酬及社保缴费，公务员及参照公务员管理的事业单位工作人员转入企业工作并按规定参加企业职工基本养老保险后给予的一次性补贴等。

（二）商品和服务支出

商品和服务支出反映单位购买商品和服务的支出，不包括用于购置固定资产、战略性和应急性物资储备等资本性支出。

（1）办公费。反映单位购买日常办公用品、书报杂志等支出。

（2）印刷费。反映单位的印刷费支出。

（3）咨询费。反映单位咨询方面的支出。

（4）手续费。反映单位支付的各类手续费支出。

（5）水费。反映单位支付的水费、污水处理费等支出。

（6）电费。反映单位的电费支出。

（7）邮电费。反映单位开支的信函、包裹、货物等物品的邮寄费及电话费、电报费、传真费、网络通信费等。

（8）取暖费。反映单位取暖用燃料费、热力费、炉具购置费、锅炉临时工的工资、节煤奖以及由单位支付的在职职工和离退休人员宿舍取暖费等。

（9）物业管理费。反映单位开支的办公用房以及未实行职工住宅物业服务改革的在职职工和离退休人员宿舍等的物业管理费，包括综合治理、绿化、卫生等方面的支出。

（10）差旅费。反映单位工作人员国（境）内出差发生的城市间交通费、住宿费、伙食补助费和市内交通费。

（11）因公出国（境）费用。反映单位公务出国（境）的旅费、国外城市间交通费、住宿费、伙食费、培训费、公杂费等支出。

（12）维修（护）费。反映单位日常开支的固定资产（不包括车船等交通工具）修理和维护费用，网络信息系统运行与维护费用，以及按规定提取的修购基金。

（13）租赁费。反映租赁办公用房、宿舍、专用通信网以及其他设备等方面的费用。

（14）会议费。反映在会议期间按规定开支的住宿费、伙食费、会议场地租金、交通费、文件印刷费、医药费等。

（15）培训费。反映除因公出国（境）培训费以外的，在培训期间发生的师资费、住宿费、伙食费、培训场地费、培训资料费、交通费等各类培训费用。

（16）公务接待费。反映单位按规定开支的各类公务接待（含外宾接待）费用。

（17）专用材料费。反映单位购买日常专用材料的支出。具体包括药品及医疗耗材，农用材料，兽医用品，实验室用品，专用服装，消耗性体育用品，专用工具和仪器，艺术部门专用材料和用品，广播电视台发射台发射机的电力、材料等方面的支出。

（18）被装购置费。反映法院、检察院、公安、税务、海关等单位的被装购置支出。

（19）专用燃料费。反映用作业务工作设备的车（不含公务用车）、船设施等的油料支出。

（20）劳务费。反映支付给外单位和个人的劳务费用，如临时聘用人员、钟点工工资，稿费、翻译费，评审费等。

（21）委托业务费。反映因委托外单位办理业务而支付的委托业务费。

（22）工会经费。反映单位按规定提取或安排的工会经费。

（23）福利费。反映单位按规定提取的职工福利费。

（24）公务用车运行维护费。反映单位按规定保留的公务用车燃料费、维修费、过桥过路费、保险费、安全奖励费用等支出。

（25）其他交通费用。反映单位除公务用车运行维护费以外的其他交通费用。如公务交通补贴、租车费用、出租车费用，飞机、船舶等的燃料费、维修费、保险费等。

（26）税金及附加费用。反映单位提供劳务或销售产品应负担的税金及附加费用。包括消费税、城市维护建设税、资源税和教育费附加等。

（27）其他商品和服务支出。反映上述科目未包括的日常公用支出。如诉讼费、国内组织的会员费、来访费、广告宣传费以及离休人员特需费、离休人员公用经费等。

（三）对个人和家庭的补助

对个人和家庭的补助反映政府用于对个人和家庭的补助支出。

（1）离休费。反映机关事业单位和军队移交政府安置的离休人员的离休费、护理费以及提租补贴、购房补贴、采暖补贴、物业服务补贴等补贴。

（2）退休费。反映机关事业单位和军队移交政府安置的退休人员的退休费以及提租补贴、购房补贴、采暖补贴、物业服务补贴等补贴。

（3）退职（役）费。反映机关事业单位退职人员的生活补贴，一次性支付给职工或军官、军队无军籍退职职工、运动员的退职补助，一次性支付给军官、文职干部、士官、义务兵的退役费，按月支付给自主择业的军队转业干部的退役金。

（4）抚恤金。反映按规定开支的烈士遗属、牺牲病故人员遗属的一次性和定期抚恤金，伤残人员的抚恤金，离退休人员等其他人员的各项抚恤金，以及按规定开支的机关事业单位职工和离退休人员丧葬费。

（5）生活补助。反映按规定开支的优抚对象定期定量生活补助费，退役军人生活补助费，机关事业单位职工和遗属生活补助，长期赡养人员补助费，由于国家实行退耕还林、禁牧舍饲政策补偿给农牧民的现金、粮食支出，对农村党员、复员军人以及村干部的补助支出等。

（6）救济费。反映按规定开支的城乡困难群众、灾民、归侨、外侨及其他人员的生活救济费，包括城乡居民的最低生活保障费，随同资源枯竭矿山破产但未参加养老保险统筹的矿山所属集体企业退休人员按最低生活保障标准发放的生活费，特困救助供养对象、临时救助对象、贫困户、麻风病人的生活救济费，精简退职老弱残职工救济费，福利、救助机构发生的收养费以及救助支出等。实物形式的救济也在此科目反映。

（7）医疗费补助。反映机关事业单位和军队移交政府安置的离退休人员的医疗费，学生医疗费，优抚对象医疗补助，以及按国家规定资助居民参加城乡居民医疗保险和资助农民参加新型农村合作医疗、城镇居民参加城镇居民基本医疗保险的支出和对城乡贫困家庭的医疗救助支出。

(8) 助学金。反映学校学生助学金、奖学金、学生贷款、出国留学（实习）人员生活费，青少年业余体校学员伙食补助费和生活费补贴，按照协议由我方负担或享受我方奖学金的来华留学生、进修生生活费等。

(9) 奖励金。反映对个体私营经济的奖励、计划生育目标责任奖励、独生子女父母奖励等。

(10) 个人农业生产补贴。反映对个人及新型农业经营主体（包括种粮大户、家庭农场、农民专业合作社等）发放的生产补贴支出，如国家对农民发放的农业生产发展资金以及发放给残疾人的各种生产经营补贴等。

(11) 代缴社会保险费。反映财政为城乡生活困难人员缴纳的社会保险费。

(12) 其他对个人和家庭的补助支出。反映未包括在上述科目的对个人和家庭的补助支出，如婴幼儿补贴、退职人员及随行家属路费、符合条件的退役回乡义务兵一次性建房补助、符合安置条件的城镇退役士兵自谋职业的一次性经济补助费、保障性住房租金补贴等。

（四）资本性支出（基本建设）

资本性支出（基本建设）反映各单位安排的由发改部门集中安排的基本建设支出，对企业补助支出不在此科目反映。

(1) 房屋建筑物购建。反映用于购买、自行建造办公用房、仓库、职工生活用房、教学科研用房、学生宿舍、食堂等建筑物（含附属设施，如电梯、通信线路、水气管道等）的支出。

(2) 办公设备购置。反映用于购置并按财务会计制度规定纳入固定资产核算范围的办公家具和办公设备的支出，以及按规定提取的修购基金。

(3) 专用设备购置。反映用于购置具有专门用途，并按财务会计制度规定纳入固定资产核算范围的各类专用设备的支出。如通信设备、发电设备、交通监控设备、卫星转发器、气象设备、进出口监管设备等，以及按规定提取的修购基金。

(4) 基础设施建设。反映用于农田设施、道路、铁路、桥梁、水坝和机场、车站、码头等公共基础设施建设方面的支出。

(5) 大型修缮。反映按财务会计制度规定允许资本化的各类设备、建筑物、公共基础设施等大型修缮的支出。

(6) 信息网络及软件购置更新。反映用于信息网络和软件方面的支出。如服务器购置、软件购置、开发、应用支出等，如果购建的相关硬件、软件等不符合财务会计制度规定的固定资产确认标准的，不在此科目反映。

(7) 物资储备。反映为应付战争、自然灾害或意料不到的突发事件而提前购置的具有特殊重要性的军事用品、石油、医药、粮食等战略性和应急性物质储备支出。

(8) 公务用车购置。反映公务用车购置支出（含车辆购置税、牌照费）。

(9) 其他交通工具购置。反映除公务用车外的其他各类交通工具（如船舶、飞机等）

购置支出（含车辆购置税、牌照费）。

（10）文物和陈列品购置。反映文物和陈列品购置支出。

（11）无形资产购置。反映著作权、商标权、专利权、土地使用权等无形资产购置支出。软件购置、开发、应用支出不在此科目反映。

（12）其他基本建设支出。反映上述科目中未包括的资本性支出（不含对企业补助）。

（五）资本性支出

资本性支出反映各单位安排的资本性支出。切块由发改部门集中安排的基本建设支出不在此科目反映。

房屋建筑物购建、办公设备购置、专用设备购置、基础设施建设、大型修缮、信息网络及软件购置更新、物资储备、公务用车购置、其他交通工具购置、文物和陈列品购置、无形资产购置等同上资本性支出（基本建设）。另外还包括：

（1）土地补偿。反映按规定征地和收购土地过程中支付的土地补偿费。

（2）安置补助。反映按规定征地和收购土地过程中支付的安置补助费。

（3）地上附着物和青苗补偿。反映按规定征地和收购土地过程中支付的地上附着物和青苗补偿费。

（4）拆迁补偿。反映按规定征地和收购土地过程中支付的拆迁补偿费。

（5）其他资本性支出。反映上述科目中未包括的资本性支出。

知识归纳

费用是指报告期内导致政府会计主体净资产减少的，含有服务潜力或者经济利益的经济资源的流出；预算支出是指政府会计主体在预算年度内依法发生并纳入预算管理的现金流出。

政府会计主体应当按照单位部门预算管理的要求，将各项支出全部纳入政府会计主体预算，建立健全支出管理制度，保障政府会计主体各项业务活动正常运转的资金需求。

政府会计主体常用的部门预算支出经济分类科目的“类”级科目有工资福利支出、商品和服务支出、对个人和家庭的补助、资本性支出（基本建设）、资本性支出等。

问题探究

1. 费用要素和预算支出要素的定义与确认有什么区别？
2. 费用类科目和预算支出类科目从名称及包含内容上有什么差异？
3. 支出管理应该遵守哪些规定？
4. 政府会计主体常用的部门预算支出经济分类科目的“类”级科目有哪些？
5. 资本性支出（基本建设）和资本性支出有什么区别？

会计法律法规摘选（五）

任务二　日常业务费用（预算支出）及其核算

任务目标

◇ 了解业务活动费用、单位管理费用、行政支出、事业支出的定义。

◇ 熟悉业务活动费用、单位管理费用、行政支出、事业支出确认与计量的依据。

◇ 学会业务活动费用、单位管理费用、行政支出、事业支出的核算。

一、日常业务费用（预算支出）的内容

行政单位和事业单位对日常业务费用（预算支出）的分类有区别。行政单位的日常业务费用主要指业务活动费用，日常业务预算支出主要指行政支出；事业单位的日常业务费用分业务活动费用和单位管理费用，日常业务预算支出主要指事业支出。

（一）业务活动费用

业务活动费用是指单位为实现其职能目标，依法履职或开展专业业务活动及其辅助活动所发生的各项费用。

（二）单位管理费用

单位管理费用是指事业单位本级行政及后勤管理部门开展管理活动发生的各项费用。单位管理费用包括单位行政及后勤管理部门发生的人员经费、公用经费、资产折旧（摊销）等费用，以及由单位统一负担的离退休人员经费、工会经费、诉讼费、中介费等。

（三）行政支出

行政支出是指行政单位履行其职责实际发生的各项现金流出。

（1）行政支出按照支出的资金来源渠道分为财政拨款支出、非财政专项资金支出和其

他资金支出。

（2）行政支出按照支出的经济性质分为基本支出和项目支出。

（四）事业支出

事业支出是指事业单位开展专业业务活动及其辅助活动实际发生的各项现金流出。

（1）事业支出按照支出的资金来源渠道分为财政拨款支出、非财政专项资金支出和其他资金支出。

财政拨款支出是指事业单位用财政拨款预算收入安排的支出。

非财政专项资金支出是指事业单位用事业预算收入、上级补助预算收入、附属单位上缴预算收入、债务预算收入、非同级财政拨款预算收入、其他预算收入中的限定用途资金安排的支出。

其他资金支出是指事业单位用事业预算收入、上级补助预算收入、附属单位上缴预算收入、债务预算收入、非同级财政拨款预算收入、其他预算收入中的非限定用途资金安排的支出。

（2）事业支出按照支出的经济性质分为基本支出和项目支出。

基本支出是指单位为了保障其正常运转、完成日常工作任务而发生的人员支出和公用支出。

项目支出单位为了完成特定工作任务和事业发展目标，在基本支出之外发生的支出。

二、日常业务费用（预算支出）的确认与计量

（一）业务活动费用的确认与计量

（1）为履职或开展业务活动人员计提薪酬时，按照计算确定的金额确认。

（2）为履职或开展业务活动发生外部人员劳务费时，按照计算确定的金额确认。

（3）为履职或开展业务活动领用库存物品，以及动用发出相关政府储备物资时，按照领用库存物品或发出相关政府储备物资的账面余额确认。

（4）为履职或开展业务活动所使用的固定资产、无形资产以及为所控制的公共基础设施、保障性住房计提折旧、摊销时，按照计提金额确认。

（5）为履职或开展业务活动发生城市维护建设税、教育费附加、地方教育费附加、车船税、房产税、城镇土地使用税等时，按照计算确定应缴纳的金额确认。

（6）为履职或开展业务活动发生其他各项费用时，按照费用确认金额确认。

（7）按照规定从收入中提取专用基金并计入费用时，一般按照预算会计下基于预算收入计算提取的金额确认。国家另有规定的，从其规定。

（8）发生当年购货退回等业务时，对于已计入本年业务活动费用的，按照收回或应收的金额确认。

（二）单位管理费用的确认与计量

（1）为管理活动人员计提薪酬时，按照计算确定的金额确认。

(2) 为管理活动发生外部人员劳务费时，按照计算确定的费用金额确认。

(3) 为管理活动内部领用库存物品时，按照领用物品实际成本确认。

(4) 为管理活动所使用固定资产、无形资产计提折旧、摊销时，按照应提折旧、摊销额确认。

(5) 为管理活动发生城市维护建设税、教育费附加、地方教育费附加、车船税、房产税、城镇土地使用税等时，按照计算确定应缴纳的金额确认。

(6) 为管理活动发生其他各项费用时，按照费用确认金额确定。

(7) 发生当年购货退回等业务时，对于已计入本年单位管理费用的，按照收回或应收的金额确认。

（三） 行政支出的确认与计量

(1) 支付单位职工薪酬时，按照实际支付的金额确认。同时，按照规定代扣代缴的个人所得税以及代扣代缴或为职工缴纳的职工社会保险费、住房公积金等，按照实际缴纳的金额确认。

(2) 支付外部人员劳务费时，按照实际支付给外部人员个人的金额确认。同时，代扣代缴的个人所得税按照实际缴纳的金额确认。

(3) 为购买存货、固定资产、无形资产等以及在建工程支付相关款项时，按照实际支付的金额确认。

(4) 发生预付账款时，按照实际支付的金额确认。暂付款项待结算或报销时，按照结算或报销的金额确认。

(5) 发生其他各项支出时，按照实际支付的金额确认。

(6) 因购货退回等发生款项退回，或者发生差错更正时，属于当年支出收回的，按照收回或更正金额确认。

（四） 事业支出的确认与计量

(1) 支付单位职工（经营部门职工除外）薪酬时，按照实际支付的数额确认。同时，按照规定代扣代缴的个人所得税以及代扣代缴或为职工缴纳的职工社会保险费、住房公积金等按照实际缴纳的金额确认。

(2) 为专业业务活动及其辅助活动支付外部人员劳务费时，按照实际支付给外部人员个人的金额确认。同时，按照规定代扣代缴的个人所得税按照实际缴纳的金额确认。

(3) 开展专业业务活动及其辅助活动过程中为购买存货、固定资产、无形资产等以及在建工程支付相关款项时，按照实际支付的金额确认。

(4) 开展专业业务活动及其辅助活动过程中发生预付账款时，按照实际支付的金额确认。暂付款项待结算或报销时，按照结算或报销的金额确认。

(5) 开展专业业务活动及其辅助活动过程中缴纳相关税费以及发生其他各项支出时，按照实际支付的金额确认。

(6) 开展专业业务活动及其辅助活动过程中因购货退回等发生款项退回，或者发生差错更正时，属于当年支出收回的，按照收回或更正金额确认。

三、日常业务费用（预算支出）的核算

政府会计主体为了进行日常业务费用（预算支出）的核算，主要设置“业务活动费用”（财务会计）、“单位管理费用”（财务会计）、“行政支出”（预算会计）和“事业支出”（预算会计）等科目。

（一）“业务活动费用”科目

政府会计主体为了核算其为实现其职能目标，依法履职或开展专业业务活动及其辅助活动所发生的各项费用，应设置“业务活动费用”（费用类）科目。其借方登记单位应计提的薪酬、发生外部人员劳务费、领用库存物资、动用相关政府储备物资、应计提固定资产、应计提无形资产摊销、应计提专用基金、发生其他费用等费用数，贷方登记发生当年购货退回及期末结转额。期末结转后，应无余额。

“业务活动费用”科目应当按照项目、服务或者业务类别、支付对象设置明细科目，进行明细核算。

为了满足成本核算需要，“业务活动费用”科目下还可按照“工资福利费用”“商品和服务费用”“对个人和家庭的补助费用”“对企业补助费用”“固定资产折旧费”“无形资产摊销费”“公共基础设施折旧（摊销）费”“保障性住房折旧费”“计提专用基金”等成本项目设置明细科目，归集能够直接计入业务活动或采用一定方法计算后计入业务活动的费用。

（二）“单位管理费用”科目

事业单位为了核算其本级行政及后勤管理部门开展管理活动发生的各项费用，应设置“单位管理费用”（费用类）科目。其借方登记直接或间接归集的各项管理活动费用额，贷方登记当年购货退回及期末结转额。期末结转后，应无余额。

“单位管理费用”科目应当按照项目、费用类别、支付对象等设置明细科目，进行明细核算。

为了满足成本核算需要，“单位管理费用”科目下还可按照“工资福利费用”“商品和服务费用”“对个人和家庭的补助费用”“固定资产折旧费”“无形资产摊销费”等成本项目设置明细科目，归集能够直接计入单位管理活动或采用一定方法计算后计入单位管理活动的费用。

（三）“行政支出”科目

行政单位为了核算其履行其职责实际发生的各项现金流出，应设置“行政支出”（预算支出类）科目。其借方登记实际支付的单位职工薪酬、外部人员劳务费、购买存货、购买固定资产、购买无形资产、在建工程、预付账款和其他支出的相关款项，贷方登记当年因购货退回或差错更正应收回或更正金额。年末，应将本年发生额中的财政拨款支出转入财政拨款结转；将本年发生额中的非财政专项资金支出转入非财政拨款结转；将本科目本年发生额中的其他资金支出（非财政非专项资金支出）转入其他结余。年末结转后，应无

余额。

“行政支出”科目应当分别按照“财政拨款支出”“非财政专项资金支出”“其他资金支出”“基本支出”“项目支出”等设置明细科目进行明细核算，并按照《政府收支分类科目》中“支出功能分类科目”的项级科目设置明细科目进行明细核算；“基本支出”“项目支出”明细科目下应当按照《政府收支分类科目》中“部门预算支出经济分类科目”的款级科目设置明细科目进行明细核算，同时在“项目支出”明细科目下按照具体项目设置明细科目进行明细核算。

有一般公共预算财政拨款、政府性基金预算财政拨款等两种或两种以上财政拨款的行政单位，还应当在“财政拨款支出”明细科目下按照财政拨款的种类设置明细科目进行明细核算。

对于预付款项，可通过在“行政支出”科目下设置“待处理”明细科目进行核算，待确认具体支出项目后再转入“行政支出”科目下相关明细科目。年末结账前，应将“行政支出”科目下“待处理”明细科目余额全部转入“行政支出”科目下相关明细科目。

（四）“事业支出”科目

事业单位为了核算其开展专业业务活动及其辅助活动实际发生的各项现金流出，应设置“事业支出”（预算支出）科目。其借方登记实际支付的单位职工（经营部门职工除外）薪酬、外部人员劳务费、购买存货、购买固定资产、购买无形资产、在建工程、预付账款和其他支出的相关款项，贷方登记当年因购货退回或差错更正应收回或更正金额。年末，应将本年发生额中的财政拨款支出转入财政拨款结转；将本年发生额中的非财政专项资金支出转入非财政拨款结转；将本科目本年发生额中的其他资金支出（非财政非专项资金支出）转入其他结余。年末结转后，应无余额。

单位发生教育、科研、医疗、行政管理、后勤保障等活动的，可在“事业支出”科目下设置相应的明细科目进行核算，或单设“教育支出”“科研支出”“医疗支出”“行政管理支出”“后勤保障支出”等一级会计科目进行核算。

“事业支出”科目应当分别按照“财政拨款支出”“非财政专项资金支出”“其他资金支出”“基本支出”“项目支出”等设置明细科目进行明细核算，并按照《政府收支分类科目》中“支出功能分类科目”的项级科目设置明细科目进行明细核算；“基本支出”“项目支出”明细科目下应当按照《政府收支分类科目》中“部门预算支出经济分类科目”的款级科目设置明细科目进行明细核算，同时在“项目支出”明细科目下按照具体项目设置明细科目进行明细核算。

有一般公共预算财政拨款、政府性基金预算财政拨款等两种或两种以上财政拨款的事业单位，还应当在“财政拨款支出”明细科目下按照财政拨款的种类设置明细科目进行明细核算。

对于预付款项，可通过在“事业支出”科目下设置“待处理”明细科目进行明细核算，待确认具体支出项目后再转入“事业支出”科目下相关明细科目。年末结账前，应将“事业支出”科目下“待处理”明细科目余额全部转入“事业支出”科目下相关明细科目。

“行政支出”和“事业支出”科目明细科目的设置图示，如图 7-1 所示。

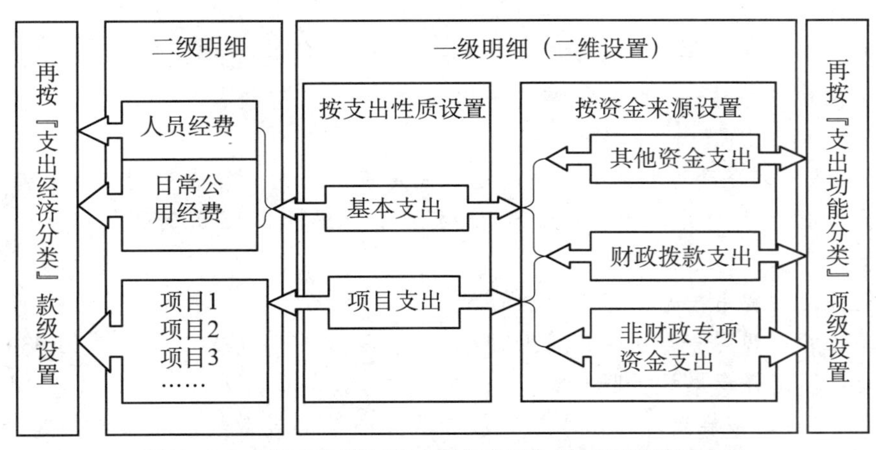

图 7-1 "行政支出"和"事业支出"科目明细科目设置

按照《政府会计准则制度解释第 1 号》的规定，行政单位不使用"单位管理费用"科目，其为实现其职能目标、依法履职发生的各项费用均记入"业务活动费用"科目。事业单位应当同时使用"业务活动费用"和"单位管理费用"科目，其业务部门开展专业业务活动及其辅助活动发生的各项费用记入"业务活动费用"科目，其本级行政及后勤管理部门发生的各项费用以及由单位统一负担的费用记入"单位管理费用"科目。

事业单位应当按照《政府会计制度》的规定，结合本单位实际，确定本单位业务活动费用和单位管理费用划分的具体会计政策。

核算举例

某事业单位 2020 年发生下列日常业务活动，请根据有关凭证编制会计分录。

1. 1 月 8 日，按合同约定通过零余额账户预付丰华公司横向合作课题费 18 000 元。

财务会计

	借方	贷方
借：预付账款——丰华公司	18 000	
贷：零余额账户用款额度		18 000

预算会计

	借方	贷方
借：事业支出——项目支出——横向课题费	18 000	
贷：资金结存——零余额账户用款额度		18 000

2. 1 月 20 日，通过零余额账户转账支付购入的甲材料价款 18 500 元，材料已验收入库。

财务会计

	借方	贷方
借：库存物品——甲材料	18 500	
贷：零余额账户用款额度		18 500

预算会计

	借方	贷方
借：事业支出——基本支出——专用材料费	18 500	
贷：资金结存——零余额账户用款额度		18 500

3. 1 月 28 日，仓库保管员报来发出材料汇总表，列明业务部门为开展专业业务活动领用甲材料 10 000 元，行政后勤部门领用 5 000 元。

财务会计

借：业务活动费用——商品和服务费用　　10 000

　　单位管理费用——商品和服务费用　　5000

　　贷：库存物品——甲材料　　15 000

4. 2月27日，资产管理部门提供的当月固定资产折旧计算表列明，本月业务部门用资产应计提折旧18 840元，行政后勤部门用资产应计提折旧16 930元。

财务会计

借：业务活动费用——固定资产折旧费　　18 840

　　单位管理费用——固定资产折旧费　　16 930

　　贷：固定资产累计折旧　　35 770

5. 3月21日，按规定计算出本期开展专业业务活动应缴纳的城市维护建设税3 120元、教育费附加420元。

财务会计

借：业务活动费用——商品和服务费用　　3 540

　　贷：其他应交税费——应交城市维护建设税　　3 120

　　　　　　　　　　——应交教育费附加　　420

6. 3月28日，通过网银转账缴纳上述城市维护建设税3 120元、教育费附加420元。

财务会计

借：其他应交税费——应交城市维护建设税　　3 120

　　　　　　　　——应交教育费附加　　420

　　贷：银行存款　　3 540

预算会计

借：事业支出——基本支出——税金及附加费用　　3 540

　　贷：资金结存——货币资金　　3 540

7. 4月23日，通过零余额账户转账支付专业业务活动用固定资产日常维护费2 900元。

财务会计

借：业务活动费用——商品和服务费用　　2 900

　　贷：零余额账户用款额度　　2 900

预算会计

借：事业支出——基本支出——维修（护）费　　2 900

　　贷：资金结存——零余额账户用款额度　　2 900

8. 12月8日，与丰华公司横向合作课题结题，按合同约定应付丰华公司课题研究费20 000元，余款2 000元通过零余额账户转账支付。

财务会计

借：业务活动费用——商品和服务费用　　20 000

　　贷：预付账款——丰华公司　　18 000

　　　　零余额账户用款额度　　2 000

预算会计

借：事业支出——项目支出——横向课题费　　2 000
　　贷：资金结存——零余额账户用款额度　　2 000

9. 12 月 31 日，按当年事业收入累计发生额及上级主管部门的规定，计算出当年应计提的专用基金 11 200 元。

借：业务活动费用——商品和服务费用　　11 200
　　贷：专用基金——修购基金　　11 200

知识归纳

行政单位和事业单位对日常业务费用（预算支出）的分类有区别。行政单位的日常业务费用主要指业务活动费用，日常业务预算支出主要指行政支出；事业单位的日常业务费用分业务活动费用和单位管理费用，日常业务预算支出主要指事业支出。

业务活动费用是指单位为实现其职能目标，依法履职或开展专业业务活动及其辅助活动所发生的各项费用；单位管理费用是指事业单位本级行政及后勤管理部门开展管理活动发生的各项费用；行政支出是指行政单位履行其职责实际发生的各项现金流出；事业支出是指事业单位开展专业业务活动及其辅助活动实际发生的各项现金流出。

行政单位的日常业务费用（预算支出）主要通过"业务活动费用""行政支出"科目核算；事业单位的日常业务费用（预算支出）主要通过"业务活动费用""单位管理费用""事业支出"科目核算。

问题探究

1. 什么是业务活动费用、单位管理费用、行政支出、事业支出？
2. 业务活动费用、单位管理费用、行政支出、事业支出确认与计量的依据有什么不同？
3. "事业支出"科目的明细科目如何设置？

项目八

预算结余基础知识与初级实务

任务一　预算结余基础知识

任务目标

◇ 了解预算结余类会计科目体系。
◇ 熟悉结转资金与结余资金的区别和联系。
◇ 掌握预算结余的定义与种类。

一、预算结余的定义与种类

（一）预算结余的定义

预算结余是指政府会计主体预算年度内预算收入扣除预算支出后的资金余额，以及历年滚存的资金余额。

（二）预算结余的种类

预算结余包括结余资金和结转资金。

（1）结余资金是指年度预算执行终了，预算收入实际完成数扣除预算支出和结转资金后剩余的资金。

（2）结转资金是指预算安排项目的支出年终尚未执行完毕或者因故未执行，且下年需要按原用途继续使用的资金。

符合预算结余定义及确认条件的项目应当列入政府决算报表。

二、结转资金与结余资金的区别和联系

准确理解“结转”与“结余”的含义，要把握“一个前提、四个不同”。

“一个前提”是行政单位财务规则、事业单位财务规则、政府会计准则、政府会计制度等涉及单位财务管理与会计核算的相关规定。“四个不同”一是指财政拨款预算收入与非财政拨款预算收入核算方法不同；二是指财政拨款预算收入中的基本支出与项目支出的核算方法不同；三是指非财政拨款预算收入中的限定用途资金与非限定用途资金的核算方法不同；四是指非财政拨款预算收入中的非限定用途资金中的其他业务活动与经营活动核算方法不同。按照“一个前提、四个不同”，政府会计主体的结转结余分为财政拨款结转结余、非财政拨款结转结余、专用结余、经营结余、其他结余。其中：

（1）财政拨款结转结余分为财政拨款结转和财政拨款结余，财政拨款结转分为基本支出结转和项目支出结转，项目完成后的财政拨款项目支出结转资金可转入财政拨款结余。

（2）非财政拨款结转结余分为非财政拨款结转（即非财政限定用途资金收支差额）和非财政拨款结余，项目完成后的非财政拨款结转资金可转入非财政拨款结余。

（3）专用结余是按照规定从非财政拨款结余中提取的具有专门用途的资金。

（4）经营结余是经营活动收支相抵后的余额。

（5）其他结余是除财政拨款收支、非同级财政专项资金收支和经营收支以外各项收支相抵后的余额（即非财政非限定用途资金收支差额）。

其中：财政拨款结转结余、非财政拨款结转结余不参与单位结余分配；经营结余、其他结余可以参与结余分配，年末应转入非财政拨款结余分配进行分配。

两种不同性质结转结余的分类如图 8-1 所示。

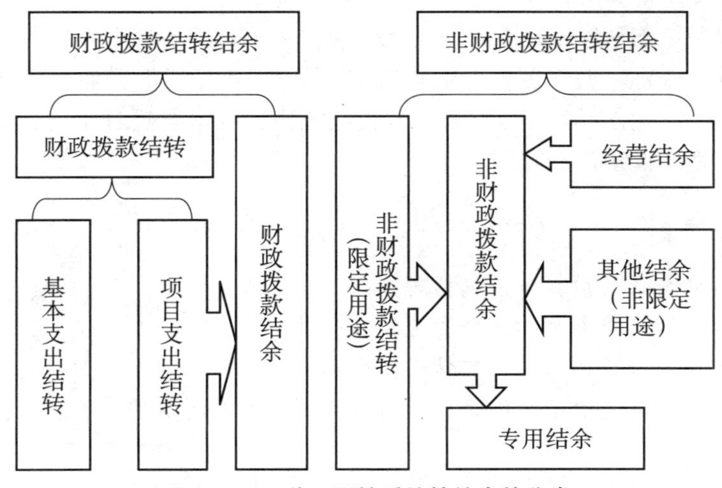

图 8-1 两种不同性质结转结余的分类

三、预算结余类会计科目及其核算内容

预算结余类会计科目及其核算内容如表8-1所示。

表8-1 预算结余类会计科目及其核算内容

会计科目	核算内容	备注
资金结存	核算单位纳入部门预算管理的资金的流入、流出、调整和滚存等情况。	初级
财政拨款结转	核算单位取得的同级财政拨款结转资金的调整、结转和滚存情况。	初级
财政拨款结余	核算单位取得的同级财政拨款项目支出结余资金的调整、结转和滚存情况。	初级
非财政拨款结转	核算单位除财政拨款收支、经营收支以外各非同级财政拨款专项资金的调整、结转和滚存情况。	中级
非财政拨款结余	核算单位历年滚存的非限定用途的非同级财政拨款结余资金，主要为非财政拨款结余扣除结余分配后滚存的金额。	中级
专用结余	核算事业单位按照规定从非财政拨款结余中提取的具有专门用途的资金的变动和滚存情况。	中级
经营结余	核算事业单位本年度经营活动收支相抵后余额弥补以前年度经营亏损后的余额。	中级
其他结余	核算单位本年度除财政拨款收支、非同级财政专项资金收支和经营收支以外各项收支相抵后的余额。	中级
非财政拨款结余分配	核算事业单位本年度非财政拨款结余分配的情况和结果。	中级

知识归纳

预算结余是指政府会计主体预算年度内预算收入扣除预算支出后的资金余额，以及历年滚存的资金余额。预算结余包括结余资金和结转资金。

准确理解结余资金与结转资金的含义要把握“一个前提、四个不同”，“一个前提”是指与政府会计制度相关的现行财政资金管理规定，“四个不同”是指按资金性质和资金渠道划分的几个层次的资金不同，即财政与非财政不同、基本与项目不同、限定用途与非限定用途不同、经营与非经营不同。

问题探究

1. 什么是预算结余？预算结余包括哪些内容？
2. 如何准确区分结转资金和结余资金？
3. 预算结余类九个科目的功能有什么区别？
4. 资金结存科目与其他结转结余科目有什么不同？有什么关系？

会计职业道德案例（四）

任务二 财政拨款结转结余业务及其核算

任务目标

◇ 了解财政拨款结转结余的定义。
◇ 掌握财政拨款结转结余的计算公式。
◇ 熟悉财政拨款结转结余的确认与计量。
◇ 学会财政拨款结转结余的核算。

一、财政拨款结转结余的定义

（一）财政拨款结转及其计算公式

财政拨款结转是指政府会计主体历年财政拨款预算收入与其相应支出相抵形成的滚存结转资金，具体包括当年财政拨款收支结转资金、从其他单位调入的财政结转资金以及从单位财政拨款结余调剂的资金。

（1）本年财政拨款收支结转计算公式如下：

本年财政拨款收支结转＝财政拨款预算收入－行政支出（财政拨款支出）－事业支出（财政拨款支出）－其他支出（财政拨款支出）

（2）历年滚存财政拨款结转计算公式如下：

滚存财政拨款结转＝本年财政拨款收支结转±年初余额调整＋归集调入

一归集调出一归集上缴十单位内部调剂一年末结转转出

（二）财政拨款结余

财政拨款结余是指政府会计主体历年按规定从财政拨款结转结转转入的滚存资金。历年滚存财政拨款结余的计算公式如下：

历年滚存财政拨款结余＝结转转入±年初余额调整一归集上缴一单位内部调剂

二、财政拨款结转结余的确认与计量

按照规定从其他单位调入财政拨款结转资金的，按照实际调增的额度数额或调入的资金数额确认。

按照规定向其他单位调出财政拨款结转资金的，按照实际调减的额度数额或调出的资金数额确认。

按照规定上缴财政拨款结转结余资金或注销财政拨款结转结余资金额度的，按照实际上缴资金数额或注销的资金额度数额确认。

经财政部门批准对财政拨款结余资金改变用途，调整用于本单位基本支出或其他未完成项目支出的，按照批准调剂的金额确认。

三、财政拨款结转结余的核算

政府会计主体为了进行财政拨款结转结余的核算，应设置“财政拨款结转”和“财政拨款结余”科目。

（一）“财政拨款结转”科目

政府会计主体为了核算其取得的同级财政拨款结转资金的调整、结转和滚存情况，应设置“财政拨款结转”（预算结余类）科目。其借贷方登记的内容根据不同明细科目的核算内容分别确定。年末贷方余额，反映政府会计主体滚存的财政拨款结转资金数额。

为了进行财政拨款结转调整、归集、调剂的核算，年终“累计结转”结转的核算，“财政拨款结转”科目应当设置下列明细科目：

1. 与会计差错更正、以前年度支出收回相关的明细科目

“年初余额调整”核算因发生会计差错更正、以前年度支出收回等原因，需要调整财政拨款结转的金额。年末结账后，应无余额。

2. 与财政拨款调拨业务相关的明细科目

（1）“归集调入”核算按照规定从其他单位调入财政拨款结转资金时，实际调增的额度数额或调入的资金数额。年末结账后，应无余额。

（2）“归集调出”核算按照规定向其他单位调出财政拨款结转资金时，实际调减的额度数额或调出的资金数额。年末结账后，应无余额。

（3）“归集上缴”核算按照规定上缴财政拨款结转资金时，实际核销的额度数额或上

缴的资金数额。年末结账后，应无余额。

（4）“单位内部调剂”核算经财政部门批准对财政拨款结余资金改变用途，调整用于本单位其他未完成项目等的调整金额。年末结账后，应无余额。

3. 与年末财政拨款结转业务相关的明细科目

（1）“本年收支结转”核算单位本年度财政拨款收支相抵后的余额。年末结账后，应无余额。

（2）“累计结转”核算单位滚存的财政拨款结转资金。年末贷方余额，反映单位财政拨款滚存的结转资金数额。

“财政拨款结转——累计结转”的核算如图 8-2 所示。

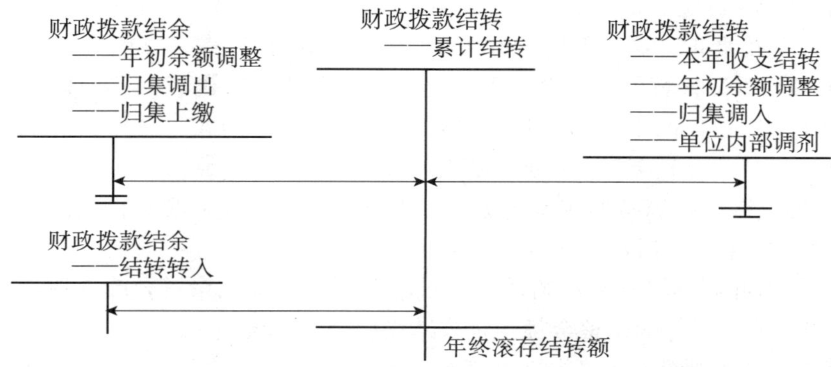

图 8-2 “财政拨款结转——累计结转”核算

为了进行当年财政拨款收支结转，“财政拨款结转”科目还应当设置“基本支出结转”“项目支出结转”两个明细科目，并在“基本支出结转”明细科目下按照“人员经费”“日常公用经费”进行明细核算，在“项目支出结转”明细科目下按照具体项目进行明细核算；同时，“财政拨款结转”科目还应按照《政府收支分类科目》中“支出功能分类科目”的相关科目设置明细科目，进行明细核算。其设置方法如图 8-3 所示。

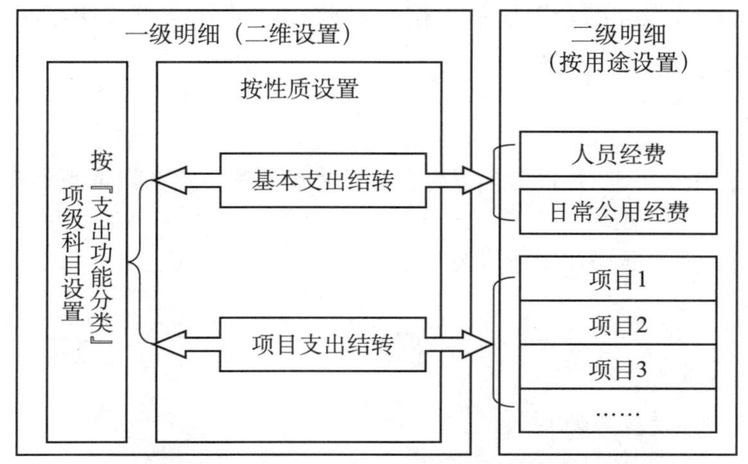

图 8-3 “财政拨款结转”科目当年收支结转明细科目设置

有一般公共预算财政拨款、政府性基金预算财政拨款等两种或两种以上财政拨款的，还应当在“财政拨款结转”科目下按照财政拨款的种类设置明细科目，进行明细核算。

（二）“财政拨款结余”科目

政府会计主体为了核算其取得的同级财政拨款项目支出结余资金的调整、结转和滚存情况，应设置“财政拨款结余”（预算结余类）科目。其借贷方登记的内容根据不同明细科目的核算内容分别确定。年末贷方余额，反映政府会计主体滚存的财政拨款结余资金数额。

为了进行财政拨款结余调整、归集、调剂的核算，年终“累计结余”结转的核算，“财政拨款结余”科目应当设置下列明细科目：

1. 与会计差错更正、以前年度支出收回相关的明细科目

“年初余额调整”核算因发生会计差错更正、以前年度支出收回等原因，需要调整财政拨款结余的金额。年末结账后，应无余额。

2. 与财政拨款结余资金调整业务相关的明细科目

（1）“归集上缴”核算按照规定上缴财政拨款结余资金时，实际核销的额度数额或上缴的资金数额。年末结账后，本明细科目应无余额。

（2）“单位内部调剂”核算经财政部门批准对财政拨款结余资金改变用途，调整用于本单位其他未完成项目等的调整金额。年末结账后，应无余额。

3. 与年末财政拨款结余业务相关的明细科目

（1）“结转转入”核算单位按照规定转入财政拨款结余的财政拨款结转资金。年末结账后，应无余额。

（2）“累计结余”核算单位滚存的财政拨款结余资金。年末贷方余额，反映单位财政拨款滚存的结余资金数额。

“财政拨款结余”科目还应当按照具体项目、《政府收支分类科目》中“支出功能分类科目”的相关科目等设置明细科目，进行明细核算。

有一般公共预算财政拨款、政府性基金预算财政拨款等两种或两种以上财政拨款的，还应当在“财政拨款结余”科目下按照财政拨款的种类设置明细科目，进行明细核算。

核算举例

某事业单位 2020 年 12 月份发生下列有关财政拨款结转业务，请根据有关凭证编制会计分录。

1. 1 日，通过网银转账收到新华公司退回货款 3 200 元（上年已列支，按规定列财政拨款结转资金）。

财务会计

借：银行存款　　3 200

　　贷：以前年度盈余调整　　3 200

预算会计

借：资金结存——货币资金　　3 200

贷：财政拨款结转——年初余额调整　　3 200

2. 2 日，通过网银转账收到光明公司退回货款 2 800 元（上年已列支，按规定列财政拨款结余资金）。

财务会计

借：银行存款　　2 800

贷：以前年度盈余调整　　2 800

预算会计

借：资金结存——银行存款　　2 800

贷：财政拨款结余——年初余额调整　　2 800

3. 3 日，通过代理银行转账收到主管部门从其他单位调入财政拨款结转资金 34 000 元。

财务会计

借：零余额账户用款额度　　34 000

贷：累计盈余　　34 000

预算会计

借：资金结存——零余额账户用款额度　　34 000

贷：财政拨款结转——归集调入　　34 000

4. 4 日，按主管部门要求通过网银转账调出某项目财政拨款结转资金 65 000 元。

财务会计

借：累计盈余　　65 000

贷：银行存款　　65 000

预算会计

借：财政拨款结转——归集调出　　65 000

贷：资金结存——货币资金　　65 000

5. 5 日，按主管部门要求通过网银转账上缴财政拨款结余资金 74 000 元。

财务会计

借：累计盈余　　74 000

贷：银行存款　　74 000

预算会计

借：财政拨款结余——归集上缴　　74 000

贷：资金结存——货币资金　　74 000

6. 8 日，经主管部门批准将财政拨款结余资金 18 000 元转入财政拨款结转。

财务会计不进行账务处理。

预算会计

借：财政拨款结余——单位内部调剂　　18 000

贷：财政拨款结转——单位内部调剂　　18 000

7. 31 日，结转财政拨款预算收入本年累计发生额 1 869 000 元。

财务会计不进行账务处理。

预算会计

借：财政拨款预算收入 1 869 000

　　贷：财政拨款结转——本年收支结转 1 869 000

8. 31 日，结转事业支出中的财政拨款支出本年累计发生额 1 743 000 元。

财务会计不进行账务处理。

预算会计

借：财政拨款结转——本年收支结转 1 743 000

　　贷：事业支出——财政拨款支出 1 743 000

9. 31 日，将上述业务中财政拨款结转相关明细科目发生额结转到累计结转明细科目。

财务会计不进行账务处理。

预算会计

借：财政拨款结转——年初余额调整 3 200

　　　　　　　　——归集调入 34 000

　　　　　　　　——单位内部调剂 18 000

　　　　　　　　——本年收支结转 1 869 000

　　贷：财政拨款结转——累计结转 1 924 200

借：财政拨款结转——累计结转 1 808 000

　　贷：财政拨款结转——归集调出 65 000

　　　　　　　　　　——本年收支结转 1 743 000

10. 31 日，经分析当年财政拨款结转中有 100 000 元符合财政拨款结余性质，将其转入财政拨款结余。

财务会计不进行账务处理。

预算会计

借：财政拨款结转——累计结转 100 000

　　贷：财政拨款结余——结转转入 100 000

11. 31 日，将上述业务中财政拨款结余相关明细科目发生额结转到累计结余明细科目。

财务会计

借：财政拨款结余——年初余额调整 2 800

　　　　　　　　——结转转入 100 000

　　贷：财政拨款结余——累计结余 102 800

借：财政拨款结余——累计结余 92 000

　　贷：财政拨款结余——归集上缴 74 000

　　　　　　　　　　——单位内部调剂 18 000

知识归纳

财政拨款结转是指政府会计主体历年财政拨款预算收入与其相应支出相抵形成的滚存结转资金，具体包括当年财政拨款收支结转资金、从其他单位调入的财政结转资金以及从单位财政拨款结余调剂的资金。财政拨款结余是指单位历年按规定从财政拨款结转转入的滚存资金。

单位主要财政拨款结转结余的核算主要设置“财政拨款结转”和“财政拨款结余”两个总账科目，两个总账科目之下根据结转结余影响结转结余增减变动的因素设置明细科目。

问题探究

1. 什么是财政拨款结转？影响年终财政拨款结转的因素有哪些？
2. 什么是财政拨款结余？影响年终财政拨款结余的因素有哪些？
3. 财政拨款结转的明细科目如何设置？各类明细科目之间有什么关系？
4. 财政拨款结余的明细科目如何设置？各类明细科目之间有什么关系？

会计名人轶事摘选（六）

项目九

净资产基础知识与初级实务

任务一　净资产基础知识

任务目标

◇ 了解净资产类会计科目体系。
◇ 熟悉净资产要素包含的内容。
◇ 掌握净资产的定义与计量。

一、净资产的定义与计量

（一）净资产的定义

净资产是指政府会计主体资产扣除负债后的净额。

（二）净资产的计量

净资产金额取决于资产和负债的计量。
净资产项目应当列入资产负债表。

二、净资产类会计科目及其核算内容

净资产类会计科目及其核算内容如表 9－1 所示。

表 9－1 净资产类会计科目及其核算内容

会计科目	核算内容	备注
累计盈余	核算单位历年实现的盈余扣除盈余分配后滚存的金额，以及因无偿调入调出资产产生的净资产变动额。按照规定上缴、缴回、单位间调剂结转结余资金产生的净资产变动额，以及对以前年度盈余的调整金额，也通过本科目核算。	初级
专用基金	核算事业单位按照规定提取或设置的具有专门用途的净资产，主要包括职工福利基金、科技成果转换基金等。	中级
权益法调整	核算事业单位持有的长期股权投资采用权益法核算时，按照被投资单位除净损益和利润分配以外的所有者权益变动份额调整长期股权投资账面余额而计入净资产的金额。	高级
本期盈余	核算单位本期各项收入、费用相抵后的余额。	初级
本年盈余分配	核算单位本年度盈余分配的情况和结果。	初级
无偿调拨净资产	核算单位无偿调入或调出非现金资产所引起的净资产变动金额。	高级
以前年度盈余调整	核算单位本年度发生的调整以前年度盈余的事项，包括本年度发生的重要前期差错更正涉及调整以前年度盈余的事项。	高级

知识归纳

净资产是指政府会计主体资产扣除负债后的净额。

净资产金额取决于资产和负债的计量。

问题探究

1. 什么是净资产？影响净资产计量的因素是什么？
2. 净资产类 7 个科目的功能有什么区别？

任务二　本期盈余与盈余分配业务及其核算

任务目标

◇ 了解本期盈余的定义。
◇ 熟悉本期盈余的计算公式及年末盈余分配的步骤。
◇ 学会本期盈余及其分配的核算。

一、本期盈余的含义及计算公式

本期盈余是指政府会计主体本期各项收入、费用相抵后的余额。其计算公式如下：

本期盈余＝财政拨款收入＋事业收入＋上级补助收入＋附属单位上缴收入
＋经营收入＋非同级财政拨款收入＋投资收益＋捐赠收入
＋利息收入＋租金收入＋其他收入－业务活动费用－单位管理费用
－经营费用－所得税费用－资产处置费用－上缴上级费用
－对附属单位补助费用－其他费用

二、年末盈余分配的基本程序

政府会计主体应按下列程序进行年末盈余分配：

（1）年末，将本期盈余额结转到本年盈余分配；

（2）年末，根据有关规定从本年度非财政拨款结余或经营结余中提取专用基金（按照预算会计下计算的金额提取）；

（3）年末，将本年盈余分配提取专用基金后的余额转入累计盈余。

三、本期盈余及本年盈余分配的核算

政府会计主体为了进行本期盈余及本年盈余分配的核算，应设置“本期盈余”“专用基金”“本年盈余分配”科目。

（一）“本期盈余”科目

政府会计主体为了核算其本期各项收入、费用相抵后的余额，应设置“本期盈余”（净资产类）科目。其贷方登记期末各收入类科目发生额转入额及年终结转额，借方登记期末各费用类科目发生额转入额及年终结转额。期末如为贷方余额，反映政府会计主体自年初至当期期末累计实现的盈余；如为借方余额，反映政府会计主体自年初至当期期末累计发生的亏损。年末结账后，应无余额。

“本期盈余”的核算如图 9－1 所示。

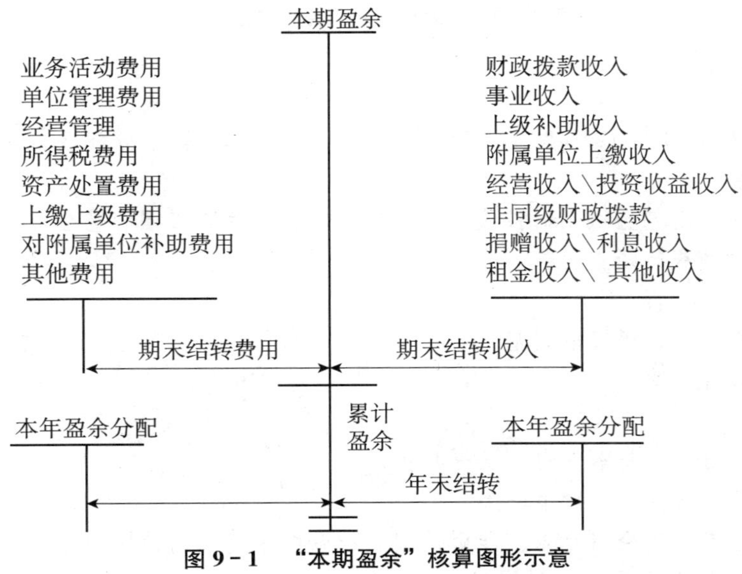

图 9－1 “本期盈余”核算图形示意

（二）“专用基金”科目

事业单位为了核算其按照规定提取或设置的专用基金的增减变动情况，应设置“专用基金”（净资产类）科目。其贷方登记提取或设置额，借方登记使用额。期末贷方余额，反映事业单位累计提取或设置的尚未使用的专用基金。

“专用基金”科目应当按照专用基金的类别进行明细核算。

（三）“本年盈余分配”科目

政府会计主体为了核算其本年度盈余分配的情况和结果，应设置“本年盈余分配”（净资产类）科目。其贷方登记本年实现盈余的转入额及转入累计盈余的未弥补亏损额，借方登记本年提取专用基金额、本年发生亏损转入额及转入累计盈余的未分配盈余。年末结账后，应无余额。

“本年盈余分配”的核算如图 9－2 所示。

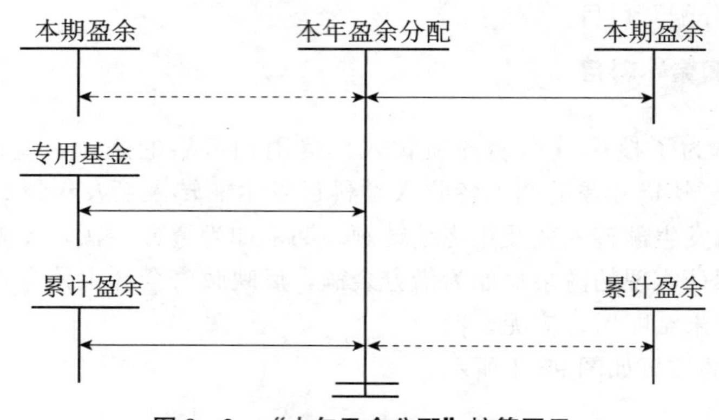

图 9-2 “本年盈余分配”核算图示

核算举例

某事业单位 2020 年 12 月发生下列有关本期盈余及本年盈余分配业务，请根据有关凭证编制会计分录。

1. 1 日，用专用基金（平时按收入的一定比例计提的职工福利基金）给职工食堂补贴 28 000 元，通过网银转账支付。

财务会计

借：专用基金——职工福利基金　　28 000

　　贷：银行存款　　28 000

预算会计

借：事业支出——基本支出——福利费　　28 000

　　贷：资金结存——货币资金　　28 000

2. 2 日，用专用基金（年末按非财政拨款结余的一定比例计提的修购基金）购置录播设备一套，价值 45 800 元，通过网银转账支付。

财务会计

借：固定资产——一般设备　　45 800

　　贷：银行存款　　45 800

同时

借：专用基金——修购基金　　45 800

　　贷：累计盈余　　45 800

预算会计

借：专用结余　　45 800

　　贷：资金结存——货币资金　　45 800

3. 31 日，按规定计算出应按当年事业收入的一定比例计提的职工福利基金额为 68 000 元。

财务会计

借：业务活动费用——计提专用基金　　68 000

　　贷：专用基金——职工福利基金　　68 000

预算会计不进行账务处理。

4. 31 日，结转本月财政拨款收入账户本月累计发生额 134 000 元，事业收入账户本月累计发生额 84 600 元。

财务会计

借：财政拨款收入 134 000

　　事业收入 84 600

　　贷：本期盈余 218 600

预算会计不进行账务处理。

5. 31 日，结转本月业务活动费用账户本月累计发生额 143 000 元，单位管理费用账户本月累计发生额 78 500 元。

财务会计

借：本期盈余 221 500

　　贷：业务活动费用 143 000

　　　　单位管理费用 78 500

预算会计不进行账务处理。

6. 31 日，结转本期盈余账户本年累计发生额 715 800 元。

财务会计

借：本期盈余 715 800

　　贷：本年盈余分配 715 800

预算会计不进行账务处理。

7. 31 日，按规定应从从本年度非财政拨款结余中提取修购基金 78 600 元。

财务会计

借：本年盈余分配 78 600

　　贷：专用基金——修购基金 78 600

预算会计

借：非财政拨款结余分配 78 600

　　贷：专用结余 78 600

8. 31 日，结转本年盈余分配账户年终余额 85 120 元。

财务会计

借：本年盈余分配 85 120

　　贷：累计盈余 85 120

预算会计不进行账务处理。

知识归纳

本期盈余是指政府会计主体本期各项收入、费用相抵后的余额。

年末首先将本期盈余额结转本年盈余分配，然后按规定从本年度非财政拨款结余或经营结余中提取专用基金，最后将提取专用基金后的余额转入累计盈余。

政府会计主体设置“本期盈余”“专用基金”“本年盈余分配”科目进行本期盈余及本年盈余分配的核算。

问题探究

1. 什么是本期盈余？
2. 本年盈余分配的程序是什么？
3. 专用基金和专用结余有什么区别？有什么联系？

中篇
政府会计中级实务

项目十 资产中级实务

任务一　应收款项及坏账准备的管理与核算

任务目标

- ◇ 了解应收账款、其他应收款等的定义。
- ◇ 熟悉应收账款、其他应收款等的管理要求。
- ◇ 掌握坏账准备计提的方法。
- ◇ 学会应收账款、其他应收款、坏账准备的核算。

一、应收账款的管理与核算

（一）应收账款的含义

应收账款是指事业单位提供服务、销售产品等应收取的款项，以及单位因出租资产、出售物资等应收取的款项。

（二）应收账款的确认

应收账款是伴随单位的销售行为发生而形成的一项债权。应收账款的确认与收入的确认密切相关。通常在确认收入的同时，确认应收账款。

（三）应收账款的管理

应收账款是销售过程中被买方所占用的资金，事业单位应建立应收账款管理制度，确保应收账款及时收回。对于被拖欠的应收账款应采取措施，组织催收；对于确实无法收回的应收账款，凡符合坏账条件的，应在取得有关证明并按规定程序报批后，做坏账损失处理。事业单位应当对收回后不需上缴财政的应收账款和收回后应当上缴财政的应收账款分别管理。

（1）对收回后不需上缴财政的应收账款应当于每年年末进行全面检查。如出现符合计提坏账准备的应收账款应当按规定计提坏账准备；对于账龄超过规定年限、确认无法收回的应收账款，应按规定报经批准后予以核销，并在备查簿中登记；已核销的应收账款在以后期间又收回的，按照实际收回金额进行账务处理。

（2）对收回后应当上缴财政的应收账款应当于每年年末进行全面检查。对于账龄超过规定年限、确认无法收回的应收账款，应按规定报经批准后予以核销，并在备查簿中登记；已核销的应收账款在以后期间又收回的，按照实际收回金额计入应缴财政款。

（四）应收账款的核算

事业单位为了核算其应收账款的增减变动情况，应设置“应收账款”科目（资产类）。其借方登记单位发生的应收账款数，贷方登记单位应收账款的收回数及核销数。期末借方余额，反映单位尚未收回的应收账款数。

“应收账款”科目应当按照债务单位（或个人）设置明细账，进行明细核算。

核算举例

某事业单位（一般纳税人）在专业业务活动及其辅助活动之外开展非独立核算经营活动，2020 年 7 月份发生以下有关收回后不需上缴财政的应收账款业务，请根据有关凭证编制会计分录。

1. 3 日，销售给 A 公司甲产品一批，价款 10 000 元，税款 1 300 元，货款尚未收到。

财务会计

借：应收账款——A 公司　　11 300

　　贷：经营收入——产品销售收入　　10 000

　　　　应交增值税——应交税金（销项税额）　　1 300

预算会计不进行账务处理。

2. 15 日，A 公司通过网银转账转来上述销售甲产品款项 11 300 元。

财务会计

借：银行存款　　11 300

　　贷：应收账款——A 公司　　11 300

预算会计

借：资金结存——货币资金　　11 300

　　贷：经营预算收入——产品销售收入　　11 300

3. 20 日，经批准将 B 公司三年前所欠货款 22 600 元予以核销。

财务会计

借：坏账准备　　22 600

　　贷：应收账款——B公司　　22 600

预算会计不进行账务处理。

4. 25日，通过网银转账收到以前年度已经核销的C公司所欠货款33 900元。

财务会计

借：应收账款——C公司　　33 900

　　贷：坏账准备　　33 900

同时，

借：银行存款　　33 900

　　贷：应收账款——C公司　　33 900

预算会计

借：资金结存——货币资金　　33 900

　　贷：非财政拨款结余　　33 900

二、其他应收款的管理与核算

（一）其他应收款的定义

其他应收款是指单位除财政应返还额度、应收票据、应收账款、预付账款、应收股利、应收利息以外的其他各项应收及暂付款项，如职工预借的差旅费、已经偿还银行尚未报销的本单位公务卡欠款、拨付给内部有关部门的备用金、应向职工收取的各种垫付款项、支付的可以收回的订金或押金、应收的上级补助和附属单位上缴款项等。

（二）其他应收款的管理

单位应当对其他应收款严格控制、健全手续、及时清理。严格控制，即按照少量、短期、必需、安全的原则，严格审查，预防坏账发生；健全手续，即建立责任制，规范审批程序，完善审批手续，确保其合法性；及时清理，即经常检查其回收情况，督促经办人员及时结算清理，不得长期挂账。

事业单位应当于每年年末，对其他应收款进行全面检查，如发生不能收回的迹象，应当计提坏账准备。对于账龄超过规定年限、确认无法收回的其他应收款，按照规定报经批准后予以核销。核销的其他应收款应当在备查簿中登记。已核销的其他应收款在以后期间又收回的，按照实际收回金额处理有关账务记录。

（三）定额备用金的核定

单位为了简化频繁发生的日常小额零星支出的逐级审批手续，可根据内部有关部门零星开支、零星采购及小额差旅费用的现金需求，给其核定一定额度的定额备用金。

定额备用金由单位财务部门根据内部有关业务部门的业务需求情况核定，在规定期间内预借一定数额的现金，并限定使用范围，指定专人经管。

定额备用金经管人员应妥善保存预借备用金的收据、使用备用金的发票以及各种报销凭证，设置备用金登记簿记录各项零星支出，并定期或在备用金不足时凭有关凭证报销，财务部门补足备用金额度。

（四）其他应收款的核算

单位为了核算其他应收款项的增减变动情况和结算情况，应设置“其他应收款”（资产类）科目。其借方登记单位发生的各种其他应收款数额，贷方登记单位收回或核销的各种其他应收款数额。期末借方余额，反映单位尚未收回的其他应收款。

“其他应收款”科目应当按照其他应收款的类别以及债务单位（或个人）设置明细科目，进行明细核算。

核算举例

某事业单位 2020 年发生下列有关其他应收款业务，请根据有关凭证编制会计分录。

1. 1 月 5 日，通过网银转账支付党政办李军预借差旅费 5 000 元。

财务会计

借：其他应收款——李军　　5 000

　　贷：银行存款　　5 000

预算会计不进行账务处理。

2. 1 月 6 日，党政办王亮领取零星办公用品采购定额备用金现金 3 000 元。

财务会计

借：其他应收款——王亮　　3 000

　　贷：库存现金　　3 000

预算会计不进行账务处理。

3. 2 月 4 日，党政办李军报销差旅费 4 800 元，退回现金 200 元。

财务会计

借：单位管理费用——差旅费　　4 800

　　库存现金　　200

　　贷：其他应收款——李军　　5 000

预算会计

借：事业支出——基本支出——差旅费　　4 800

　　贷：资金结存——货币资金　　4 800

4. 2 月 6 日，党政办王亮报销采购零星办公用品支出 2 850 元。

财务会计

借：单位管理费用——商品和服务支出　　2 850

　　贷：库存现金　　2 850

预算会计

借：事业支出——基本支出——办公费　　2 850

　　贷：资金结存——货币资金　　2 850

注意：定额备用金到年终最后一次报销时应予收回，冲销其他应收款的同时收回剩余款项或补足不足款项。

5. 2月14日，报经批准将单位职工赵兴三年前借款2 000元按坏账损失予以核销。

借：坏账准备——其他应收款 2 000
　　贷：其他应收款——赵兴 2 000

6. 5月20日，以现金收回上述核销的赵兴借款2 000元。

财务会计

借：其他应收款——赵兴 2 000
　　贷：坏账准备——其他应收款 2 000

同时，

借：库存现金 2 000
　　贷：其他应收款——赵兴 2 000

预算会计

借：资金结存——货币资金 2 000
　　贷：其他预算收入 2 000

7. 5月21日，按租赁合同约定应收租赁单位门面房租金52 000元。

财务会计

借：其他应收款——租赁单位 52 000
　　贷：租金收入——门面房租金 52 000

预算会计不进行账务处理。

8. 6月12日，通过网银转账收到租赁单位门面房租金52 000元。

财务会计

借：银行存款 52 000
　　贷：其他应收款——租赁单位 52 000

预算会计

借：资金结存——货币资金 52 000
　　贷：其他预算收入——租金收入 52 000

另外，按照《政府会计准则制度解释第1号》的规定，对有关暂付款账务处理方法如下：

(1) 对于纳入本年度部门预算管理的暂付款项，按照《政府会计制度》规定，单位在支付款项时可不做预算会计处理，待结算或报销时，按照结算或报销的金额，借记相关预算支出科目，贷记“资金结存”科目。但是，在年末结账前，对于尚未结算或报销的暂付款项，单位应当按照暂付的金额，借记相关预算支出科目，贷记“资金结存”科目。以后年度，实际结算或报销金额与已计入预算支出的金额不一致的，单位应当通过相关预算结转结余科目“年初余额调整”明细科目进行处理。

(2) 对于应当纳入下一年度部门预算管理的暂付款项，单位在付出款项时，借记“其他应收款”科目，贷记“银行存款”等科目，本年度不做预算会计处理。待下一年实际结算或报销时，单位应当按照实际结算或报销的金额，借记有关费用科目，按照之前暂付的款项金额，贷记“其他应收款”科目，按照退回或补付的金额，借记或贷记“银行存款”

等科目；同时，在预算会计中，按照实际结算或报销的金额，借记有关支出科目，贷记“资金结存”科目。下一年度内尚未结算或报销的，按照上述（1）中的规定处理。

（3）对于不纳入部门预算管理的暂付款项，单位应当按照《政府会计制度》规定，仅作财务会计处理，不做预算会计处理。

三、坏账及坏账准备的管理与核算

（一）坏账及坏账准备的定义

坏账是指单位无法收回或收回的可能性极小的应收款项，坏账损失是由于实际发生坏账而产生的损失，坏账准备是单位对预计可能无法收回的应收款项所提取的坏账准备金。

事业单位应当于每年年末，对收回后不需上缴财政的应收账款和其他应收款进行全面检查，分析其可收回性，对预计可能产生的坏账损失计提坏账准备、确认坏账损失。

（二）坏账损失的核算方法

坏账损失的核算方法分为直接转销法和备抵法。

（1）直接转销法是指在坏账损失实际发生时，直接计入当期费用并转销应收款项。

（2）备抵法是指采用一定的方法按期估计坏账损失，提取坏账准备并转作当期费用。实际发生坏账时，直接冲减已计提坏账准备，同时转销相应的应收款项余额。

（三）坏账准备的计提方法

事业单位可以采用应收款项余额百分比法、账龄分析法、个别认定法等方法计提坏账准备。余额百分比法是按照期末应收账款和其他应收款余额的一定百分比估计坏账损失的方法。坏账准备计提百分比由事业单位根据以往的资料或经验自行确定。在余额百分比法下，事业单位应在每个会计期末根据期末应收账款和其他应收款的余额和确定的坏账准备计提百分比计算出期末坏账准备账户应有余额。期末坏账准备账户应有余额与前期坏账准备账户已有的余额的差额，就是当期应提的坏账准备额。

（四）坏账准备的核算

事业单位为了核算其对收回后不需上缴财政的应收账款和其他应收款提取的坏账准备，应设置“坏账准备”（资产类/备抵账户）科目，贷方登记按规定计提的坏账准备及已核销后又收回额，借方登记按规定核销额。期末贷方余额，反映事业单位提取的坏账准备金额。

“坏账准备”科目应当分别应收账款和其他应收款设置明细科目，进行明细核算。

核算举例

某事业单位2020年发生下列有关坏账核销与坏账准备计提业务，请根据有关凭证编制会计分录。

1. 1月5日，经批准将三年前甲公司所欠货款21 800元按坏账损失予以核销。

财务会计

借：坏账准备——应收账款　　21 800

　　贷：应收账款——甲公司　　21 800

预算会计不进行账务处理。

2. 6月20日，经批准将三年前病故职工郭辉的借款5 400元按坏账损失予以核销。

财务会计

借：坏账准备——其他应收款　　5 400

　　贷：其他应收款——郭辉　　5 400

预算会计不进行账务处理。

3. 12月20日，上述已按照坏账损失核销的甲公司所欠货款经进一步协商又收回20 000元，款项通过网银转账收讫。

财务会计

借：应收账款——甲公司　　20 000

　　贷：坏账准备——应收账款　　20 000

同时，

借：银行存款　　20 000

　　贷：应收账款——甲公司　　20 000

预算会计

借：资金结存——货币资金　　20 000

　　贷：非财政拨款结余　　20 000

4. 单位采用余额百分比法计提坏账准备，计提比例为期末应收账款和其他应收款余额的10%，按规定调整当年坏账准备账户余额。12月31日，有关账户当年余额如下：

"坏账准备——应收账款"贷方余额13 000元

"坏账准备——其他应收款"贷方余额3 000元

"应收账款"借方余额120 000元

"其他应收款"借方余额15 000元

当年应计提的坏账准备额=(120 000+15 000)×10%=13 500（元）

当年应冲减的坏账准备额=13 000+3 000−12 000−1 500=2 500（元）

借：坏账准备——应收账款　　1 000

　　　　　　——其他应收款　　1 500

　　贷：其他费用——坏账损失　　2 500

知识归纳

应收账款是指事业单位提供服务、销售产品等应收取的款项，以及单位因出租资产、出售物资等应收取的款项。

其他应收款是指单位除财政应返还额度、应收票据、应收账款、预付账款、应收股利、应收利息以外的其他各项应收及暂付款项。

事业单位应当对收回后不需上缴财政的应收账款和其他应收款提取的坏账准备金，建立坏账准备制度。

问题探究

1. 什么是坏账？什么是坏账损失？什么是坏账准备？

2. 单位应当如何加强其他应收款的管理？

3. 对收回后不需上缴财政与收回后需上缴财政的应收账款发生坏账损失的核销有什么不同？

会计职业道德案例（五）

任务二 存货的管理与核算

任务目标

◇ 了解存货的定义。

◇ 熟悉存货确认的条件与计量的依据。

◇ 学会存货的核算。

一、存货的定义与确认

存货，是指政府会计主体在开展业务活动及其他活动中为耗用或出售而储存的资产，如材料、产品、包装物和低值易耗品等，以及未达到固定资产标准的用具、装具、动植物等。

政府储备物资、收储土地等，适用其他相关政府会计准则。

存货同时满足下列条件的，应当予以确认：

(1) 与该存货相关的服务潜力很可能实现或者经济利益很可能流入政府会计主体。

(2) 该存货的成本或者价值能够可靠地计量。

二、存货的初始计量与后续计量

(一) 存货的初始计量

存货在取得时应当按照成本进行初始计量。

(1) 政府会计主体购入的存货，其成本包括购买价款、相关税费、运输费、装卸费、保险费以及使得存货达到目前场所和状态所发生的归属于存货成本的其他支出。

(2) 政府会计主体自行加工的存货，其成本包括耗用的直接材料费用、发生的直接人工费用和按照一定方法分配的与存货加工有关的间接费用。

(3) 政府会计主体委托加工的存货，其成本包括委托加工前存货成本、委托加工的成本（如委托加工费以及按规定应计入委托加工存货成本的相关税费等）以及使存货达到目前场所和状态所发生的归属于存货成本的其他支出。

(4) 下列各项应当在发生时确认为当期费用，不计入存货成本：

1) 非正常消耗的直接材料、直接人工和间接费用。

2) 仓储费用（不包括在加工过程中为达到下一个加工阶段所必需的费用）。

3) 不能归属于使存货达到目前场所和状态所发生的其他支出。

(5) 政府会计主体通过置换取得的存货，其成本按照换出资产的评估价值，加上支付的补价或减去收到的补价，加上为换入存货发生的其他相关支出确定。

(6) 政府会计主体接受捐赠的存货，其成本按照有关凭据注明的金额加上相关税费、运输费等确定；没有相关凭据可供取得，但按规定经过资产评估的，其成本按照评估价值加上相关税费、运输费等确定；没有相关凭据可供取得、也未经资产评估的，其成本比照同类或类似资产的市场价格加上相关税费、运输费等确定；没有相关凭据且未经资产评估、同类或类似资产的市场价格也无法可靠取得的，按照名义金额入账，相关税费、运输费等计入当期费用。

(7) 政府会计主体无偿调入的存货，其成本按照调出方账面价值加上相关税费、运输费等确定。

(8) 政府会计主体盘盈的存货，按规定经过资产评估的，其成本按照评估价值确定；未经资产评估的，其成本按照重置成本确定。

(二) 存货的后续计量

(1) 政府会计主体应当根据实际情况采用先进先出法、加权平均法或者个别计价法确定发出存货的实际成本。计价方法一经确定，不得随意变更。对于性质和用途相似的存货，应当采用相同的成本计价方法确定发出存货的成本。

对于不能替代使用的存货、为特定项目专门购入或加工的存货，通常采用个别计价法确定发出存货的成本。

(2) 对于已发出的存货，应当将其成本结转为当期费用或者计入相关资产成本。

按规定报经批准对外捐赠、无偿调出的存货，应当将其账面余额予以转销，对外捐赠、无偿调出中发生的归属于捐出方、调出方的相关费用应当计入当期费用。

(3) 政府会计主体应当采用一次转销法或者五五摊销法对低值易耗品、包装物进行摊销，将其成本计入当期费用或者相关资产成本。

(4) 对于发生的存货毁损，应当将存货账面余额转销计入当期费用，并将毁损存货处置收入扣除相关处置税费后的差额按规定作应缴款项处理（差额为净收益时）或计入当期费用（差额为净损失时）。

(5) 存货盘亏造成的损失，按规定报经批准后应当计入当期费用。

三、存货的核算

政府会计主体为进行存货的核算，应设置“在途物品”“库存物品”“加工物品”科目。

（一）“在途物品”科目

单位为了核算其采购材料等物资时货款已付或已开出商业汇票但尚未验收入库的在途物品的采购成本，应设置“在途物品”（资产类）科目。其借方登记购入物品的采购成本，贷方登记验收入库物品的采购成本。期末借方余额，反映单位在途物品的采购成本。

“在途物品”科目可按照供应单位和物品种类设置明细科目，进行明细核算。

（二）“库存物品”科目

单位为了核算其在开展业务活动及其他活动中为耗用或出售而储存的各种材料、产品、包装物、低值易耗品，以及达不到固定资产标准的用具、装具、动植物等的成本，应设置“库存物品”（资产类）科目。其借方登记各种库存物品的验收入库成本，贷方登记各种库存物品的出库成本。期末借方余额，反映单位库存物品的实际成本。

“库存物品”科目应当按照库存物品的种类、规格、保管地点等设置明细科目，进行明细核算。

单位储存的低值易耗品、包装物较多的，可以在“库存物品”科目（低值易耗品、包装物）下按照“在库”“在用”“摊销”等进行明细核算。

库存物品核算范围的确定应注意以下几项资产的归属：

(1) 已完成的测绘、地质勘查、设计成果等的成本，通过“库存物品”科目核算。

(2) 单位随买随用的零星办公用品，可以在购进时直接列作费用，不通过“库存物品”科目核算。

(3) 单位控制的政府储备物资，通过“政府储备物资”科目核算，不通过“库存物品”科目核算。

(4) 单位受托存储保管的物资和受托转赠的物资，通过“受托代理资产”科目核算，不通过“库存物品”科目核算。

（5）单位为在建工程购买和使用的材料物资，通过“工程物资”科目核算，不通过“库存物品”科目核算。

（三）“加工物品”科目

单位为了核算其自制或委托外单位加工的各种物品的实际成本，应设置“加工物品”（资产类）科目。其借方登记自制或委托外单位加工的各种物品归集的成本，贷方登记自制或委托外单位加工完成验收入库的各种物品的实际成本。期末借方余额，反映单位自制或委托外单位加工但尚未完工的各种物品的实际成本。

未完成的测绘、地质勘查、设计成果的实际成本，也通过“加工物品”科目核算。

“加工物品”科目应当设置“自制物品”“委托加工物品”两个一级明细科目，并按照物品类别、品种、项目等设置明细账，进行明细核算。

“加工物品”科目的“自制物品”一级明细科目下应当设置“直接材料”“直接人工”“其他直接费用”等二级明细科目，归集自制物品发生的直接材料、直接人工（专门从事物品制造人员的人工费）等直接费用；对于自制物品发生的间接费用，应当在“加工物品”科目“自制物品”一级明细科目下单独设置“间接费用”二级明细科目予以归集，期末，再按照一定的分配标准和方法，分配计入有关物品的成本。

间接费用一般按照生产人员工资、生产人员工时、机器工时、耗用材料的数量或成本、直接费用（直接材料和直接人工）或产品产量等进行分配。单位可根据具体情况自行选择间接费用的分配方法。分配方法一经确定，不得随意变更。

核算举例

某事业单位2020年7月份发生下列有关存货业务（非增值税应税项目），请根据有关凭证编制会计分录。

1. 1日，购进办公用品一批，通过网银转账支付价款10 000元，发票账单已经收到，材料尚未入库。

财务会计

借：在途物品——办公用品　　　　10 000

　　贷：银行存款　　　　10 000

预算会计

借：事业支出——基本支出——办公费　　　　10 000

　　贷：资金结存——货币资金　　　　10 000

2. 4日，上述购进办公用品10 000元验收入库。

财务会计

借：库存物品——办公用品　　　　10 000

　　贷：在途物品——办公用品　　　　10 000

预算会计不进行账务处理。

3. 5日，购进卫生材料一批，通过零余额账户转账支付价款23 200元。发票账单已经收到，材料已验收入库。

财务会计

借：库存物品——卫生材料　23 200

　　贷：零余额账户用款额度　23 200

预算会计

借：事业支出——基本支出——专用材料费　23 200

　　贷：资金结存——零余额账户用款额度　23 200

4. 7 日，收到合作企业捐赠防疫物资一批，价值 18 000 元，物资已验收入库。

财务会计

借：库存物品——防疫物资　18 000

　　贷：捐赠收入　18 000

预算会计不进行账务处理。

5. 8 日，收到主管部门调入业务学习资料一批，价值 32 000 元，资料已验收入库。通过网银转账支付运输费 1 000 元。

财务会计

借：库存物品——学习资料　33 000

　　贷：银行存款　1 000

　　　　无偿调拨净资产　32 000

预算会计

借：其他支出——运输费　1 000

　　贷：资金结存——货币资金　1 000

6. 9 日，发出材料汇总表列示，行政部门领用零星办公用品 12 000 元。

借：单位管理费用——商品和服务费用　12 000

　　贷：库存物品——办公用品　12 000

7. 10 日，将库存体育器材一批捐赠给对口支援学校，价值 23 000 元。通过网银转账支付运输费 500 元。

财务会计

借：资产处置费用　23 500

　　贷：库存物品——体育器材　23 000

　　　　银行存款　500

预算会计

借：其他支出——运输费　500

　　贷：资金结存——货币资金　500

8. 11 日，将库存演出服装一批调拨给附属单位，价值 55 000 元。通过网银转账支付运输费 1 000 元。

财务会计

借：无偿调拨净资产　55 000

　　贷：库存物品——演出服装　55 000

借：资产处置费用　1 000

　　贷：银行存款　1 000

预算会计

借：其他支出——运输费　　1 000

　　贷：资金结存——货币资金　　1 000

9. 12 日，发出材料汇总表列明，单位非独立核算加工车间为加工健身器材领用钢材 12 000 元、涂料 5 000 元。

财务会计

借：加工物品——自制器材（间接材料）　　17 000

　　贷：库存物品——钢材　　12 000

　　　　　　　　——涂料　　5 000

预算会计不进行账务处理。

10. 20 日，计算出应付上述非独立核算加工车间人员基本工资 8 500 元。

财务会计

借：加工物品——自制器材（直接人工）　　8 500

　　贷：应付职工薪酬——基本工资　　8 500

预算会计不进行账务处理。

11. 29 日，通过网银转账支付上述非独立核算加工车间加工健身器材的水费 1 000 元、电费 1 000 元。

财务会计

借：加工物品——自制物品（直接费用）　　2 000

　　贷：银行存款　　2 000

预算会计

借：事业支出——财政拨款支出（基本支出）——水电费　　2 000

　　贷：资金结存——货币资金　　2 000

12. 30 日，上述加工的健身器材完工验收入库，结转完工入库产品的成本 83 000 元。

借：库存物品——健身器材　　27 500

　　贷：加工物品——自制物品（直接材料）　　17 000

　　　　　　　　——自制物品（直接人工）　　8 500

　　　　　　　　——自制物品（间接费用）　　2 000

知识归纳

存货，是指政府会计主体在开展业务活动及其他活动中为耗用或出售而储存的资产，如材料、产品、包装物和低值易耗品等，以及未达到固定资产标准的用具、装具、动植物等。

单位主要设置“在途物品”、“库存物品”和“加工物品”科目进行存货业务的核算。

问题探究

1. 什么是库存物品？库存物品确认的条件有哪些？
2. 单位发出库存物品计价可采取哪些方法？

任务三　资产处置业务及其核算

任务目标

◇ 了解资产处置的定义与范围。
◇ 熟悉资产处置的原则及处置收入的管理要求。
◇ 学会三类资产处置业务的核算。

一、资产处置的定义与范围

行政事业单位要深入贯彻党的二十大精神，完整、准确、全面贯彻新发展理念，着力推动高质量发展，主动构建新发展格局，加快推进各类国有资产盘活利用，建立健全资产盘活工作机制，通过自用、共享、调剂、出租、处置等多种方式，提升资产盘活利用效率。

资产处置，是指政府会计主体对其占有、使用的国有资产进行产权转让或者产权注销的行为。资产处置的形式包括无偿调拨、出售、出让、转让、置换、对外捐赠、报废、毁损以及货币性资产损失核销等。

政府会计主体资产处置的范围是政府会计主体的全部财产，不仅包括实物资产，而且包括无形资产，以及应收账款、对外投资形成的股权等货币性资产。具体包括：

（1）闲置资产。

（2）因技术原因并经过科学论证，确需报废、淘汰的资产。

（3）因单位分立、撤销、合并、改制、隶属关系改变等原因发生的产权或者使用权转移的资产。

（4）盘亏、呆账及非正常损失的资产。

（5）已超过使用年限无法使用的资产。

（6）依照国家有关规定需要进行资产处置的其他情形。

二、资产处置的审批权限

政府会计主体进行资产处置时应严格履行相关审批程序，并分别遵守特定资产处置和非特定资产处置的审批权限。

（一）房屋建筑物、土地、车辆处置和货币性资产损失核销的审批权限

对政府会计主体占有、使用的房屋建筑物、土地、车辆和货币性资产等主要资产的处置，直接影响到政府会计主体工作的正常开展，并且处置过程易受主观因素的影响，造成国有资产的流失，因此，此类资产无论金额大小，一律报经主管部门审核同意后报财政部门审批。

（二）非特定资产的处置审批权限

对于房屋建筑物、土地、车辆的处置和货币性资产以外的非特定资产的处置，按拟处置资产金额的不同，分别确定财政部门和主管部门的审批权限。即资产单位价值或者批量价值在规定限额以上资产的处置，经主管部门审核后报同级财政部门审批；规定限额以下资产的处置，报主管部门审批，主管部门将审批结果定期报同级财政部门备案。价值指的是单位资产的账面原值。

三、资产处置收入与费用的管理

资产处置收入包括变价收入和残值收入，处置收入属于国家所有。资产处置收入按照政府非税收入管理的规定，实行“收支两条线”管理，即单位资产处置收入要及时、足额上缴同级财政专户或者国库。

资产处置费用是指政府会计主体经批准处置资产时发生的费用，包括转销的被处置资产价值，以及在处置过程中发生的相关费用或者处置收入小于相关费用形成的净支出。

四、资产处置的核算

政府会计主体为进行资产处置业务的核算，主要设置“待处理财产损溢”“资产处置费用”科目。

（一）“待处理财产损溢”科目

政府会计主体为了核算其在资产清查过程中查明的各种资产盘盈、盘亏和报废、毁损的价值，应设置“待处理财产损溢”科目（资产类）。其借方登记转入的准备予以核销的资产数及处置过程中发生的相关费用，贷方登记按规定报经批准予以核销的资产数及处置过程中收到的残值变价收入等。期末如为借方余额，反映尚未处理完毕的各种资产的净损失；期末如为贷方余额，反映尚未处理完毕的各种资产净溢余。年度终了报经批准处理后，本科目一般应无余额。

“待处理财产损溢”科目应当按照待处理资产项目设置明细科目，进行明细核算。对于在处理过程中取得收入或发生相关费用的项目，还应当设置“待处理财产价值”“处理净收入”明细科目。

政府会计主体资产清查中查明的资产盘盈、盘亏、报废和毁损，一般应当先记入“待处理财产损溢”科目，按照规定报经批准后及时进行账务处理。年末结账前一般应处理完毕。

（二）“资产处置费用”科目

政府会计主体为了核算其经批准处置资产时发生的费用，应设置“资产处置费用”（费用类）科目。其借方登记处置资产的账面价值及处置发生的费用，贷方登记期末结转数。期末结转后，应无余额。

“资产处置费用”科目应当按照处置资产的类别、资产处置的形式等设置明细科目，进行明细核算。

政府会计主体在资产清查中查明的资产盘亏、毁损以及资产报废等，应当先通过“待处理财产损溢”科目进行核算，再将处理资产价值和处理净支出记入“资产处置费用”科目。

“库存现金”短缺或溢余核算图示如图10-1所示。

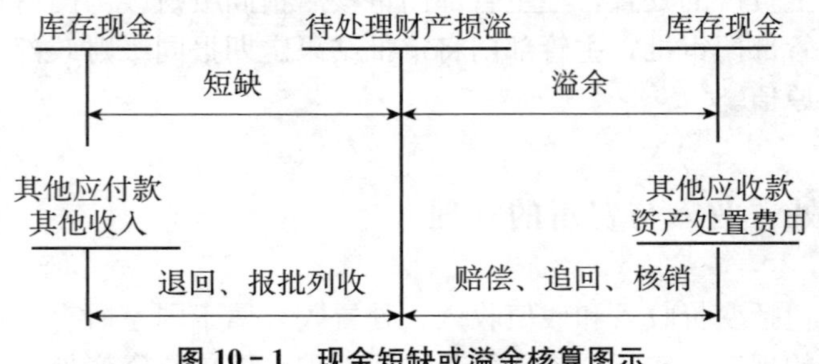

图10-1 现金短缺或溢余核算图示

“库存物品”等非货币性流动资产盘盈、盘亏等核算图示如图10-2所示。

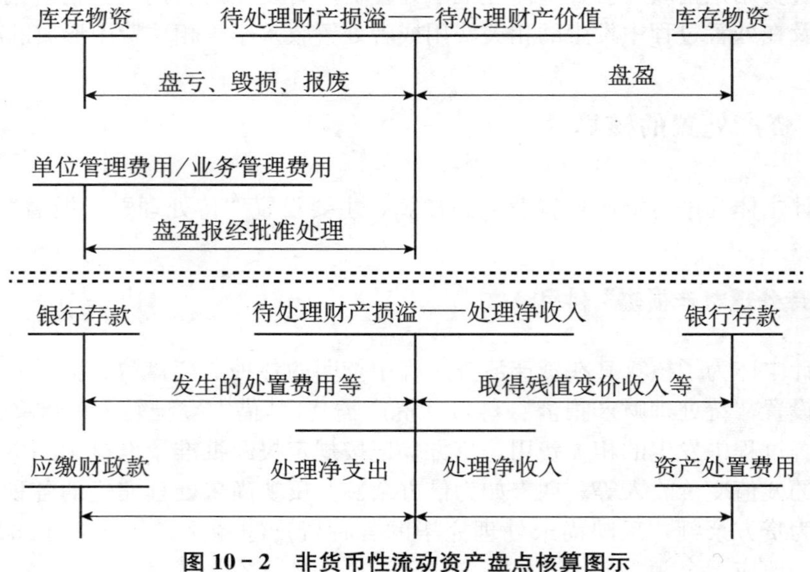

图10-2 非货币性流动资产盘点核算图示

核算举例

某事业单位2020年12月份发生下列有关固定资产盘点业务，请根据有关凭证编制会计分录。

1. 10 日，财产清查过程中盘盈台式电脑 2 台，单价 4 210 元，账面价值 8 420 元。

财务会计

借：固定资产——通用设备——台式电脑　　8 420

　　贷：待处理财产损溢——待处理财产价值　　8 420

预算会计不做账务处理。

2. 10 日，电教中心报告音响设备已不能正常使用，申请报废，音响设备账面原值 10 000 元，累计折旧 8 000 元，报经领导审批同意启动报废程序。

财务会计

借：待处理财产损溢——待处理财产价值　　2 000

　　固定资产累计折旧　　8 000

　　贷：固定资产——专用设备——多媒体设备　　10 000

预算会计不做账务处理。

3. 15 日，经查上述盘盈台式电脑 2 台属以前年度购置，报经领导同意列“以前年度盈余调整”。

财务会计

借：待处理财产损溢——待处理财产价值　　8 420

　　贷：以前年度盈余调整　　8 420

预算会计不做账务处理。

若上述盘盈台式电脑 2 台属当年购置的，按当年购进设备补记入账。

财务会计

借：待处理财产损溢——待处理财产价值　　8 420

　　贷：财政拨款收入——一般公共预算财政拨款　　8 420

预算会计

借：事业支出——财政拨款支出（项目支出）——设备购置　　8 420

　　贷：财政拨款预算收入——项目支出——设备购置　　8 420

4. 15 日，上述已不能正常使用的音响设备经主管部门和财政部门批准同意报废。

财务会计

借：资产处置费用——设备报废费用　　2 000

　　贷：待处理财产损溢——待处理财产价值　　2 000

预算会计不做账务处理。

5. 16 日，通过网银转账支付拆除上述不能正常使用的音响设备人工费 1 000 元。

财务会计

借：待处理财产损溢——处理净收入　　1 000

　　贷：银行存款　　1 000

预算会计不做账务处理。

6. 20 日，通过网银转账收到上述不能正常使用的音响设备变价收入 800 元。

财务会计

借：银行存款　　800

　　贷：待处理财产损溢——处理净收入　　800

预算会计不做账务处理。

7. 20 日，将上述不能正常使用的音响设备清理报废的净支出转列“资产处置费用”。

财务会计

借：资产处置费用——设备报废费用　　200

　　贷：待处理财产损溢——处理净收入　　200

预算会计

借：其他支出——设备报废支出　　200

　　贷：资金结存——货币资金　　200

“固定资产”等盘盈、盘亏等处置核算如图 10-3 所示。

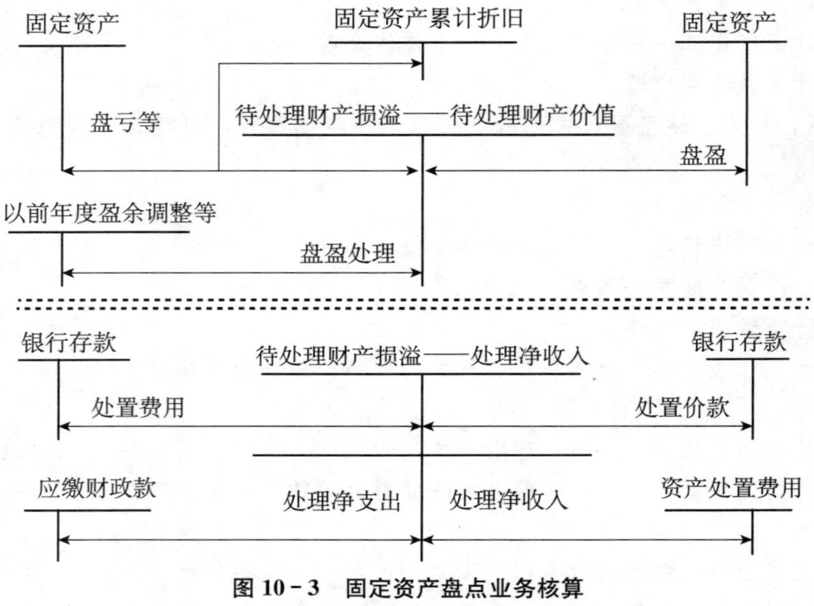

图 10-3　固定资产盘点业务核算

知识归纳

国有资产处置是指政府会计主体对其占有、使用的国有资产进行产权转让或者产权注销的行为。处置方式包括出售、出让、转让、对外捐赠、报废、报损以及货币性资产损失核销等。

国有资产处置应当遵循公开、公正、公平和竞争、择优的原则，严格履行相关审批程序。

国有资产处置收入按照政府非税收入管理的规定，实行“收支两条线”管理，即政府会计主体资产处置收入要及时、足额上缴同级财政专户或者国库。

政府会计主体主要设置“待处理财产损溢”科目和“资产处置费用”科目进行资产处置业务的核算。

问题探究

1. 国有资产处置包括哪些内容?
2. 国有资产处置应遵循哪些原则?
3. 国有资产处置的审批权限是如何规定的?

项目十一

负债中级实务

任务一　应付账款、预收账款、其他应付款的核算

任务目标

◇ 了解应付账款、预收账款、其他应付款的定义。

◇ 熟悉应付账款、预收账款、其他应付款等的确认与计量依据。

◇ 学会应付账款、预收账款、其他应付款等的核算。

一、应付账款的含义与核算

应付账款是指单位因购买物资、接受服务、开展工程建设等而应付的偿还期限在1年以内（含1年）的款项。应付账款的确认与计量有以下几种情况：

（1）收到所购材料、物资、设备或服务以及确认完成工程进度但尚未付款时，根据发票及账单等有关凭证，按照应付未付款项的金额确认。

（2）偿付应付账款时，按照实际支付的金额确认。

（3）开出、承兑商业汇票抵付应付账款时，按实际抵付金额确认。

（4）无法偿付或债权人豁免偿还的应付账款，按照批准核销的金额确认。

单位为了核算其因购买物资等而应付的款项，应设置“应付账款”（负债类）科目。其贷方登记发生的应付未付账款数，借方登记应付账款归还数。期末贷方余额，反映单位

尚未支付的应付账款金额。

“应付账款”科目应当按照债权人设置明细科目，进行明细核算。对于建设项目，还应设置“应付器材款”“应付工程款”等明细科目，并按照具体项目进行明细核算。

核算举例

某事业单位（增值税一般纳税人），2020 年 7 月发生下列有关应付账款业务，请根据有关凭证编制会计分录。

1. 2 日，从新华公司购入不需要安装的印刷设备一台，价款 70 000 元，税款 9 100 元。设备已到货验收，货款尚未支付。

财务会计

借：固定资产——专用设备　70 000

　　应交增值税——应交税金（进项税额）　9 100

　　贷：应付账款——新华公司　79 100

预算会计不进行账务处理。

2. 20 日，收到财政政府采购专户“财政直接支付到账通知书”，支付上述购入印刷设备款 79 100 元。

财务会计

借：应付账款——新华公司　79 100

　　贷：财政拨款收入——一般公共预算支出拨款　79 100

预算会计

借：事业支出——项目支出——专用设备费　79 100

　　贷：财政拨款预算收入——项目支出　79 100

3. 25 日，开出面值为 23 200 元的银行承兑汇票，支付前欠方圆公司材料款 23 200 元。

借：应付账款——方圆公司　23 200

　　贷：应付票据　23 200

二、预收账款的含义与核算

预收账款是指事业单位预先收取但尚未结算的款项。预收账款的确认与计量有以下几种情况：

（1）从付款方预收款项时，按照实际预收的金额确认。

（2）确认有关收入时，按照预收账款账面余额确认。

（3）无法偿付或债权人豁免偿还的预收账款，按照经批准的核销额确认。

事业单位为了核算其预先收取但尚未结算的款项，应设置“预收账款”（负债类）科目。其贷方登记实际预收的款项，借方登记应确认的收入及无法偿付或债权人豁免的预收账款额。期末贷方余额，反映预收但尚未实际结算的款项金额。

“预收账款”科目应当按照债权人设置明细科目，进行明细核算。

核销的预收账款应在备查簿中保留登记。

核算举例

某事业单位（增值税小规模纳税人），2020 年发生下列有关预收账款业务，请根据有关凭证编制会计分录。

1. 7 月 20 日，与立信事务所签订技术服务合同，合同价款 50 000 元，期限三个月。通过网银转账收到立信事务所定金 15 000 元。

财务会计

借：银行存款　　15 000

　　贷：预收账款——立信事务所　　15 000

预算会计

借：资金结存——货币资金　　15 000

　　贷：经营预算收入——技术服务收入　　15 000

2. 10 月 20 日，上述合同到期，立信事务所通过网银转账交来余款 35 000 元。

应交增值税＝含税价款÷（1＋税率）×税率

＝50 000÷（1＋3%）×3%＝1 456（元）

财务会计

借：预收账款——立信事务所　　15 000

　　银行存款　　35 000

　　贷：经营收入——技术服务收入　　48 544

　　　　应交增值税　　1 456

预算会计

借：资金结存——货币资金　　35 000

　　贷：经营预算收入——技术服务收入　　35 000

三、其他应付款的含义与核算

其他应付款是指单位除应交增值税、其他应交税费、应缴财政款、应付职工薪酬、应付票据、应付账款、应付政府补贴款、应付利息、预收账款以外，其他各项偿还期限在 1 年内（含 1 年）的应付及暂收款项，如收取的押金、存入保证金、已经报销但尚未偿还银行的本单位公务卡欠款等。其他应付款也包括同级政府财政部门预拨的下期预算款和没有纳入预算的暂付款项，以及采用实拨资金方式通过本单位转拨给下属单位的财政拨款。其他应付款的确认与计量有以下几种情况：

（1）发生其他应付及暂收款项时，按实际收到的金额确认。

（2）支付（或退回）其他应付及暂收款项时，按实际支付（或退回）的金额确认。

（3）将暂收款项转为收入时，按实际转入的金额确认。

（4）收到同级政府财政部门预拨的下期预算款和没有纳入预算的暂付款项，按照实际收到的金额确认；下一预算期或批准纳入预算时，按实际转入的金额确认。

（5）采用实拨资金方式通过本单位转拨给下属单位的财政拨款，按照实际收到的金额确认；向下属单位转拨财政拨款时，按照转拨的金额确认。

（6）本单位公务卡持卡人报销时，按照审核报销的金额确认；偿还公务卡欠款时，按照欠款金额确认。

（7）购入固定资产扣留期在1年以内（含1年）质量保证金的，按照扣留的质量保证金数额确认；质保期满支付质量保证金时，按照实际支付的金额确认。

（8）无法偿付或债权人豁免偿还的其他应付款项，按照经批准核销的金额确认。

单位为了核算其发生的其他应付及暂收款项业务，应设置“其他应付款”（负债类）科目。其贷方登记发生的其他各项应付及暂收款项数，借方登记结算数。期末贷方余额，反映单位尚未支付的其他应付款金额。

“其他应付款”科目应当按照其他应付款的类别以及债权人等设置明细科目，进行明细核算。

核销的其他应付款应在备查簿中保留登记。

核算举例

某事业单位2020年发生下列有关其他应付款业务，请根据有关凭证编制会计分录。

1. 4月5日，通过网银转账收到某培训机构租用电教设备押金5 000元。

财务会计

借：银行存款　　5 000

　　贷：其他应付款——某培训机构　　5 000

预算会计不进行账务处理。

2. 5月6日，某培训机构归还租用电教设备，但因操作不当使设备受损，扣收押金2 000元，余款通过网银转账退回。

财务会计

借：其他应付款——某培训机构　　5 000

　　贷：其他收入　　2 000

　　　　银行存款　　3 000

预算会计

借：资金结存——货币资金　　2 000

　　贷：其他预算收入　　2 000

3. 5月25日，同级财政部门通过网银转账预拨下月经费56 000元。

财务会计

借：银行存款　　56 000

　　贷：其他应付款——预拨经费　　56 000

预算会计不进行账务处理。

4. 6月2日，收到同级财政部门通知将上述预拨经费转为本月预算经费。

财务会计

借：其他应付款——预拨经费　　56 000

　　贷：财政拨款收入——一般公共预算拨款　　56 000

预算会计

借：资金结存——货币资金　　56 000
　　贷：财政拨款预算收入——基本支出　　56 000

5. 6月25日，按合同约定从新华公司租入录播设备一套，租期两个月，租金3 000元。

财务会计

借：业务活动费用——商品和服务费用　　3 000
　　贷：其他应付款——新华公司　　3 000

预算会计不进行账务处理。

6. 8月25日，通过网银转账支付上述租入录播设备租金3 000元。

财务会计

借：其他应付款——新华公司　　3 000
　　贷：银行存款　　3 000

预算会计

借：事业支出——基本支出——租赁费　　3 000
　　贷：资金结存——货币资金　　3 000

7. 8月28日，应付新民公司款项4 000元因故确认已无法支付，按规定转列收入。

财务会计

借：其他应付款——新民公司　　4 000
　　贷：其他收入——无法偿付的应付及预收款项　　4 000

预算会计不进行账务处理。

知识归纳

应付账款是指单位因购买物资、接受服务、开展工程建设等而应付的偿还期限在1年以内（含1年）的款项。

预收账款是指事业单位预先收取但尚未结算的款项。

其他应付款是指单位除应交增值税、其他应交税费、应缴财政款、应付职工薪酬、应付票据、应付账款、应付政府补贴款、应付利息、预收账款以外，其他各项偿还期限在1年内（含1年）的应付及暂收款项，如收取的押金、存入保证金、已经报销但尚未偿还银行的本单位公务卡欠款等。

政府单位会计主体主要设置“应付账款”“预收账款”“其他应付款”分别进行应付账款、预收账款、其他应付款业务的核算。

问题探究

1. 什么是应付账款？应付账款如何确认与计量？
2. 什么是预收账款？预收账款如何确认与计量？
3. 什么是其他应付款？其他应付款如何确认与计量？

会计职业道德案例（六）

任务二 受托代理业务及其核算

任务目标

◇ 了解受托代理业务的概念。
◇ 熟悉受托代理资产与受托代理负债的确认与计量。
◇ 学会受托代理业务的核算。

一、受托代理业务的含义与类别

受托代理业务是指政府会计主体从委托方收到受托资产，并按照委托人的意愿将资产转赠给指定的其他组织或者个人。

受托代理业务包括两类业务：一类是受托代理、代管的现金和银行存款；另一类是受托代理、代管的物资，具体包括受托指定转赠的物资、受托存储保管的物资及单位管理的罚没物资等。

二、受托代理业务的确认与计量

（一）受托代理、代管的现金和银行存款

（1）收到受托代理、代管的现金和银行存款，按照实际收到的金额确认库存现金、银

行存款和受托代理负债。

（2）支付受托代理、代管的现金和银行存款，按照实际支付的金额冲销库存现金、银行存款和受托代理负债。

（二）受托转赠物资

（1）接受委托人委托需要转赠给受赠人的物资，其成本按照有关凭据注明的金额确定。

（2）将受托转赠物资交付受赠人时，按照转赠物资的成本确定。

（3）转赠物资的委托人取消了转赠要求，且不再收回时，按照转赠物资的成本转为存货、固定资产等。

（三）受托存储保管物资

（1）接受委托人委托存储保管的物资，其成本按照有关凭据注明的金额确定。

（2）根据委托人要求交付或发出受托存储保管的物资时，按照发出物资的成本确定。

（四）单位管理的罚没物资

（1）取得罚没物资时，其成本按照有关凭据注明的金额确定。罚没物资成本无法可靠确定的，应当设置备查簿进行登记。

（2）按照规定处置或移交罚没物资时，按照罚没物资的成本确定。

另外，按照《政府会计准则制度解释第 1 号》的规定，单位对于其集中管理的住宅专项维修资金，属于按规定从本单位售房收入中提取的，应当比照本解释中有关单位售房款的规定进行会计处理；属于本单位职工个人缴存的，应当作为受托代理业务，按照《政府会计制度》的规定进行会计处理。专门从事住宅专项维修资金管理的单位所管理的住宅专项维修资金的会计核算，由财政部另行规定。

三、受托代理业务的核算

政府会计主体为了进行受托代理业务的核算，主要设置“受托代理资产”“受托代理负债”等科目。其中：受托代理、代管的现金和银行存款不通过“受托代理资产”科目核算，受托代理、代管的现金和银行存款分别在“库存现金”“银行存款”科目下设置“受托代理资产”明细科目进行明细核算。

（一）“受托代理资产”科目

单位为了核算其接受委托方委托管理的各项资产，应设置“受托代理资产”（资产类）科目。其借方登记接受委托受托代理资产的成本，贷方登记按委托方要求转出受托代理资产的成本。期末借方余额，反映单位受托代理实物资产的成本。

“受托代理资产”科目应当按照资产的种类和委托人设置明细科目，进行明细核算；属于转赠资产的，还应当按照受赠人设置明细科目，进行明细核算。

单位管理的罚没物资也应当通过“受托代理资产”科目核算。

单位收到的受托代理、代管的现金和银行存款，不通过“受托代理资产”科目核算，通过“库存现金”“银行存款”科目进行核算。

（二）“受托代理负债”科目

单位为了核算其接受委托取得受托管理资产时形成的负债，应设置“受托代理负债”（负债类）科目。其贷方登记接受委托受托代理资产的成本，借方按委托方要求转出受托代理资产的成本。期末贷方余额，反映单位尚未交付或发出受托代理资产形成的受托代理负债金额。

“受托代理负债”科目应当按照资产的种类和委托人设置明细科目，进行明细核算；属于转赠资产的，还应当按照受赠人设置明细科目，进行明细核算。

核算举例

某事业单位2020年发生下列有关受托代理业务，请根据有关凭证编制会计分录。

1. 1月10日，受某会计师事务所委托给定向培养学生发放励志奖学奖，收到某会计师事务所交来现金18 000元。

财务会计

借：库存现金——受托代理资产　　18 000

　　贷：受托代理负债——应享受奖励学生　　18 000

预算会计不进行账务处理。

2. 3月21日，按照上述某会计师事务所的委托，以现金形式给受奖励学生发放励志奖学金18 000元。

财务会计

借：受托代理负债——应享受奖励学生　　18 000

　　贷：库存现金——受托代理资产　　18 000

预算会计不进行账务处理。

3. 3月28日，受某财务公司委托给财会业务赛项获奖学生发放奖金，通过网银转账收到某财务公司转来奖金20 000元。

财务会计

借：银行存款——受托代理资产　　20 000

　　贷：受托代理负债——获奖学生　　20 000

4. 4月28日，按照上述财务公司委托，以网银转账形式给财会业务赛项获奖学生发放奖金20 000元。

财务会计

借：受托代理负债——获奖学生　　20 000

　　贷：银行存款——受托代理资产　　20 000

预算会计不进行账务处理。

5. 5月6日，受德国友好合作学校委托将价值350 000的教学仪器设备转赠给单位对口扶贫学校，设备已交付并验收入库。

财务会计

借：受托代理资产——教学设备　　350 000

贷：受托代理负债——对口扶贫学校 350 000

预算会计不进行账务处理。

6. 5月7日，通过网银转账支付上述受托转赠的教学仪器设备运输费3 000元。

财务会计

借：其他费用——运输费 3 000

贷：银行存款 3 000

预算会计

借：其他支出——运输费 3 000

贷：资金结存——货币资金 3 000

7. 5月15日，将上述受托转赠的教学仪器设备交付对口扶贫学校。

财务会计

借：受托代理负债——对口扶贫学校 350 000

贷：受托代理资产——教学设备 350 000

预算会计不进行账务处理。

知识归纳

受托代理业务一般包括受托指定转赠的物资、受托存储保管的物资及单位管理的罚没物资等。受托代理业务除受托代理的现金和银行存款外均同时通过"受托代理资产"和"受托代理负债"核算，受托代理的现金和银行存款通过"库存现金""银行存款""受托代理负债"核算。

问题探究

1. 什么是受托代理业务？政府会计主体的受托代理业务一般包括哪些内容？
2. "受托代理资产"科目和"受托代理负债"科目核算的内容有什么差异？

项目十二

收支中级实务

任务一　事业（预算）收入

任务目标

◇ 了解事业收入和事业预算收入的定义。
◇ 熟悉事业收入和事业预算收入的管理方式。
◇ 熟悉事业收入和事业预算收入的确认与计量。
◇ 学会事业收入和事业预算收入的核算。

一、事业（预算）收入的定义

事业收入是指事业单位开展专业业务活动及其辅助活动实现的收入。事业收入不包括从同级政府财政部门取得的各类财政拨款。

事业预算收入是指事业单位开展专业业务活动及其辅助活动取得的现金流入。

事业收入和事业预算收入还包括事业单位因开展专业业务活动及其辅助活动取得的非同级财政拨款收入。

二、事业（预算）收入的管理方式

事业（预算）收入是政府非税收入的重要组成部分。事业（预算）收入要按照政府非税收入管理的要求实行“收支两条线”管理。

所谓“收支两条线”管理，是指具有执收执罚职能的单位（以下简称“执收执罚单位”），根据国家法律、法规和规章收取的行政事业性收费（含政府性基金）和罚没收入，实行财政收入与支出两条线管理。即国家机关、单位、社会团体以及政府授权的其他经济组织，将按照国家有关规定依法取得的政府非税收入及其他收入全额缴入国库或者预算外资金财政专户①，支出通过部门综合预算由财政部门统筹安排，并从国库或者预算外资金财政专户中核拨给执收执罚单位使用。其基本要求有：

（1）收费主体是履行或代行政府职能的国家机关、单位和社会团体。罚没主体是指国家行政机关、司法机关和法律、法规授权的机构。

（2）各种收费、罚没项目的设立都必须有法律、法规依据。

（3）收费、罚没收入必须全部上缴财政，作为国家财政收入纳入财政预算管理。

（4）收费实行收缴分离，罚没实行罚缴分离，即实行执收执罚单位开票、银行缴款、财政统管的模式。

（5）执收执罚单位的开支，由财政部门按批准的部门综合预算拨付。

事业单位应当将开展专业业务活动及其辅助活动实现的收入全部纳入单位部门预算，统一核算，统一管理。事业单位对按照规定上缴国库或者财政专户的资金，应当按照国库集中收缴的有关规定及时足额上缴，不得隐瞒、滞留、截留、挪用和坐支。

按照“收支两条线管理”的要求，事业单位进行会计核算时应当将实现的按规定应上缴国库或者财政专户的资金确认为负债；待国库或财政专户核拨单位时再确认为收入，或经核准不上缴国库或者财政专户时再确认为收入。

三、事业（预算）收入的确认与计量

根据目前事业单位收费采取的不同收款方式，事业收入和事业预算收入的确认与计量分以下四种情况。

（一）采用财政专户返还方式的确认与计量

（1）实际收到或确认应收的应上缴财政款项时，按照实际收到或应收的金额确认为应缴财政款。

（2）实际上缴收到的应上缴财政的款项时，按照实际上缴的金额确认应缴财政款的冲销数。

---

① 根据《中华人民共和国预算法实施条例》第52条第1款的规定，财政专户，是指财政部门为履行财政管理职能，根据法律规定或者经国务院批准开设的用于管理核算特定专用资金的银行结算账户。

(3) 收到国库或财政专户返还的款项时，按照实际收到的返还额确认事业收入和事业预算收入。

(二) 采用预收款方式的确认与计量

(1) 实际收到预收款项时，按照实际收到的金额确认事业预算收入。

(2) 按照基于合同完成进度计算出的应收金额，分期确认事业收入。

(三) 采用应收款方式的确认与计量

(1) 根据合同完成进度计算出本期应收的款项时，按照应收的金额确认为事业收入。

(2) 实际收到应收款项时，按照实际收到的金额确认事业预算收入。

(四) 采用其他收款方式的确认与计量

采用其他收款方式时，按照实际收到的金额确认事业收入和事业预算收入。

四、事业（预算）收入的核算

事业单位为了进行事业收入和事业预算收入的核算，应设置“事业收入”“事业预算收入”等科目。

(一)“事业收入”科目

事业单位为了核算其开展专业业务活动及其辅助活动实现的收入，应设置“事业收入”(收入类) 科目。其贷方登记不同收入确认方式下确认的事业收入额，借方登记期末结转额。期末结转后，应无余额。

“事业收入”科目应当按照事业收入的类别、来源等设置明细科目，进行明细核算。

对于因开展科研及其辅助活动从非同级政府财政部门取得的经费拨款，应当在“事业收入”科目下单设“非同级财政拨款”明细科目进行核算。

不同收款方式下事业收入的核算如图 12－1 所示。

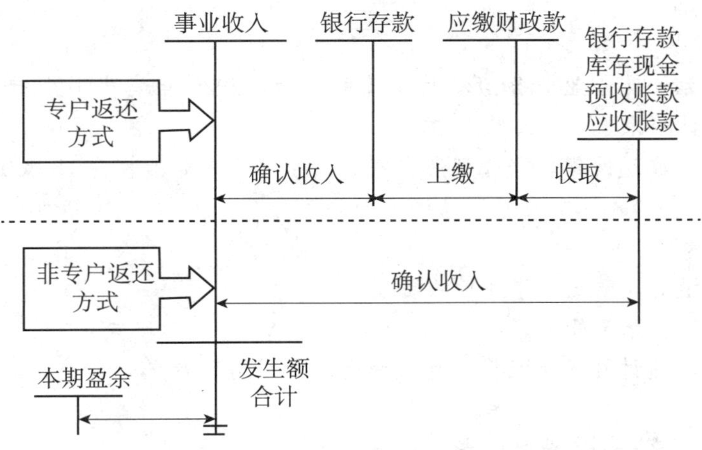

图 12－1 不同收款方式下事业收入的核算

（二）“事业预算收入”科目

事业单位为了核算其开展专业业务活动及其辅助活动取得的现金流入，应设置“事业预算收入”（预算收入类）科目。其贷方登记采用财政专户返还方式下实际收到的财政专户返还金额及实际收到的其他事业预算收入，借方登记年末结转额。年末结转后，应无余额。

年末，将其中的专项资金收入转入非财政拨款结转；将其中的非专项资金收入转入其他结余。

“事业预算收入”科目应当按照事业预算收入类别、项目、来源、《政府收支分类科目》中“支出功能分类科目”项级科目等设置明细科目，进行明细核算。

对于因开展科研及其辅助活动从非同级政府财政部门取得的经费拨款，应当在“事业预算收入”科目下单设“非同级财政拨款”明细科目进行明细核算；事业预算收入中如有专项资金收入，还应按照具体项目设置明细科目，进行明细核算。

“事业预算收入”等六个非财政拨款预算收入明细科目设置如图 12-2 所示。

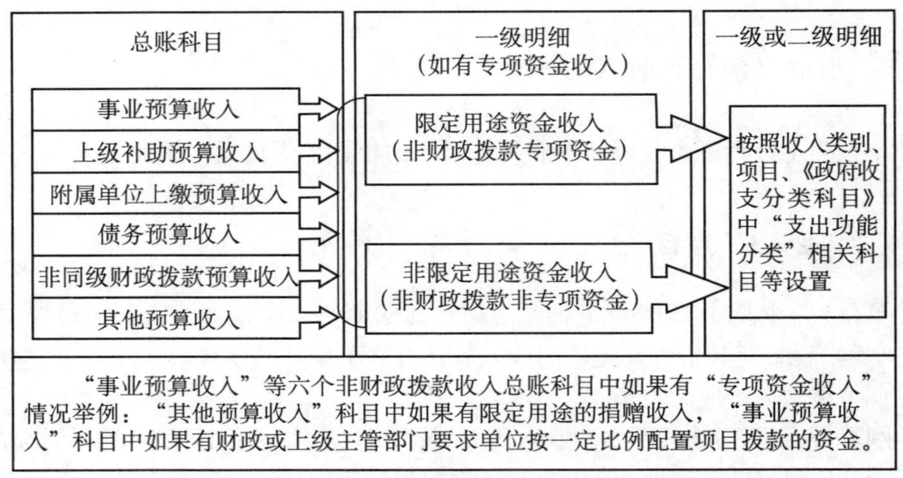

图 12-2 “事业预算收入”等六个非财政拨款预算收入明细科目设置

核算举例

某事业单位为开展专业业务活动及其辅助活动，2020 年发生下列有关业务，请根据有关凭证编制会计分录。

1. 1 月 4 日，通过网银转账收到应上缴财政专户的事业性收费 18 000 元。

财务会计

借：银行存款　　18 000

　　贷：应缴财政款——事业性收费　　18 000

预算会计不进行账务处理。

2. 1 月 6 日，通过网银转账将上述收费上缴同级财政专户。

财务会计

借：应缴财政款——事业性收费　　18 000

贷：银行存款 18 000

预算会计不进行账务处理。

3. 2月20日，通过网银转账收到财政专户返还款15 000元。

财务会计

借：银行存款 15 000

贷：事业收入——专户返还款 15 000

预算会计

借：资金结存——货币资金 15 000

贷：事业预算收入——专户返还款 15 000

4. 3月21日，通过银行转账收到某友好合作单位预交的横向课题研究费100 000元。

财务会计

借：银行存款 100 000

贷：预收账款——横向课题合作单位 100 000

预算会计

借：资金结存——货币资金 100 000

贷：事业预算收入——课题研究收入 100 000

5. 7月23日，根据上述横向课题研究合同约定，将上述预交的横向课题研究费的60%转列单位收入。

财务会计

借：预收账款——横向课题合作单位 60 000

贷：事业收入——课题研究收入 60 000

预算会计不进行账务处理。

6. 7月25日，根据项目协同研发合同约定，应收某项目研发合作单位研发费50 000元。

借：应收账款——项目研发合作单位 50 000

贷：事业收入——项目研发收入 50 000

预算会计不进行账务处理。

7. 8月27日，收到上述某项目研发合作单位通过网银转账交来上述研发费50 000元。

财务会计

借：银行存款 50 000

贷：应收账款——项目研发合作单位 50 000

预算会计

借：资金结存——货币资金 50 000

贷：事业预算收入——项目研发收入 50 000

8. 28日，通过网银转账收到服务对象服务费2 000元（不需要上缴）。

财务会计

借：银行存款 2 000

贷：事业收入——服务费 2 000

预算会计

借：资金结存——货币资金　　2 000

　　贷：事业预算收入——服务费　　2 000

知识归纳

事业收入是指事业单位开展专业业务活动及其辅助活动实现的收入。事业预算收入是指事业单位开展专业业务活动及其辅助活动取得的现金流入。

事业（预算）收入是政府非税收入的重要组成部分。事业（预算）收入要按照政府非税收入管理的要求实行“收支两条线”管理。

事业收入和事业预算收入分别按照是否实行“收支两条线”管理方式确认与计量，实行收支两条线管理的在收到专户返还款时确认，其他形式的在确认收款权利或实际收到时确认。

事业（预算）收入的核算主要通过“事业收入”和“事业预算收入”科目核算。

问题探究

1. 什么是事业收入？什么是事业预算收入？
2. 什么是非税收入？什么是“收支两条线”管理？
3. 事业收入和事业预算收入的确认与计量有什么异同？

任务二　非同级财政拨款（预算）收入

任务目标

◇ 了解非同级财政拨款收入和非同级财政拨款预算收入的含义。

◇ 熟悉非同级财政拨款收入和非同级财政拨款预算收入的确认与计量。

◇ 学会非同级财政拨款收入和非同级财政拨款预算收入的核算。

一、非同级财政拨款（预算）收入的含义

（一）非同级财政拨款收入

非同级财政拨款收入是指单位从非同级政府财政部门取得的经费拨款，包括从同级政府其他部门取得的横向转拨财政款、从上级或下级政府财政部门取得的经费拨款等。单位取得的非同级财政拨款收入包括两大类：

（1）从同级财政以外的同级政府部门取得的横向转拨财政款，简称“本级横向转拨财政款”。所谓横向是指与单位预算编报关系一致，且一般不属于单位的上级主管部门的部门。如某市教育局由市政府管理，某市卫健局对某市教育局而言就是横向单位。

（2）从上级或下级政府（包括政府财政和政府部门）取得的各类财政款，简称“非本级纵向转拨财政款”。非同级政府部门既包括非同级的政府财政部门（上级财政和下级财政），也包括非同级的政府各部门（上级和下级）。如某市教育局由市政府管理，省教育厅就是非本级单位。非本级纵向转拨财政款一般纳入单位专项资金管理。

（二）非同级财政拨款预算收入

非同级财政拨款预算收入是指单位从非同级政府财政部门取得的财政拨款，包括本级横向转拨财政款和非本级财政拨款。单位取得的非同级财政拨款预算收入种类与非同级财政拨款收入相同。

非同级财政拨款收入和非同级财政拨款预算收入不包括事业单位因开展专业业务活动及其辅助活动取得的非同级财政拨款收入。事业单位因开展专业业务活动及其辅助活动取得的非同级财政拨款收入属事业收入（非同级财政拨款）。

二、非同级财政拨款（预算）收入的确认与计量

非同级财政拨款收入和非同级财政拨款预算收入的核算主体既包括行政单位，也包括事业单位；拨款主体既包括同级财政以外的同级政府各部门，也包括上级或下级政府财政部门和政府部门；无论是本级横向拨款还是上下级纵向拨款，均属财政拨款。

非同级财政拨款收入按照权责发生制原则在满足收入确认条件时按照应收的金额或实际收到的金额予以确认，非同级财政拨款预算收入按照收付实现制原则对实际收到的金额予以确认。

另外，按照《政府会计准则制度解释第 2 号》的规定，享受公费医疗待遇的单位从所在地公费医疗管理机构取得的公费医疗经费，应当在实际取得时计入非同级财政拨款收入（非同级财政拨款预算收入），在实际支用时计入相关费用（支出）。

三、非同级财政拨款（预算）收入的核算

政府会计主体为了进行非同级财政拨款收入和非同级财政拨款预算收入的核算，设置“非同级财政拨款收入”“非同级财政拨款预算收入”科目。

（一）“非同级财政拨款收入”科目

单位为了核算其从非同级政府财政和政府部门取得的经费拨款，应设置“非同级财政拨款收入”（收入类）科目。其贷方登记应收或实际收到的非同级财政拨款收入金额，借方登记期末结转额。期末结转后，应无余额。

事业单位对于因开展专业业务活动及其辅助活动从非同级政府财政部门取得的经费拨款，应当通过“事业收入——非同级财政拨款”科目核算，不通过“非同级财政拨款收入”科目核算。

“非同级财政拨款收入”科目应当按照本级横向转拨财政款和非本级财政拨款进行明细核算，并按照收入来源进行明细核算。

（二）“非同级财政拨款预算收入”科目

单位为了核算其从非同级政府财政和政府部门取得的财政拨款，应设置“非同级财政拨款预算收入”（预算收入类）科目。其贷方登记实际收到的非同级财政拨款预算收入，借方登记年末结转额。年末，将其中的专项资金收入转入非财政拨款结转；将其中的非专项资金收入转入其他结余。年末结转后，应无余额。

事业单位对于因开展专业业务活动及其辅助活动从非同级政府财政部门取得的经费拨款，应当通过“事业预算收入——非同级财政拨款”科目进行核算，不通过“非同级财政拨款预算收入”科目核算。

“非同级财政拨款预算收入”科目应当按照非同级财政拨款预算收入的类别、来源、《政府收支分类科目》中“支出功能分类科目”的项级科目等设置明细科目，进行明细核算。非同级财政拨款预算收入中如有专项资金收入，还应按照具体项目设置明细科目，进行明细核算。

核算举例

某市属中学 2020 年发生下列有关非同级财政拨款业务，请根据有关凭证编制会计分录。

1. 1 月 20 日，通过网银转账收到市民政局转来特定人员抚恤资金 38 000 元。

财务会计

	借方	贷方
借：银行存款	38 000	
贷：非同级财政拨款收入——横向转拨抚恤金		38 000

预算会计

	借方	贷方
借：资金结存——货币资金	38 000	
贷：非同级财政拨款预算收入——横向转拨抚恤金		38 000

2. 1月28日，通过网银转账收到市人社局转来纳入单位业务管理的公益岗位津贴85 000元。

财务会计

借：银行存款　85 000

　贷：事业收入——非同级财政拨款收入　85 000

预算会计

借：资金结存——货币资金　85 000

　贷：事业预算收入——非同级财政拨款预算收入　85 000

3. 2月5日，收到市委宣传部普法教育师资培养财政专项资金转拨通知，应拨付单位专项经费54 000元。

财务会计

借：其他应收款——市委宣传部　54 000

　贷：非同级财政拨款收入——师资培养专项拨款　54 000

预算会计不进行账务处理。

4. 2月25日，通过网银转账收到市委宣传部转拨上述师资培养专项资金54 000元。

财务会计

借：银行存款　54 000

　贷：其他应收款——市委宣传部　54 000

预算会计

借：资金结存——货币资金　54 000

　贷：非同级财政拨款预算收入——师资培养专项预算拨款　54 000

5. 3月10日，通过网银转账收到市教育局转拨退休人员财政专项补助83 000元。

财务会计

借：银行存款　83 000

　贷：非同级财政拨款收入——退休补助拨款　83 000

预算会计

借：资金结存——货币资金　83 000

　贷：非同级财政拨款预算收入——退休补助预算拨款　83 000

6. 3月15日，通过网银转账支付上述退休人员财政专项补助83 000元。

财务会计

借：业务活动费用——对个人和家庭的补助费用　83 000

　贷：银行存款　83 000

预算会计

借：事业支出——基本支出——退休费　83 000

　贷：资金结存——货币资金　83 000

7. 4月5日，通过网银转账收到省财政厅拨付创文活动专项经费250 000元。

财务会计

借：银行存款　250 000

　贷：非同级财政拨款收入——省财政拨款创文拨款　250 000

预算会计

借：资金结存——货币资金　　250 000

　　贷：非同级财政拨款预算收入——省财政拨款创文预算拨款　　250 000

知识归纳

非同级财政拨款收入是指单位从非同级政府财政部门取得的经费拨款，包括从同级政府其他部门取得的横向转拨财政款、从上级或下级政府财政部门取得的经费拨款等；非同级财政拨款预算收入是指单位从非同级政府财政部门取得的财政拨款，包括本级横向转拨财政款和非本级财政拨款。

非同级财政拨款收入按照权责发生制原则在满足收入确认条件时按照应收的金额或实际收到的金额予以确认，非同级财政拨款预算收入按照收付实现制原则对实际收到的金额予以确认。

政府会计主体主要设置“非同级财政拨款收入”“非同级财政拨款预算收入”科目进行非同级财政拨款业务的核算。

问题探究

1. 什么是非同级财政拨款收入？什么是非同级财政拨款预算收入？
2. 非同级财政拨款收入具体包括哪几类？
3. 非同级财政拨款收入和非同级财政拨款预算收入的确认与计量有什么异同？

会计法律法规摘选（七）

项目十三

预算结余中级实务

任务一　非财政拨款结转结余

任务目标

◇ 了解非财政拨款结转结余的定义。

◇ 熟悉非财政拨款结转结余的计算公式。

◇ 学会非财政拨款结转结余的核算。

一、非财政拨款结转结余的定义

按照非财政拨款资金收支是否限定用途，非财政拨款结转结余分为非财政拨款结转和非财政拨款结余。

（一）非财政拨款结转

非财政拨款结转是指单位历年除财政拨款收支和经营收支以外各类非同级财政拨款专项资金与其相应支出相抵后形成的结转资金。本年非财政拨款收支结转计算公式如下：

本年非财政拨款收支结转＝事业预算收入（专项）＋上级补助预算收入（专项）
＋附属单位上缴预算收入（专项）
＋非同级财政拨款预算收入（专项）

+债务预算收入(专项)+其他预算收入(专项)
-行政支出(非财专项)-事业支出(非财专项)
-其他支出(非财专项)

历年滚存非财政拨款结转计算公式如下：

历年滚存非财政拨款结转=本年非财政拨款收支结转±年初余额调整
-项目间接费用或管理费-缴回资金-年末结转转出

(二) 非财政拨款结余

非财政拨款结余是指单位历年滚存的非限定用途的非同级财政拨款结余资金，主要为非财政拨款结余扣除结余分配后滚存的金额。由于行政单位年终不进行非财政拨款结余分配，也不发生所得税纳税义务。所以，行政单位和事业单位历年滚存非财政拨款结余的构成不同。行政单位历年滚存非财政拨款结余计算公式如下：

历年滚存非财政拨款结余=年末结转转入±年初余额调整
+项目间接费用或管理费±其他结余

事业单位历年滚存非财政拨款结余计算公式如下：

历年滚存非财政拨款结余=年末结转转入±年初余额调整+项目间接费用或管理费
-缴纳所得税±非财政拨款结余分配

二、非财政拨款结转结余的确认与计量

(一) 非财政拨款结转的确认与计量

(1) 按照规定从科研项目预算收入中提取项目管理费或间接费时，按照提取金额确认。

(2) 因会计差错更正收到或支出非同级财政拨款货币资金，属于非财政拨款结转资金的，按照收到或支出的金额确认。

因收回以前年度支出等收到非同级财政拨款货币资金，属于非财政拨款结转资金的，按照收到的金额确认。

(3) 按照规定缴回非财政拨款结转资金的，按照实际缴回资金数额确认。

(4) 年末，将事业预算收入、上级补助预算收入、附属单位上缴预算收入、非同级财政拨款预算收入、债务预算收入、其他预算收入本年发生额中的专项资金收入转入时，按转入数确认。

年末，将行政支出、事业支出、其他支出本年发生额中的非财政拨款专项资金支出转入时，按转入数确认。

(5) 年末，将留归本单位使用的非财政拨款专项（项目已完成）剩余资金转入非财政拨款结余时，按转入金额确认。

(二) 非财政拨款结余的确认与计量

(1) 按照规定从科研项目预算收入中提取项目管理费或间接费时，按照提取金额确认。

(2) 有企业所得税缴纳义务的事业单位实际缴纳企业所得税时，按照缴纳金额确认。

(3) 因会计差错更正收到或支出非同级财政拨款货币资金，属于非财政拨款结余资金

的，按照收到或支出的金额确认。

因收回以前年度支出等收到非同级财政拨款货币资金，属于非财政拨款结余资金的，按照收到的金额确认。

（4）年末，将留归本单位使用的非财政拨款专项（项目已完成）剩余资金转入时，按转入金额确认。

（5）年末，事业单位将非财政拨款结余分配余额转入非财政拨款结余时，按转入金额确认。

年末，行政单位将其他结余余额转入非财政拨款结余时，按转入金额确认。

三、非财政拨款结转结余的核算

政府会计主体为了进行非财政拨款结转结余的核算，设置“非财政拨款结转”“非财政拨款结余”科目。

（一）“非财政拨款结转”科目

单位为了核算其除财政拨款收支、经营收支以外各非同级财政拨款专项资金的调整、结转和滚存情况，应设置“非财政拨款结转”（预算结余类）科目。其借贷方登记的内容根据不同明细科目的核算内容分别确定。年末贷方余额，反映单位滚存的非同级财政拨款专项结转资金数额。

“非财政拨款结转”科目应当设置“年初余额调整”“缴回资金”“项目间接费用或管理费”“本年收支结转”“累计结转”等明细科目，各明细科目核算内容及其年末结账后的余额状况如下：

（1）“年初余额调整”核算因发生会计差错更正、以前年度支出收回等原因，需要调整非财政拨款结转的资金。年末结账后应无余额。

（2）“缴回资金”核算按照规定缴回非财政拨款结转资金时，实际缴回的资金数额。年末结账后应无余额。

（3）“项目间接费用或管理费”核算单位取得的科研项目预算收入中，按照规定计提项目间接费用或管理费的数额。年末结账后应无余额。

（4）“本年收支结转”核算单位本年度非同级财政拨款专项收支相抵后的余额。年末结账后应无余额。

（5）“累计结转”核算单位滚存的非同级财政拨款专项结转资金。年末贷方余额，反映单位非同级财政拨款滚存的专项结转资金数额。

“非财政拨款结转”科目还应当按照具体项目、《政府收支分类科目》中“支出功能分类科目”的相关科目等设置明细科目，进行明细核算。

“非财政拨款结转——累计结转”的核算如图 13－1 所示。

（二）“非财政拨款结余”的科目

单位为了核算其历年滚存的非限定用途的非同级财政拨款结余资金，应设置“非财政拨款结余”（预算结余类）科目。其借贷方登记的内容根据不同明细科目的核算内容分别确定。年末贷方余额，反映单位非同级财政拨款结余资金的累计滚存数额。

“非财政拨款结余”科目应当设置“年初余额调整”“项目间接费用或管理费”“结转

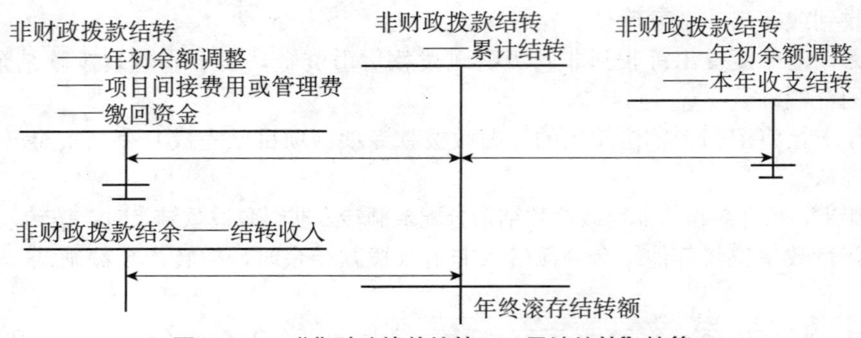

图 13-1 "非财政拨款结转——累计结转"核算

转入""累计结余"等明细科目。

(1)"年初余额调整"核算因发生会计差错更正、以前年度支出收回等原因，需要调整的非财政拨款结余的资金。年末结账后应无余额。

(2)"项目间接费用或管理费"核算单位取得的科研项目预算收入中，按照规定计提的项目间接费用或管理费数额。年末结账后应无余额。

(3)"结转转入"核算按照规定留归单位使用，由单位统筹调配，纳入单位非财政拨款结余的非同级财政拨款专项剩余资金。年末结账后应无余额。

(4)"累计结余"核算单位历年滚存的非同级财政拨款、非专项结余资金。年末贷方余额，反映单位非同级财政拨款滚存的非专项结余资金数额。

"非财政拨款结余"科目还应当按照《政府收支分类科目》中"支出功能分类科目"的相关科目设置明细科目，进行明细核算。

"非财政拨款结余——累计结余"的核算如图 13-2 所示。

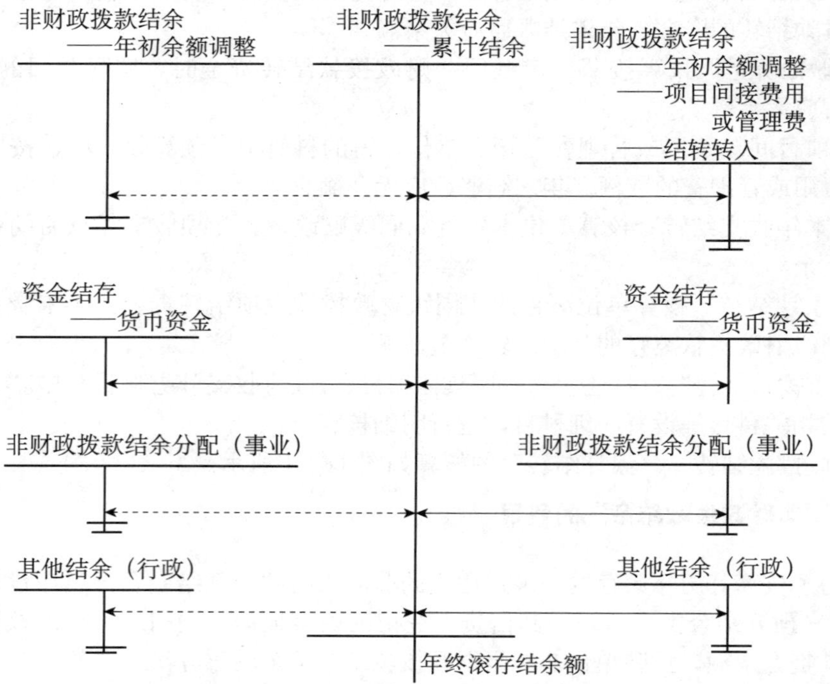

图 13-2 "非财政拨款结余——累计结余"核算

核算举例 1

某事业单位2020年12月份发生下列有关非财政拨款结转结余业务，请根据有关凭证编制会计分录。

1. 4日，按照单位专项资金管理办法规定从某科研项目经费收入中计算提取项目管理费26 000元。

财务会计

借：单位管理费用——商品和服务支出　　26 000

　　贷：预提费用——计提项目间接费用或管理费　　26 000

预算会计

借：非财政拨款结转——项目间接费用或管理费　　26 000

　　贷：非财政拨款结余——项目间接费用或管理费　　26 000

2. 5日，通过网银转账收到某教材经销商退回上年度专项业务培训教材退货款14 000元（应列非财政拨款结转）。

财务会计

借：银行存款　　14 000

　　贷：以前年度盈余调整　　14 000

预算会计

借：资金结存——货币资金　　14 000

　　贷：非财政拨款结转——年初余额调整　　14 000

3. 5日，通过网银转账收到某教材经销商退回上年度专项业务培训教材退货款14 000元（应列非财政拨款结余）。

财务会计

借：银行存款　　14 000

　　贷：以前年度盈余调整　　14 000

预算会计

借：资金结存——货币资金　　14 000

　　贷：非财政拨款结余——年初余额调整　　14 000

4. 15日，通过网银转账上交主管部门要求缴回的某项目非财政拨款结转资金12 000元。

财务会计

借：累计盈余　　12 000

　　贷：银行存款　　12 000

预算会计

借：非财政拨款结转——缴回资金　　12 000

　　贷：资金结存——货币资金　　12 000

5. 31日，事业预算收入（限定用途资金收入）全年累计发生额为270 000元，其他预算收入（限定用途资金收入）全年累计发生额为13 000元，按规定办理年终结转。

财务会计不进行账务处理。

预算会计

借：事业预算收入——限定用途资金收入　270 000

　　其他预算收入——限定用途资金收入　13 000

　　贷：非财政拨款结转——本年收支结转　283 000

6. 31 日，事业支出（非财政限定用途资金支出）全年累计发生额为 227 800 元，其他支出（非财政限定用途资金支出）全年累计发生额为 12 400 元，按规定办理年终结转。

财务会计不进行账务处理。

预算会计

借：非财政拨款结转——本年收支结转　240 200

　　贷：事业支出——非财政限定用途资金支出　227 800

　　　　其他支出——非财政限定用途资金支出　12 400

7. 31 日，将根据上述业务中非财政拨款结转明细账户发生额结转到累计结转。

财务会计不进行账务处理。

预算会计

借：非财政拨款结转——年初余额调整　14 000

　　　　　　　　　——本年收支结转　283 000

　　贷：非财政拨款结转——累计结转　297 000

借：非财政拨款结转——累计结转　278 200

　　贷：非财政拨款结转——本年收支结转　240 200

　　　　　　　　　　　——缴回资金　12 000

　　　　　　　　　　　——项目间接费用或管理费　26 000

8. 31 日，经批准将上述累计结转资金的 50%转入非财政拨款结余。

财务会计不进行账务处理。

预算会计

借：非财政拨款结转——累计结转　9 400

　　贷：非财政拨款结余——结转转入　9 400

9. 31 日，将根据上述业务中非财政拨款结余明细账户发生额结转到累计结余。

财务会计不进行账务处理。

预算会计

借：非财政拨款结余——年初余额调整　14 000

　　　　　　　　　——项目间接费用或管理费　26 000

　　　　　　　　　——结转转入　9 400

　　贷：非财政拨款结余——累计结余　49 400

10. 31 日，通过网银转账缴纳当年应交所得税 3 400 元。

财务会计

借：其他应交税费——应交所得税　3 400

　　贷：银行存款　3 400

预算会计

借：非财政拨款结余——累计结余　3 400

　　贷：资金结存——货币资金　3 400

11. 31日，将年终非财政拨款结余分配后的未分配非财政拨款结余5 600元转入累计结余。

财务会计不进行账务处理。

预算会计

借：非财政拨款结余分配 5 600

　　贷：非财政拨款结余——累计结余 5 600

知识归纳

非财政拨款结转是指单位历年除财政拨款收支和经营收支以外各类非同级财政拨款专项资金与其相应支出相抵后形成的结转资金；非财政拨款结余是指单位历年滚存的非限定用途的非同级财政拨款结余资金，主要为非财政拨款结余扣除结余分配后滚存的金额。

非财政拨款结转结余的核算主要通过“非财政拨款结转”和“非财政拨款结余”两个总账科目进行，两个总账科目分别根据影响非财政拨款结转结余增减的因素设置。

问题探究

1. 什么是非财政拨款结转？影响非财政拨款结转的因素有哪些？
2. 什么是非财政拨款结余？影响非财政拨款结余的因素有哪些？
3. 行政单位和事业单位的非财政拨款结余有什么区别？

任务二 专用结余、其他结余及其分配的核算

任务目标

◇ 了解专用结余、其他结余的含义。

◇ 熟悉专用结余的计提和其他结余的计算方法、非财政拨款结余分配的程序。

◇ 学会专用结余、其他结余、非财政拨款结余分配的核算。

一、专用结余的含义与核算

专用结余是指事业单位按照规定从非财政拨款结余中提取的具有专门用途的资金。年

末，事业单位按照财务制度的规定从当年非财政拨款结余或经营结余中提取专用基金时，按照提取金额确认；平时，使用从非财政拨款结余或经营结余中提取的专用基金时，按照使用金额确认。

事业单位为了核算其按照规定从非财政拨款结余中提取的具有专门用途的资金的变动和滚存情况，应设置“专用结余”（预算结余类）科目。其贷方登记提取的专用基金金额，借方登记使用的专用基金金额。年末贷方余额，反映事业单位从非同级财政拨款结余中提取的专用基金的累计滚存数额。

“专用结余”科目应当按照专用结余的类别设置明细科目，进行明细核算。

核算举例

某事业单位2020年12月发生下列有关专用结余业务，请根据有关凭证编制会计分录。

1. 3日，使用历年从非财政拨款结余中提取的修购基金为工会购入台式电脑一台，通过网银转账支付价款6 500元，电脑已调式交付使用。

财务会计

借：固定资产——通用设备　　6 500

　　贷：银行存款　　6 500

同时，

借：专用基金——修购基金　　6 500

　　贷：累计盈余　　6 500

预算会计

借：专用结余　　6 500

　　贷：资金结存——货币资金　　6 500

2. 5日，使用历年从非财政拨款结余中提取的职工福利基金为职工购入消暑降温品，通过网银转账支付价款2 600元

财务会计

借：专用基金——职工福利基金　　2 600

　　贷：银行存款　　2 600

预算会计

借：专用结余　　2 600

　　贷：资金结存——货币资金　　2 600

3. 31日，按财务制度规定计算出当年应从非财政拨款结余中提取职工福利基金44 000元。

财务会计

借：本年盈余分配　　44 000

　　贷：专用基金——职工福利基金　　44 000

预算会计

借：非财政拨款结余分配　　44 000

　　贷：专用结余　　44 000

二、其他结余的含义与核算

其他结余是指单位本年度除财政拨款收支、非同级财政专项资金收支和经营收支以外各项收支相抵后的余额。当年实现的其他结余计算公式如下：

当年实现的其他结余＝事业预算收入（非专项资金收入）
＋上级补助预算收入（非专项资金收入）
＋附属单位上缴预算收入（非专项资金收入）
＋非同级财政拨款预算收入（非专项资金收入）
＋债务预算收入（非专项资金收入）
＋其他预算收入（非专项资金收入）
－行政支出（非财政非专项资金支出）
－事业支出（非财政非专项资金支出）
－其他支出（非财政非专项资金支出）
－上缴上级支出－对附属单位补助支出
－投资支出－债务还本支出±投资预算收益

单位为了核算其本年度除财政拨款收支、非同级财政专项资金收支和经营收支以外各项收支相抵后的余额，应设置“其他结余”（预算结余类）科目。其贷方登记年末本年度除财政拨款收支、非同级财政专项资金收支和经营收支以外各项收入发生额的结转额及本年发生亏损的结转额，借方登记年末本年度除财政拨款收支、非同级财政专项资金收支和经营收支以外各项支出发生额的结转额及本年实现结余的结转额。年末结账后，应无余额。

“其他结余”的核算如图 13－3 所示。

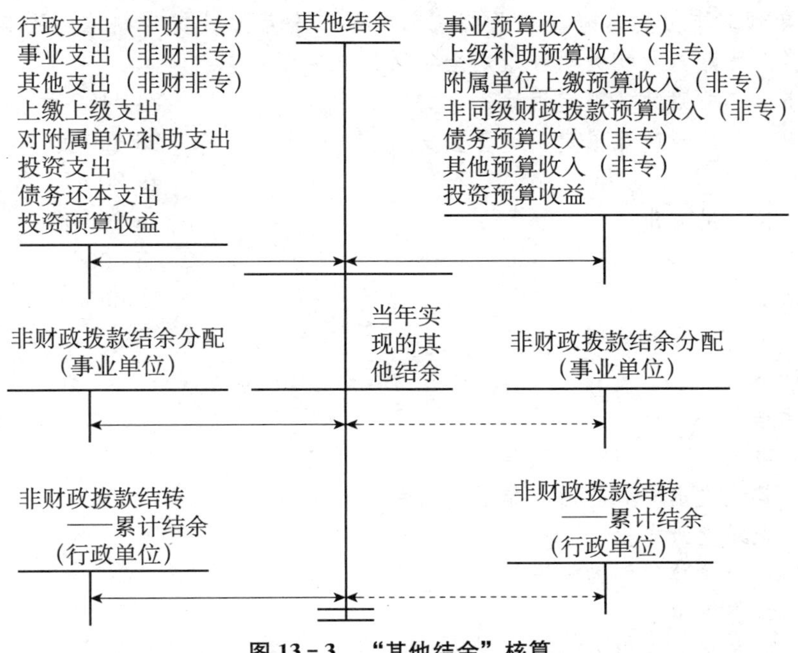

图 13－3 “其他结余”核算

核算举例

某事业单位2020年12月31日发生下列有关其他结余业务，请根据有关凭证编制会计分录。

1. 将当年预算收入类总账账户及相关明细账户全年累计发生额结转到其他结余。当年预算收入类总账账户及相关明细账户全年累计发生额如下：

事业预算收入——非限定用途资金收入　250 700元
上级补助预算收入——非限定用途资金收入　32 600元
附属单位上缴预算收入——非限定用途资金收入　14 300元
非同级财政拨款预算收入——非限定用途资金收入　152 000元
债务预算收入——非限定用途资金收入　19 000元
其他预算收入——非限定用途资金收入　24 000元
投资预算收益　15 000元

财务会计不进行账务处理。

预算会计

借：事业预算收入——非限定用途资金收入　250 700
　　上级补助预算收入——非限定用途资金收入　32 600
　　附属单位上缴预算收入——非限定用途资金收入　14 300
　　非同级财政拨款预算收入——非限定用途资金收入　152 000
　　债务预算收入——非限定用途资金收入　19 000
　　其他预算收入——非限定用途资金收入　24 000
　　投资预算收益　15 000
　　贷：其他结余　507 600

2. 将当年预算支出类总账账户及相关明细账户全年累计发生额结转到其他结余。当年预算支出类总账账户及相关明细账户全年累计发生额如下：

事业支出——非财政非限定用途资金支出　244 100元
其他支出——非财政非限定用途资金支出　28 300元
上缴上级支出　49 200元
对附属单位补助支出　36 200元
投资支出　45 800元
债务还本支出　13 000元

财务会计不进行账务处理。

预算会计

借：其他结余　416 600
　　贷：事业支出——非财政非限定用途资金支出　244 100
　　　　其他支出——非财政非限定用途资金支出　28 300
　　　　上缴上级支出　49 200
　　　　对附属单位补助支出　36 200
　　　　投资支出　45 800
　　　　债务还本支出　13 000

3. 将当年累计实现的其他结余 91 000 元结转到非财政拨款结余分配。

财务会计不进行账务处理。

预算会计

借：其他结余　　91 000

　　贷：非财政拨款结余分配　　91 000

三、非财政拨款结余分配的程序与核算

年末，事业单位应当按规定对当年实现的非财政拨款结余进行分配。非财政拨款结余分配的程序如下：

(1) 年末，将当年实现的其他结余（或超支）转入非财政拨款结余分配，将当年实现的经营结余转入非财政拨款结余分配（当年发生的经营亏损不结转，留待下年弥补）。

(2) 年末，按照现行财务制度相关规定计算应从当年非财政拨款结余中提取的专用基金。

(3) 年末，将提取专用基金后的非财政拨款结余分配的余额转入非财政拨款结余的累计结余。

事业单位为了核算其本年度非财政拨款结余分配的情况和结果，应设置“非财政拨款结余分配”（预算结余类）科目。其贷方登记年末结转的可供分配的其他结余和经营结余及结转到非财政拨款结余的累计结余额，借方登记年末结转的应弥补的其他结余超支额、提取的专用基金额及结转到非财政拨款结余的累计结余额。年末结账后，应无余额。

“非财政拨款结余分配”的核算如图 13 - 4 所示。

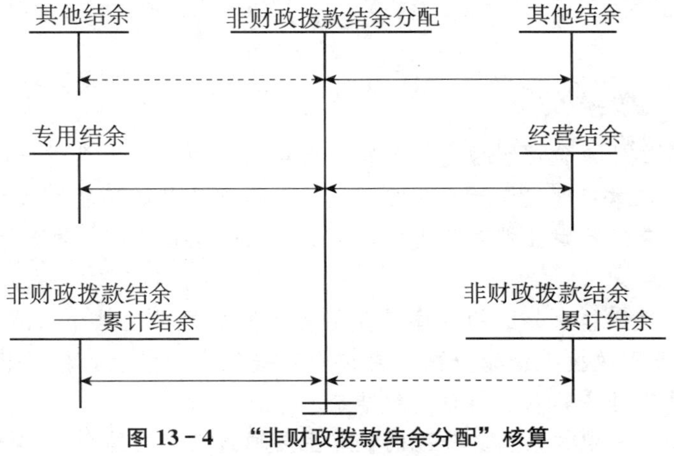

图 13 - 4 “非财政拨款结余分配”核算

核算举例

某事业单位 2020 年 12 月 31 日发生下列有关非财政拨款结余分配业务，请根据有关凭证编制会计分录。

1. 将当年累计实现的其他结余 91 000 元结转到非财政拨款结余分配。

财务会计不进行账务处理。

预算会计

借：其他结余 91 000

　　贷：非财政拨款结余分配 91 000

2. 将当年实现的经营结余 19 000 元结转到非财政拨款结余分配。

财务会计不进行账务处理。

预算会计

借：经营结余 19 000

　　贷：非财政拨款结余分配 19 000

3. 按当年累计实现的其他结余和经营结余的 40%计提职工福利基金 44 000 元。

财务会计

借：本年盈余分配 44 000

　　贷：专用基金——职工福利基金 44 000

预算会计

借：非财政拨款结余分配 44 000

　　贷：专用结余 44 000

4. 将计提职工福利基金后非财政拨款结余分配的余额 66 000 元结转到非财政拨款结余的累计结余。

财务会计不进行账务处理。

预算会计

借：非财政拨款结余分配 66 000

　　贷：非财政拨款结余——累计结余 66 000

知识归纳

专用结余是指事业单位按照规定从非财政拨款结余中提取的具有专门用途的资金；经营结余是指事业单位本年度经营活动收支相抵后余额弥补以前年度经营亏损后的余额；其他结余是指单位本年度除财政拨款收支、非同级财政专项资金收支和经营收支以外各项收支相抵后的余额。

年末，非财政拨款结余分配的程序是先将当年实现的其他结余（或超支）、经营结余（亏损不转）转入非财政拨款结余分配，再按规定提取专用基金，然后将提取专用基金后的未分配非财政拨款结余转入非财政拨款结余。

单位专用结余、其他结余及其分配的核算主要通过“专用结余”“其他结余”“非财政拨款结余分配”科目核算。

问题探究

1. 什么是专用结余？专用结余的形成途径有哪些？
2. 什么是其他结余？行政单位和事业单位年末其他结余的结转有什么不同？

3. 非财政拨款结余分配的程序是什么？

会计名人轶事摘选（七）

项目十四

会计报表中级实务

任务一　资产负债表

任务目标

◇ 了解资产负债表的定义及格式。
◇ 熟悉资产负债表各项目反映的内容。
◇ 学会资产负债表各项目的填列方法。

一、资产负债表的定义

资产负债表是指反映单位在某一特定日期全部资产、负债和净资产的情况的报表。

通过资产负债表，可以掌握单位的经济资源及这些资源的分布情况和结构，了解单位的资产和负债情况。通过对资产负债表的分析，可以了解单位的财务状况、短期偿债能力和支付能力。若把前后期的资产负债表加以对照分析，还可以看出单位资产负债的变化情况及财务状况的发展趋势。

二、资产负债表的格式

资产负债表的平衡原理是“资产＝负债＋净资产”。

资产负债表按照资产、负债和净资产分类列示，左方为资产类，右方为负债和净资产类，左右两方的栏目分别为“年初余额”和“期末余额”（年报为“年末余额”），左右两方栏目总计数相等。

资产按流动资产和非流动资产列示，负债按流动负债和非流动负债列示。

资产负债表的格式如表 14-1 所示。

表 14-1 资产负债表

会政财 01 表

编制单位：__________ ____年____月 单位：元

资产	期末余额	年初余额	负债和净资产	期末余额	年初余额
流动资产：			流动负债：		
货币资金			短期借款		
短期投资			应交增值税		
财政应返还额度			其他应交税费		
应收票据			应缴财政款		
应收账款净额			应付职工薪酬		
预付账款			应付票据		
应收股利			应付账款		
应收利息			应付政府补贴款		
其他应收款净额			应付利息		
存货			预收账款		
待摊费用			其他应付款		
一年内到期的非流动资产			预提费用		
其他流动资产			一年内到期的非流动负债		
流动资产合计			其他流动负债		
非流动资产：			流动负债合计		
长期股权投资			非流动负债：		
长期债权投资			长期借款		
固定资产原值			长期应付款		
减：固定资产累计折旧			预计负债		
固定资产净值			其他非流动负债		
工程物资			非流动负债合计		
在建工程			受托代理负债		
无形资产原值			负债合计		
减：无形资产累计摊销					
无形资产净值					
研发支出					
公共基础设施原值					
减：公共基础设施累计折旧（摊销）					
公共基础设施净值					
政府储备物资					

续表

资产	期末余额	年初余额	负债和净资产	期末余额	年初余额
文物文化资产					
保障性住房原值					
减：保障性住房累计折旧			净资产：		
保障性住房净值			累计盈余		
长期待摊费用			专用基金		
待处理财产损溢			权益法调整		
其他非流动资产			无偿调拨净资产*		
非流动资产合计			本期盈余*		
受托代理资产			净资产合计		
资产总计			负债和净资产总计		

注："*"标识项目为月报项目，年报中不需列示。

三、资产负债表的内容及填列方法

（一）"年初余额"栏内各项目的内容及填列方法

"年初余额"栏内各项数字应当根据上年年末资产负债表"期末余额"栏内数字填列。

如果本年度资产负债表规定的项目的名称和内容同上年度不一致，应当对上年年末资产负债表项目的名称和数字按照本年度的规定进行调整，将调整后的数字填入本表"年初余额"栏内。

如果本年度单位发生了因前期差错更正、会计政策变更等调整以前年度盈余的事项，还应当对"年初余额"栏中的有关项目金额进行相应调整。

（二）"期末余额"栏各项目的内容及填列方法

1. 根据相应的各总账科目期末余额直接填列的项目

(1) 资产类项目有：短期投资、财政应返还额度、应收票据、预付账款、应收股利、应收利息、待摊费用、长期股权投资、固定资产原值（固定资产）、固定资产累计折旧、工程物资、在建工程、无形资产原值（无形资产）、无形资产累计摊销、研发支出、公共基础设施原值（公共基础设施）、公共基础设施累计折旧（摊销）、政府储备物资、文物文化资产、保障性住房原值（保障性住房）、保障性住房累计折旧、长期待摊费用、待处理财产损溢（期末贷方余额以"—"号填列）、受托代理资产。

(2) 负债类项目有：短期借款、应交增值税（期末借方余额以"—"号填列）、其他应交税费（期末借方余额以"—"号填列）、应缴财政款、应付职工薪酬、应付票据、应付账款、应付政府补贴款、应付利息、预收账款、其他应付款、预提费用、预计负债、受托代理负债。

(3) 净资产类项目有：累计盈余、专用基金、权益法调整（期末借方余额以"—"号填列）、无偿调拨净资产（仅在月度报表中列示，年度报表中不列示；期末借方余额以"—"号填列）、本期盈余（仅在月度报表中列示，年度报表中不列示；期末借方余额以

“—”号填列）

2. 根据相关总账科目期末余额计算填列的项目

（1）“货币资金”项目，根据“库存现金”“银行存款”“零余额账户用款额度”“其他货币资金”科目的期末余额的合计数填列；若单位存在通过“库存现金”“银行存款”科目核算的受托代理资产，还应当按照前述合计数扣减“库存现金”“银行存款”科目下“受托代理资产”明细科目的期末余额后的金额填列。

（2）“存货”项目，根据“在途物品”“库存物品”“加工物品”科目的期末余额的合计数填列。

（3）“其他流动资产”项目，根据有关科目期末余额的合计数填列。

（4）“其他非流动资产”项目，根据有关科目的期末余额合计数填列。

（5）“其他流动负债”项目，根据有关科目的期末余额的合计数填列。

（6）“其他非流动负债”项目，根据有关科目的期末余额合计数填列。

3. 根据相关总账科目和明细科目期末余额分析计算填列的项目

（1）“一年内到期的非流动资产”项目，根据“长期债券投资”等科目的明细科目的期末余额分析填列。

（2）“长期债券投资”项目，根据“长期债券投资”科目的期末余额减去其中将于1年内（含1年）到期的长期债券投资余额后的金额填列。

（3）“受托代理资产”项目，根据“受托代理资产”科目的期末余额与“库存现金”“银行存款”科目下“受托代理资产”明细科目的期末余额的合计数填列。

（4）“一年内到期的非流动负债”项目，根据“长期应付款”“长期借款”等科目的明细科目的期末余额分析填列。

（5）“长期借款”项目，根据“长期借款”科目的期末余额减去其中将于1年内（含1年）到期的长期借款余额后的金额填列。

（6）“长期应付款”项目，根据“长期应付款”科目的期末余额减去其中将于1年内（含1年）到期的长期应付款余额后的金额填列。

4. 根据总账科目期末余额减去其备抵项目后的净额填列

（1）“应收账款净额”项目，根据“应收账款”科目的期末余额，减去“坏账准备”科目中对应收账款计提的坏账准备的期末余额后的金额填列。

（2）“其他应收款净额”项目，根据“其他应收款”科目的期末余额减去“坏账准备”科目中对其他应收款计提的坏账准备的期末余额后的金额填列。

（3）“固定资产净值”项目，根据“固定资产”科目期末余额减去“固定资产累计折旧”科目期末余额后的金额填列。

（4）“无形资产净值”项目，根据“无形资产”科目期末余额减去“无形资产累计摊销”科目期末余额后的金额填列。

（5）“公共基础设施净值”项目，根据“公共基础设施”科目期末余额减去“公共基础设施累计折旧（摊销）”科目期末余额后的金额填列。

（6）“保障性住房净值”项目，根据“保障性住房”科目期末余额减去“保障性住房累计折旧”科目期末余额后的金额填列。

知识归纳

资产负债表是指反映单位在某一特定日期的财务状况（全部资产、负债和净资产的情况）的报表。资产负债表的平衡原理是“资产＝负债＋净资产”。资产负债表“期末余额”栏各项目的填列方法有：根据总账科目期末余额直接填列；根据总账科目期末余额计算填列；根据总账科目和明细科目期末余额分析计算填列；根据总账科目期末余额减去其备抵项目后的净额填列。

问题探究

1. 什么是资产负债表？
2. 资产负债表包括哪些项目？各项目是如何排列的？
3. 资产负债表“期末余额”栏各项目的填列方法有几种？

任务二　收入费用表

任务目标

◇ 了解收入费用表的定义及格式。
◇ 熟悉收入费用表各项目反映的内容。
◇ 学会收入费用表各项目的填列方法。

一、收入费用表的定义

收入费用表是反映单位在某一会计期间内发生的收入、费用及当期盈余情况的报表。

二、收入费用表的格式

收入费用表的基本原理是“收入－费用＝盈余”。

收入费用表按照收入、费用的构成分项列示，即从上到下分别为本期收入、本期费用、本期盈余。

各项目的栏目分为“本月数”和“本年累计数”。

收入费用表的格式如表 14－2 所示。

表 14－2 收入费用表

会政财 02 表

编制单位：________ ____年____月 单位：元

项目	本月数	本年累计数
一、本期收入		
（一）财政拨款收入		
其中：政府性基金收入		
（二）事业收入		
（三）上级补助收入		
（四）附属单位上缴收入		
（五）经营收入		
（六）非同级财政拨款收入		
（七）投资收益		
（八）捐赠收入		
（九）利息收入		
（十）租金收入		
（十一）其他收入		
二、本期费用		
（一）业务活动费用		
（二）单位管理费用		
（三）经营费用		
（四）资产处置费用		
（五）上缴上级费用		
（六）对附属单位补助费用		
（七）所得税费用		
（八）其他费用		
三、本期盈余		

三、收入费用表的内容及填列方法

（一）“本月数”栏各项目的内容及填列方法

（1）本期收入各项目根据相应的财政拨款收入、事业收入、上级补助收入、附属单位上缴收入、经营收入、非同级财政拨款收入、投资收益（投资净损失以“－”号填列）、捐赠收入、利息收入、租金收入、其他收入等总账科目及相关明细科目的本期发生额填列。

其中："政府性基金收入"项目，根据"财政拨款收入"相关明细科目的本期发生额填列。

(2) 本期费用各项目根据相应的业务活动费用、单位管理费用、经营费用、资产处置费用、上缴上级费用、对附属单位补助费用、所得税费用、其他费用等总账科目的本期发生额填列。

(3) "本期盈余"项目，根据表中"本期收入"项目金额减去"本期费用"项目金额后的金额填列；如为负数，以"—"号填列。

（二）"本年累计数"栏的内容及填列方法

"本年累计数"栏反映各项目自年初至报告期期末的累计实际发生数。编制年度收入费用表时，应当将本栏改为"上年数"，"上年数"栏应当根据上年年度收入费用表中"本年数"栏内所列数字填列。

如果本年度收入费用表规定的项目的名称和内容同上年度不一致，应当对上年度收入费用表项目的名称和数字按照本年度的规定进行调整，将调整后的金额填入本年度收入费用表的"上年数"栏内。

如果本年度单位发生了因前期差错更正、会计政策变更等调整以前年度盈余的事项，还应当对年度收入费用表中"上年数"栏中的有关项目金额进行相应调整。

知识归纳

收入费用表是反映单位在某一会计期间内发生的收入、费用及当期盈余情况的报表。收入费用表按照收入、费用的构成分项列示，即从上到下分别为本期收入、本期费用、本期盈余。各项目的栏目分为"本月数"和"本年累计数"。"本月数"栏反映各项目的本月实际发生数，"本月数"栏各项目主要根据收支类科目的本期发生额填列。"本年累计数"栏反映各项目自年初至报告期期末的累计实际发生数。编制年度收入费用表时，应当将"本年累计数"栏改为"上年数"，"上年数"栏应当根据上年年度收入费用表中"本年数"栏内所列数字填列。

问题探究

1. 什么是收入费用表？
2. 简述收入费用表的基本格式。
3. 收入费用表各栏目填列的主要依据是什么？

会计职业道德案例（七）

下篇
政府会计高级实务

项目十五
资产高级实务

任务一　事业单位投资的管理与核算

任务目标

◇ 了解事业单位对外投资的定义及种类。
◇ 熟悉事业单位对外投资的确认与计量。
◇ 学会单位短期投资与长期投资的核算。

一、投资的定义与分类

对外投资是指单位按规定以货币资金、实物资产、无形资产等方式形成的债权或股权投资。投资按期限长短分为短期投资和长期投资。

（一）短期投资

短期投资是指单位取得的持有时间不超过 1 年（含 1 年）的投资。

（二）长期投资

长期投资是指单位取得的除短期投资以外的债权和股权性质的投资。长期投资分为长期债权投资和长期股权投资。

二、投资的确认与计量

（一）短期投资的确认与计量

（1）短期投资在取得时，应当按照实际成本（包括购买价款和相关税费）作为初始投资成本。实际支付价款中包含的已到付息期但尚未领取的利息，应当于收到时冲减短期投资成本。

（2）短期投资持有期间的利息，应当于实际收到时确认为投资收益。

（3）期末，短期投资应当按照账面余额计量。

（4）单位按规定出售或到期收回短期投资，应当将收到的价款扣除短期投资账面余额和相关税费后的差额计入投资损益。

（二）长期债券投资的确认与计量

（1）长期债券投资在取得时，应当按照实际成本作为初始投资成本。

实际支付价款中包含的已到付息期但尚未领取的债券利息，应当单独确认为应收利息，不计入长期债券投资初始投资成本。

（2）长期债券投资持有期间，应当按期以票面金额与票面利率计算确认利息收入。

对于分期付息、一次还本的长期债券投资，应当将计算确定的应收未收利息确认为应收利息，计入投资收益；对于一次还本付息的长期债券投资，应当将计算确定的应收未收利息计入投资收益，并增加长期债券投资的账面余额。

（3）单位按规定出售或到期收回长期债券投资，应当将实际收到的价款扣除长期债券投资账面余额和相关税费后的差额计入投资损益。

（4）单位进行除债券以外的其他债权投资，参照长期债券投资确认与计量。

（三）长期股权投资的确认与计量

（1）长期股权投资在取得时，应当按照实际成本作为初始投资成本。

1）以支付现金取得的长期股权投资，按照实际支付的全部价款（包括购买价款和相关税费）作为实际成本。

实际支付价款中包含的已宣告但尚未发放的现金股利，应当单独确认为应收股利，不计入长期股权投资初始投资成本。

2）以现金以外的其他资产置换取得的长期股权投资，其成本按照换出资产的评估价值加上支付的补价或减去收到的补价，加上换入长期股权投资发生的其他相关支出确定。

3）接受捐赠的长期股权投资，其成本按照有关凭据注明的金额加上相关税费确定；没有相关凭据可供取得，但按规定经过资产评估的，其成本按照评估价值加上相关税费确定；没有相关凭据可供取得、也未经资产评估的，其成本比照同类或类似资产的市场价格加上相关税费确定。

4）无偿调入的长期股权投资，其成本按照调出方账面价值加上相关税费确定。

（2）长期股权投资在持有期间，通常应当采用权益法[①]进行核算。单位无权决定被投资单位的财务和经营政策或无权参与被投资单位的财务和经营政策决策的，应当采用成本法[②]进行核算。

（3）在成本法下，长期股权投资的账面余额通常保持不变，但追加或收回投资时，应当相应调整其账面余额。

长期股权投资持有期间，被投资单位宣告分派现金股利或利润，单位应当按照宣告分派的现金股利或利润中属于单位应享有的份额确认为投资收益。

（4）采用权益法的，按照如下原则进行会计处理：

1）单位取得长期股权投资后，对于被投资单位所有者权益的变动，应当按照下列规定进行处理：按照应享有或应分担的被投资单位实现的净损益的份额，确认为投资损益，同时调整长期股权投资的账面余额；按照被投资单位宣告分派的现金股利或利润计算应享有的份额，确认为应收股利，同时减少长期股权投资的账面余额；按照被投资单位除净损益和利润分配以外的所有者权益变动的份额，确认为净资产，同时调整长期股权投资的账面余额。

2）单位确认被投资单位发生的净亏损，应当以长期股权投资的账面余额减记至零为限，政府会计主体负有承担额外损失义务的除外。

被投资单位发生净亏损，但以后年度又实现净利润的，政府会计主体应当在其收益分享额弥补未确认的亏损分担额等后，恢复确认投资收益。

（5）单位因处置部分长期股权投资等原因无权再决定被投资单位的财务和经营政策或者参与被投资单位的财务和经营政策决策的，应当对处置后的剩余股权投资改按成本法核算，并以该剩余股权投资在权益法下的账面余额作为按照成本法核算的初始投资成本。其后，被投资单位宣告分派现金股利或利润时，属于已计入投资账面余额的部分，作为成本法下长期股权投资成本的收回，冲减长期股权投资的账面余额。

单位追加投资等原因对长期股权投资的核算从成本法改为权益法的，应当自有权决定被投资单位的财务和经营政策或者参与被投资单位的财务和经营政策决策时，按成本法下长期股权投资的账面余额加上追加投资的成本作为按照权益法核算的初始投资成本。

（6）单位按规定报经批准处置长期股权投资，应当冲减长期股权投资的账面余额，并按规定将处置价款扣除相关税费后的余额作应缴款项处理，或者按规定将处置价款扣除相关税费后的余额与长期股权投资账面余额的差额计入当期投资损益。

采用权益法核算的长期股权投资，因被投资单位除净损益和利润分配以外的所有者权益变动而将应享有的份额计入净资产的，处置该项投资时，还应当将原计入净资产的相应部分转入当期投资损益。

---

① 权益法是指投资最初以投资成本计量，然后根据单位在被投资单位所享有的所有者权益份额的变动对投资的账面余额进行调整的方法。

② 成本法是指投资按照投资成本计量的方法。

三、投资收益与投资支出的确认与计量

（一）投资收益的确认与计量

（1）收到短期投资持有期间的利息，按照实际收到的金额确认。

（2）出售或到期收回短期债券本息，按照实际收到的金额与出售或收回短期投资成本的差额确认（不涉及增值税业务）。

（3）持有的分期付息、一次还本的长期债券投资及持有的到期一次还本付息的债券投资，按照计算确定的应收未收利息确认。

（4）出售长期债券投资或到期收回长期债券投资本息，按照实际收到的金额与债券初始投资成本和已计未收利息金额的差额确认（不涉及增值税业务）。

（5）采用成本法核算的长期股权投资持有期间，被投资单位宣告分派现金股利或利润时，按照宣告分派的现金股利或利润中属于单位应享有的份额确认。

采用权益法核算的长期股权投资持有期间，按照应享有或应分担的被投资单位实现的净损益的份额确认；被投资单位发生净亏损，但以后年度又实现净利润的，单位在其收益分享额弥补未确认的亏损分担额后，恢复确认投资收益。

（6）处置长期股权投资时有关投资收益的确认与计量，应当区分长期股权投资取得方式分别进行处理。

处置以现金取得的长期股权投资，按照实际取得的价款与被处置长期股权投资的账面余额、尚未领取的现金股利或利润和相关税费等支出合计的差额确认。

处置以现金以外的其他资产取得的长期股权投资，按照规定将处置时取得的投资收益纳入本单位预算管理的，应当按照所取得价款大于被处置长期股权投资账面余额、应收股利账面余额和相关税费支出合计的差额确认。

（二）投资预算收益的确认与计量

（1）出售或到期收回取得的短期、长期债券，按照实际取得的价款或实际收到的本息金额与取得债券时投资支出发生额的差额确认。

出售、转让以货币资金取得的长期股权投资的，按照实际收到的金额与长期债券投资账面余额、相关应收利息金额合计的差额确认（不涉及增值税业务）。

（2）持有的短期投资以及分期付息、一次还本的长期债券投资收到利息时，按照实际收到的金额确认。

（3）持有长期股权投资取得被投资单位分派的现金股利或利润时，按照实际收到的金额确认。

（4）出售、转让以非货币性资产取得的长期股权投资时，按照实际取得的价款扣减支付的相关费用和应缴财政款后的余额（按照规定纳入单位预算管理的）确认。

（三）投资支出的确认与计量

（1）以货币资金对外投资时，按照投资金额和所支付的相关税费金额的合计数确认。

（2）出售、对外转让或到期收回以货币资金取得的对外投资的，按照取得投资时“投资支出”科目的发生额确认。

四、投资的管理与控制

事业单位应当根据国家有关规定加强对外投资管理，严格控制对外投资。

（1）合理设置岗位，明确相关岗位的职责与权限，确保对外投资的可行性研究与评估、对外投资的决策与执行、对外投资处置的审批与执行等不相容岗位相互分离。

（2）事业单位进行对外投资，应当由单位领导班子集体研究决定。

（3）加强对投资项目的追踪管理，及时、全面、准确地记录对外投资的价值变动和投资收益情况。

（4）建立责任追究制度。对在对外投资中出现重大决策失误、未履行集体决策程序和不按规定办理对外投资业务的部门及人员，应当追究相应的责任。

事业单位在保证单位正常运转和事业发展的前提下，按照国家有关规定可以对外投资的，应当履行相关审批程序。不得使用财政拨款及其结余进行对外投资，不得从事股票、期货、基金、企业债券等投资，国家另有规定的除外；若发生以非货币性资产对外投资的，应当按照国家有关规定进行资产评估，合理确定资产价值。

五、投资的核算

事业单位为了进行投资业务的核算，应设置“短期投资”“长期股权投资”“长期债券投资”“应收股利”“应收利息”“投资收益”“投资预算收益”“投资支出”“权益法调整”等科目。

（一）“短期投资”科目

事业单位为了核算其按照规定取得的、持有时间不超过1年（含1年）的投资，应设置“短期投资”（资产类）科目。其借方登记取得短期投资的投资成本，贷方登记出售或收回短期投资的账面余额。期末借方余额，反映事业单位持有短期投资的成本。

“短期投资”科目应当按照投资的种类等设置明细科目，进行明细核算。

（二）“长期股权投资”科目

事业单位为了核算其按照规定取得的、持有时间超过1年（不含1年）的股权性质的投资，应设置“长期股权投资”（资产类）科目。其借方登记长期股权投资取得的实际成本及采用权益法核算时投资损益调增额，贷方登记长期股权投资处置的账面余额及采用权益法核算时投资损益调减额。期末借方余额，反映事业单位持有的长期股权投资的价值。

“长期股权投资”科目应当按照被投资单位和长期股权投资取得方式等设置明细科目，进行明细核算。

长期股权投资采用权益法核算的，还应当按照“成本”“损益调整”“其他权益变动”

设置明细科目，进行明细核算。

（三）“长期债券投资”科目

事业单位为了核算其按照规定取得的、持有时间超过1年（不含1年）的债券投资，应设置“长期债券投资”（资产类）科目。其借方登记长期债券投资取得的实际成本及到期一次还本付息的债券投资持有期间确认的利息收入，贷方登记到期收回长期债券投资的账面余额。期末借方余额，反映事业单位持有的长期债券投资的价值。

“长期债券投资”科目应当设置“成本”和“应计利息”明细科目，并按照债券投资的种类进行明细核算。

（四）“应收股利”科目

事业单位为了核算其持有的长期股权投资应当收取的现金股利或应当分得的利润，应设置“应收股利”（资产类）科目。其借方登记取得及持有期间被投资单位已宣告但尚未发放的现金股利或利润，贷方登记实际收到的现金股利及利润。期末借方余额，反映事业单位应当收取但尚未收到的现金股利或利润。

“应收股利”科目应当按照被投资单位等设置明细科目，进行明细核算。

（五）“应收利息”科目

事业单位为了核算其长期债券投资应当收取的利息，应设置“应收利息”（资产类）科目。其借方登记取得或持有的长期债券投资应收但尚未收取（领取）的利息，贷方登记实际收到的长期债券投资的利息。期末借方余额，反映事业单位应收但未收的长期债券投资的利息。

“应收利息”科目应当按照被投资单位等设置明细科目，进行明细核算。

事业单位购入的到期一次还本付息的长期债券投资持有期间的利息，应当通过“长期债券投资——应计利息”科目核算，不通过“应收利息”科目核算。

（六）“投资收益”科目

事业单位为了核算其持有的股权投资和债券投资所实现的收益或发生的损失，应设置“投资收益”（收入类）科目。其贷方登记其应收或收到的利息、投资实现的收益、投资单位宣告分派现金股利或利润中属于单位应享有的份额及期末结转额，借方登记投资发生的损失及期末结转额。期末结转后，本科目应无余额。

“投资收益”科目应当按照投资的种类等设置明细科目，进行明细核算。

（七）“投资预算收益”科目

事业单位为了核算其取得的按照规定纳入部门预算管理的属于投资收益性质的现金流入，应设置“投资预算收益”（预算收入类）科目。其贷方登记出售或到期收回短期和长期债券实现的收益、实际收到的债券利息、实际收到的长期股权投资分派的现金股利或利润、出售或转让以非货币性资产取得的长期股权投资实际取得的价款扣减支付的相关费用和应缴财政款后的余额（按照规定纳入单位预算管理的）及年末结转额，借方登记投资实际发生的损失及年末结转额。年末结转后，应无余额。

"投资预算收益"科目应当按照《政府收支分类科目》中"支出功能分类科目"的项级科目等设置明细科目，进行明细核算。

（八）"投资支出"科目

事业单位为了核算其以货币资金对外投资发生的现金流出，应设置"投资支出"（预算支出类）科目。其借方登记以货币资金对外投资的投资金额和所支付的相关税费金额，贷方登记出售、对外转让或到期收回本年度以货币资金取得的对外投资的成本及年末结转额。年末结转后，应无余额。

"投资支出"科目应当按照投资类型、投资对象、《政府收支分类科目》中"支出功能分类科目"的项级科目和"部门预算支出经济分类科目"的款级科目等设置明细科目，进行明细核算。

（九）"权益法调整"科目

事业单位为了核算其持有的长期股权投资采用权益法核算时，按照被投资单位除净损益和利润分配以外的所有者权益变动份额调整长期股权投资账面余额而计入净资产的金额，应设置"权益法调整"（净资产类）科目。其贷方登记年末按照被投资单位除净损益和利润分配以外的所有者权益变动应享有的份额及处置投资原计入净资的相应部分金额，借方登记年末按照被投资单位除净损益和利润分配以外的所有者权益变动应分担的份额及处置投资原计入净资的相应部分金额。期末余额，反映事业单位在被投资单位除净损益和利润分配以外的所有者权益变动中累积享有（或分担）的份额。

"权益法调整"科目应当按照被投资单位设置明细科目，进行明细核算。

核算举例 1

某事业单位 2020 年发生下列有关短期投资业务，请根据有关凭证编制会计分录。

1. 3 月 1 日，购买期限为半年的短期国债，价款 101 000 元通过网银转账支付，其中包含已到付息期但尚未领取的利息 1 000 元，票面利率为 4%。

财务会计

借：短期投资——短期国债　　101 000

　　贷：银行存款　　101 000

预算会计

借：投资支出——短期国债　　101 000

　　贷：资金结存——货币资金　　101 000

2. 3 月 5 日，收到上述短期国债中已到付息期但尚未领取的利息 1 000 元。

财务会计

借：银行存款　　1 000

　　贷：短期投资——短期国债　　1 000

预算会计

借：资金结存——货币资金　　1 000

　　贷：投资支出——短期国债　　1 000

3. 6月1日，上述短期国债到期，通过网银转账收到本金及持有期间的利息共101 000元。

财务会计

借：银行存款　　101 000

　贷：短期投资——短期国债　　100 000

　　投资收益——短期国债投资收益　　1 000

预算会计

借：资金结存——货币资金　　101 000

　贷：投资支出——短期国债　　100 000

　　投资预算收益——短期国债投资预算收益　　1 000

核算举例2

某事业单位发生下列有关股权投资业务，请根据有关凭证编制会计分录。

1. 2020年4月3日，校企合作方按合作协议约定捐赠单位股份1 000股，每股市值150元，共计150 000元。通过网银转账支付相关税费1 500元。

财务会计

借：长期股权投资——成本　　151 500

　贷：银行存款　　1 500

　　捐赠收入——股份捐赠　　150 000

预算会计

借：其他支出——相关税费　　1 500

　贷：资金结存——货币资金　　1 500

2. 2020年4月5日，上级单位无偿调入某公司股份3 000股，每股市值100元，共计300 000元。通过网银转账支付相关税费2 300元。

财务会计

借：长期股权投资——成本　　302 300

　贷：银行存款　　2 300

　　无偿调拨净资产——调入股份　　300 000

预算会计

借：其他支出——相关税费　　2 300

　贷：资金结存——货币资金　　2 300

3. 2020年4月5日，按照投资协议约定，单位投资额应占华秦会计师事务所股份20%，单位不参与事务所的财务和经营决策。应付投资额为643 000元，其中包含已宣告但尚未发放的现金股利43 000元。通过网银转账支付投资额643 000元。

财务会计

借：长期股权投资——华秦会计师事务所　　600 000

　应收股利——华秦会计师事务所　　43 000

　贷：银行存款　　643 000

预算会计

借：投资支出——长期股权投资　　643 000

　　贷：资金结存——货币资金　　643 000

4. 2020 年 4 月 10 日，通过网银转账收到上述已宣告但尚未发放的现金股利 43 000 元。

财务会计

借：银行存款　　43 000

　　贷：应收股利——华秦会计师事务所　　43 000

预算会计

借：资金结存——货币资金　　43 000

　　贷：投资支出——长期股权投资　　43 000

5. 2020 年 12 月 20 日，华秦会计师事务所宣告发放现金股利 48 000 元。

财务会计

借：应收股利——华秦会计师事务所　　48 000

　　贷：投资收益——长期股权投资收益　　48 000

6. 2021 年 1 月 27 日，通过网银转账收到华秦会计师事务所发放的现金股利 48 000 元。

财务会计

借：银行存款　　48 000

　　贷：应收股利——华秦会计师事务所　　48 000

预算会计

借：资金结存——货币资金　　48 000

　　贷：投资预算收益——长期股权投资预算收益　　48 000

7. 2021 年 2 月 3 日，按照追加投资协议约定，将单位投资额占华秦会计师事务所股份的 20%调增到 40%，应追加投资额为 600 000 元，单位参与事务所的财务和经营决策。通过网银转账支付追加投资额 600 000 元。同时将投资核算方法由成本法改为权益法。

财务会计

借：长期股权投资——成本　　1 200 000

　　贷：长期股权投资——华秦会计师事务所　　600 000

　　　　银行存款　　600 000

预算会计

借：投资支出——长期股权投资　　600 000

　　贷：资金结存——货币资金　　600 000

8. 2021 年 12 月 25 日，华秦会计师事务所宣告发放现金股利 85 000 元。

财务会计

借：应收股利　　85 000

　　贷：长期股权投资——损益调整　　85 000

9. 2021 年 12 月 28 日，将所持华秦会计师事务所股权出售，售价 1 500 000 元，其中包括已宣告但尚未领取的现金股利 85 000 元。价款通过网银转账收讫，另通过网银转账支付相关税费 10 000 元。

财务会计

借：银行存款　1 500 000
　　长期股权投资——损益调整　85 000
　　贷：长期股权投资——成本　1 200 000
　　　　应收股利　85 000
　　　　银行存款　10 000
　　　　投资收益　290 000

预算会计

借：资金结存——货币资金　1 490 000
　　贷：投资支出　1 200 000
　　　　投资预算收益　290 000

核算举例 3

某事业单位发生下列有关债券投资业务，请根据有关凭证编制会计分录。

1. 2020 年 3 月 1 日，购买某公司发行的面值为 200 000 元的 5 年期企业债券，票面利率 4%，按年付息到期还本。通过网银转账支付价款 200 000 元和已到付款期但尚未领取的债券利息 8 000 元，共 208 000 元。

财务会计

借：长期债券投资——成本　200 000
　　应收利息——长期债券利息　8 000
　　贷：银行存款　208 000

预算会计

借：投资支出——长期债券投资　208 000
　　贷：资金结存——货币资金　208 000

2. 2020 年 3 月 10 日，通过网银转账收到上述取得时已宣告但尚未领取的债券利息 8 000 元。

财务会计

借：银行存款　8 000
　　贷：应收利息——长期债券利息　8 000

预算会计

借：资金结存——货币资金　8 000
　　贷：投资支出——长期债券投资　8 000

3. 2021 年 2 月 28 日，计算提取上述某公司发行的企业债券利息 8 000（200 000×4%）元。

财务会计

借：应收利息——长期债券利息　8 000
　　贷：投资收益——长期债权投资收益　8 000

预算会计不进行账务处理。

4. 2021 年 3 月 1 日，通过网银转账收到上述计算提取的企业债券利息 8 000 元。

财务会计

借：银行存款　8 000

贷：应收利息——长期债券利息 8 000

预算会计

借：资金结存——货币资金 8 000

贷：投资预算收益——长期债权投资预算收益 8 000

5. 2022 年 2 月 28 日，计算提取上述某公司发行的企业债券利息 8 000（200 000×4%）元。

财务会计

借：应收利息——长期债券利息 8 000

贷：投资收益——长期债权投资收益 8 000

预算会计不进行账务处理。

6. 2022 年 3 月 1 日，经批准将所持某公司发行的五年期企业债券出售，售价 210 000 元，其中包含已确认但尚未收到的分期付息的利息 8 000 元。款项通过网银转账收讫。

财务会计

借：银行存款 210 000

贷：长期债券投资——成本 200 000

应收利息——长期债券利息 8 000

投资收益——长期债权投资收益 2 000

预算会计

借：资金结存——货币资金 210 000

贷：其他结余 208 000

投资预算收益——长期债权投资预算收益 2 000

另外，按照《政府会计准则制度解释第 2 号》的规定，事业单位按规定需将长期股权投资持有期间取得的投资收益上缴本级财政的，应当按照以下规定进行账务处理：

（1）长期股权投资采用成本法核算的，被投资单位宣告发放现金股利或利润时，事业单位按照应收的金额，借记“应收股利”科目，贷记“投资收益”科目；收到现金股利或利润时，借记“银行存款”等科目，贷记“应缴财政款”科目，同时按照此前确定的应收股利金额，借记“投资收益”科目或“累计盈余”科目（此前确认的投资收益已经结转的），贷记“应收股利”科目；将取得的现金股利或利润上缴财政时，借记“应缴财政款”科目，贷记“银行存款”等科目。

（2）长期股权投资采用权益法核算的，被投资单位实现净利润的，按照应享有的份额，借记“长期股权投资——损益调整”科目，贷记“投资收益”科目；被投资单位宣告发放现金股利或利润时，单位按照应享有的份额，借记“应收股利”科目，贷记“长期股权投资——损益调整”科目；收到现金股利或利润时，借记“银行存款”等科目，贷记“应缴财政款”科目，同时按照此前确定的应收股利金额，借记“投资收益”科目或“累计盈余”科目（此前确认的投资收益已经结转的），贷记“应收股利”科目；将取得的现金股利或利润上缴财政时，借记“应缴财政款”科目，贷记“银行存款”等科目。

知识归纳

投资是指单位按规定以货币资金、实物资产、无形资产等方式形成的债权或股权投资。投资按期限长短分为短期投资和长期投资。

短期投资是指单位取得的持有时间不超过1年（含1年）的投资。短期投资在取得时，应当按照实际成本（包括购买价款和相关税费）作为初始投资成本。

长期投资是指单位取得的除短期投资以外的债权和股权性质的投资。长期投资分为长期债权投资和长期股权投资。长期投资在取得时，应当按照实际成本作为初始投资成本。

单位应当根据国家有关规定加强对外投资管理，严格控制对外投资。

单位长短期投资的增减变动及投资收益的核算主要通过设置“短期投资”“长期股权投资”“长期债券投资”“应收股利”“应收利息”“投资收益”“投资预算收益”“投资支出”“权益法调整”等科目核算。

问题探究

1. 什么是投资？投资是如何分类的？
2. 各种投资取得时的成本是如何确定的？
3. 单位应如何加强对外投资的管理与控制？

任务二　在建工程的管理与核算

任务目标

◇ 了解在建工程的含义。
◇ 熟悉在建工程的成本要素。
◇ 学会在建工程的核算。

一、在建工程的含义

在建工程是指单位已经发生必要支出，但尚未完工交付使用的各种建筑（包括新建、改建、扩建、修缮等）、设备安装工程、信息系统项目工程、公共基础设施项目工程、保障性住房项目工程等。

二、在建工程的成本构成要素

在建工程成本包括建筑安装工程投资、设备投资、待摊投资和其他投资。

（一）建筑安装工程投资

建筑安装工程投资是指单位发生的构成建设项目实际支出的建筑工程和安装工程的实际成本，不包括被安装设备本身的价值以及按照合同规定支付给施工单位的预付备料款和预付工程款。建筑安装工程投资可分为建筑工程和安装工程两个子项目。

（二）设备投资

设备投资是指单位发生的构成建设项目实际支出的各种设备的实际成本。

（三）待摊投资

（1）待摊投资是指单位发生的构成建设项目实际支出的、按照规定应当分摊计入有关工程成本和设备成本的各项间接费用和税费支出。

（2）待摊投资具体包括以下内容：

1）勘察费、设计费、研究试验费、可行性研究费及项目其他前期费用。

2）土地征用及迁移补偿费、土地复垦及补偿费、森林植被恢复费及其他为取得土地使用权、租用权而发生的费用。

3）土地使用税、耕地占用税、契税、车船税、印花税及按照规定缴纳的其他税费。

4）项目建设管理费、代建管理费、临时设施费、监理费、招投标费、社会中介审计（审查）费及其他管理性质的费用。

项目建设管理费是指项目建设单位从项目筹建之日起至办理竣工财务决算之日止发生的管理性质的支出，包括不在原单位发工资的工作人员工资及相关费用、办公费、办公场地租用费、差旅交通费、劳动保护费、工具用具使用费、固定资产使用费、招募生产工人费、技术图书资料费（含软件）、业务招待费、施工现场津贴、竣工验收费等。

5）项目建设期间发生的各类专门借款利息支出或融资费用。

6）工程检测费、设备检验费、负荷联合试车费及其他检验检测类费用。

7）固定资产损失、器材处理亏损、设备盘亏及毁损、单项工程或单位工程报废、毁损净损失及其他损失。

8）系统集成等信息工程的费用支出。

9）其他待摊性质支出。

（四）其他投资

其他投资是指单位发生的构成建设项目实际支出的房屋购置支出，基本畜禽、林木等购置、饲养、培育支出，办公生活用家具、器具购置支出，软件研发和不能计入设备投资的软件购置等支出，还包括单位为进行可行性研究而购置的固定资产，以及取得土地使用权支付的土地出让金。其他投资可分为房屋购置，基本畜禽支出，林木支出，办公生活用家具、器具购置，可行性研究固定资产购置，无形资产等。

单位应当严格控制在建工程项目成本的范围、标准和支出责任，以下支出不得列入项目建设成本：

（1）超过批准建设内容发生的支出。

（2）不符合合同协议的支出。

（3）非法收费和摊派。

（4）无发票或者发票项目不全、无审批手续、无责任人员签字的支出。

（5）因设计单位、施工单位、供货单位等原因造成的工程报废等损失，以及未按照规定报经批准的损失。

（6）项目符合规定的自验收条件之日起 3 个月后发生的支出。

（7）其他不属于本项目应当负担的支出。

三、在建工程的确认与计量

（一）建筑安装工程投资的确认与计量

（1）将固定资产等资产转入改建、扩建等时，按照固定资产等资产的账面价值确认。

固定资产等资产改建、扩建过程中涉及替换（或拆除）原资产的某些组成部分的，按照被替换（或拆除）部分的账面价值确认。

（2）单位对于发包建筑安装工程，根据建筑安装工程价款结算账单与施工企业结算工程价款时，按照应承付的工程价款确认。

（3）单位自行施工的小型建筑安装工程，按照发生的各项支出金额确认。

（4）工程竣工，办妥竣工验收交接手续交付使用时，按照建筑安装工程成本（含应分摊的待摊投资）确认。

（二）设备投资的确认与计量

（1）购入设备时，按照购入成本确认。

（2）设备安装完毕，办妥竣工验收交接手续交付使用时，按照设备投资成本（含设备安装工程成本和分摊的待摊投资）确认。

将不需要安装的设备和达不到固定资产标准的工具、器具交付使用时，按照相关设备、工具、器具的实际成本确认。

（三）待摊投资的确认与计量

建设工程发生的构成建设项目实际支出的、按照规定应当分摊计入有关工程成本和设备成本的各项间接费用和税费支出，先在待摊投资明细科目中归集；建设工程办妥竣工验收手续交付使用时，按照合理的分配方法，摊入相关工程成本、在安装设备成本等。

（1）单位发生的构成待摊投资的各类费用，按照实际发生金额确认。

（2）对于建设过程中试生产、设备调试等产生的收入，按照依据有关规定应当冲减建设工程成本的部分确认。

(3) 由于自然灾害、管理不善等原因造成的单项工程或单位工程报废或毁损，扣除残料价值和过失人或保险公司等赔款后的净损失，报经批准后计入继续施工的工程成本的，按照工程成本扣除残料价值和过失人或保险公司等赔款后的净损失确认待摊投资，按照残料变价收入、过失人或保险公司赔款等确认建筑安装工程投资。

(四) 其他投资的确认与计量

(1) 单位为建设工程发生的房屋购置支出，基本畜禽、林木等的购置、饲养、培育支出，办公生活用家具、器具购置支出，软件研发和不能计入设备投资的软件购置等支出，按照实际发生金额确认。

(2) 工程完成将形成的房屋、基本畜禽、林木等各种财产以及无形资产交付使用时，按照其实际成本确认。

(五) 待核销基建支出的确认与计量

(1) 建设项目发生的江河清障、航道清淤、飞播造林、补助群众造林、水土保持、城市绿化等不能形成资产的各类待核销基建支出，按照实际发生金额确认。

(2) 取消的建设项目发生的可行性研究费，按照实际发生金额确认。

(3) 由于自然灾害等原因发生的建设项目整体报废所形成的净损失，报经批准后转入待核销基建支出，按照项目整体报废所形成的净损失确认待核销基建支出，按照报废的工程成本确认建筑安装工程投资等。

(4) 建设项目竣工验收交付使用时，对发生的待核销基建支出进行冲销。

(六) 基建转出投资的确认与计量

为建设项目配套而建成的、产权不归属本单位的专用设施，在项目竣工验收交付使用时，按照转出的专用设施的成本确认。

四、在建工程的核算

政府会计主体为进行在建工程业务的核算，设置“工程物资”“在建工程”科目。

(一)“工程物资”科目

单位为了核算其为在建工程准备的各种物资的成本，应设置“工程物资”(资产类)科目。其借方登记购入工程物资的成本，贷方登记领用及转出工程物资的成本。期末借方余额，反映单位为在建工程准备的各种物资的成本。

“工程物资”科目可按照“库存材料”“库存设备”等工程物资类别设置明细科目，进行明细核算。

(二)“在建工程”科目

单位为了核算其在建的建设项目工程的实际成本，应设置“在建工程”(资产类)科目。其借方登记在建工程项目归集的成本，贷方登记工程项目完工转出的建设项目成本。

期末借方余额，反映单位尚未完工的建设项目工程发生的实际成本。

"在建工程"科目应当设置"建筑安装工程投资""设备投资""待摊投资""其他投资""待核销基建支出""基建转出投资"等明细科目，并按照具体项目进行明细核算。

核算举例

某事业单位2020年改建办公楼工程项目发生下列有关在建工程业务，请根据有关凭证编制会计分录。

1. 1月10日，通过网银转账收到财政部门拨入办公楼改建工程专项资金1 230 000元。

财务会计

借：银行存款　　1 230 000

　　贷：财政拨款收入——一般公共预算拨款　　1 230 000

预算会计

借：资金结存——货币资金　　1 230 000

　　贷：财政拨款预算收入——项目支出——办公楼改建项目　　1 230 000

2. 1月12日，按照办公楼改建工程项目合同约定，通过网银转账支付中标单位省建十公司预付工程款123 000元（工程概算1 230 000元，按10%预付工程款）。

财务会计

借：预付账款——预付工程款　　123 000

　　贷：银行存款　　123 000

预算会计

借：事业支出——项目支出——办公楼改建项目　　123 000

　　贷：资金结存——货币资金　　123 000

3. 4月10日，按照办公楼改建工程项目合同约定，通过网银转账支付工程50%形象进度款492 000元（扣除预付工程款123 000元后）。

财务会计

借：在建工程——办公楼改建项目——建筑安装工程投资　　615 000

　　贷：预付账款——预付工程款　　123 000

　　　　银行存款　　492 000

预算会计

借：事业支出——项目支出——办公楼改建项目　　492 000

　　贷：资金结存——货币资金　　492 000

4. 7月10日，按照办公楼改建工程项目合同约定，通过网银转账支付工程完工后应支付的余款492 000元（工程完工后应按工程概算的90%结算工程款，扣除已结算的615 000元）。

财务会计

借：在建工程——办公楼改建项目——建筑安装工程投资　　492 000

　　贷：银行存款　　492 000

预算会计

借：事业支出——项目支出——办公楼改建项目　　492 000

　　贷：资金结存——货币资金　　492 000

5. 7月15日，办公楼改建工程项目经验收合格交付使用，工程决算总造价1 230 000元，按合同约定质保期为一年，质保金123 000元。

借：固定资产——房屋建筑物——办公楼　　1 230 000
　贷：在建工程——办公楼改建项目　　1 107 000
　　长期应付款——质保金　　123 000

知识归纳

在建工程是指单位已经发生必要支出，但尚未完工交付使用的各种建筑（包括新建、改建、扩建、修缮等）、设备安装工程，信息系统项目工程，公共基础设施项目工程，保障性住房项目工程等。

在建工程成本包括建筑安装工程投资、设备投资、待摊投资、其他投资、待核销基建支出、基建转出投资等。

政府会计主体设置“工程物资”“在建工程”科目进行在建工程业务的核算。

问题探究

1. 什么是在建工程？
2. 在建工程成本构成包括哪些要素？
3. 什么是待摊投资？待摊投资包括哪些内容？待摊投资如何分配？
4. 什么是项目建设管理费？项目建设管理费包括哪些内容？

任务三　无形资产的管理与核算

任务目标

◇ 了解无形资产的定义与种类。
◇ 熟悉无形资产的确认与计量。
◇ 学会无形资产的核算。

一、无形资产的定义与种类

无形资产是指单位控制的没有实物形态的可辨认非货币性资产，如专利权、商标权、著作权、土地使用权、非专利技术等。

资产满足下列条件之一的，符合无形资产定义中的可辨认性标准：

（1）能够从单位中分离或者划分出来，并能单独或者与相关合同、资产或负债一起，用于出售、转移、授予许可、租赁或者交换。

（2）源自合同性权利或其他法定权利，无论这些权利是否可以从单位或其他权利和义务中转移或者分离。

二、无形资产的确认

（一）无形资产的确认条件

无形资产同时满足下列条件的，应当予以确认：

（1）与该无形资产相关的服务潜力很可能实现或者经济利益很可能流入单位。

（2）该无形资产的成本或者价值能够可靠地计量。

政府会计主体在判断无形资产的服务潜力或经济利益是否很可能实现或流入时，应当对无形资产在预计使用年限内可能存在的各种社会、经济、科技因素做出合理估计，并且应当有确凿的证据支持。

（二）研发支出的归集与确认

单位自行研究开发项目的支出，应当区分研究阶段支出与开发阶段支出。研究是指为获取并理解新的科学或技术知识而进行的独创性的有计划调查；开发是指在进行生产或使用前，将研究成果或其他知识应用于某项计划或设计，以生产出新的或具有实质性改进的材料、装置、产品等。

（1）单位自行研究开发项目研究阶段的支出，应当于发生时计入当期费用。

（2）单位自行研究开发项目开发阶段的支出，先按合理方法进行归集，如果最终形成无形资产的，应当确认为无形资产；如果最终未形成无形资产的，应当计入当期费用。

（3）单位自行研究开发项目尚未进入开发阶段，或者确实无法区分研究阶段支出和开发阶段支出，但按法律程序已申请取得无形资产的，应当将依法取得时发生的注册费、聘请律师费等费用确认为无形资产。

（三）有关后续支出的确认

与无形资产有关的后续支出，符合准则规定的无形资产确认条件的，应当计入无形资产成本；不符合准则规定的无形资产确认条件的，应当在发生时计入当期费用或者相关资产成本。

另外，按照《政府会计准则第 4 号——无形资产》的规定，单位购入的不构成相关硬件不可缺少组成部分的软件应确认为无形资产；单位自创商誉及内部产生的品牌、报刊名等不应确认为无形资产。

三、无形资产的初始计量

无形资产在取得时应当按照成本进行初始计量。

（1）外购的无形资产的初始计量。单位外购的无形资产，其成本包括购买价款、相关税费以及可归属于该项资产达到预定用途前所发生的其他支出。

单位委托软件公司开发的软件，视同外购无形资产确定其成本。

（2）自行开发的无形资产的初始计量。单位自行开发的无形资产，其成本包括自该项目进入开发阶段后至达到预定用途前所发生的支出总额。

（3）置换取得的无形资产的初始计量。单位通过置换取得的无形资产，其成本按照换出资产的评估价值加上支付的补价或减去收到的补价，加上换入无形资产发生的其他相关支出确定。

（4）接受捐赠的无形资产的初始计量。单位接受捐赠的无形资产，其成本按照有关凭据注明的金额加上相关税费确定；没有相关凭据可供取得，但按规定经过资产评估的，其成本按照评估价值加上相关税费确定；没有相关凭据可供取得且未经资产评估的，其成本比照同类或类似资产的市场价格加上相关税费确定；没有相关凭据且未经资产评估、同类或类似资产的市场价格也无法可靠取得的，按照名义金额入账，相关税费计入当期费用。

确定接受捐赠无形资产的初始入账成本时，应当考虑该项资产尚可为单位带来服务潜力或经济利益的能力。

（5）无偿调入的无形资产的初始计量。单位无偿调入的无形资产，其成本按照调出方账面价值加上相关税费确定。

四、无形资产的后续计量

（一）无形资产的摊销

（1）摊销是指在无形资产使用年限内，按照确定的方法对应摊销金额进行系统分摊。

单位应当对使用年限有限的无形资产进行摊销，但已摊销完毕仍继续使用的无形资产和以名义金额计量的无形资产除外。

使用年限不确定的无形资产不应摊销。

（2）单位应当于取得或形成无形资产时合理确定其使用年限。

无形资产的使用年限为有限的，应当估计该使用年限。

无法预见无形资产为单位提供服务潜力或者带来经济利益期限的，应当视为使用年限不确定的无形资产。

(3) 对于使用年限有限的无形资产，单位应当按照以下原则确定无形资产的摊销年限：

1) 法律规定了有效年限的，按照法律规定的有效年限作为摊销年限。

2) 法律没有规定有效年限的，按照相关合同或单位申请书中的受益年限作为摊销年限。

3) 法律没有规定有效年限、相关合同或单位申请书也没有规定受益年限的，应当根据无形资产为单位带来服务潜力或经济利益的实际情况，预计其使用年限。

4) 非大批量购入、单价低于 1 000 元的无形资产，可以于购买的当期将其成本一次性全部转销。

(4) 单位应当按月对使用年限有限的无形资产进行摊销，并根据用途计入当期费用或者相关资产成本。

(5) 单位应当采用年限平均法或者工作量法对无形资产进行摊销，应摊销金额为其成本，不考虑预计残值。

(6) 因发生后续支出而增加无形资产成本的，对于使用年限有限的无形资产，应当按照重新确定的无形资产成本以及重新确定的摊销年限计算摊销额。

另外，按照《政府会计准则制度解释第 2 号》的规定，单位应当按照《政府会计准则第 4 号——无形资产》的规定，将依法取得的专利权确认为无形资产，并进行后续摊销。在以后年度，单位按照相关规定发生的专利权维护费，应当在发生时计入当期费用，原确定的无形资产摊销年限不据此调整。

（二） 无形资产的处置

单位按规定报经批准出售无形资产，应当将无形资产账面价值转销计入当期费用，并将处置收入大于相关处置税费后的差额按规定计入当期收入或者做应缴款项处理，将处置收入小于相关处置税费后的差额计入当期费用。

单位按规定报经批准对外捐赠、无偿调出无形资产的，应当将无形资产的账面价值予以转销。对外捐赠、无偿调出中发生的归属于捐出方、调出方的相关费用应当计入当期费用。

单位按规定报经批准以无形资产对外投资的，应当将该无形资产的账面价值予以转销，并将无形资产在对外投资时的评估价值与其账面价值的差额计入当期收入或费用。

无形资产预期不能为单位带来服务潜力或者经济利益的，应当在报经批准后将该无形资产的账面价值予以转销。

五、 无形资产的核算

政府会计主体为进行无形资产的核算，应设置“无形资产”“无形资产累计摊销”“研发支出”等科目。

（一）“无形资产”科目

单位为了核算其无形资产的原值，应设置“无形资产”（资产类）科目。其借方登记取得或形成无形资产时确定的成本额，贷方登记被处置无形资产的账面余额。期末借方余额，反映单位无形资产的成本。

"无形资产"科目应当按照无形资产的类别、项目等设置明细科目，进行明细核算。

（二）"无形资产累计摊销"科目

单位为了核算其无形资产计提的累计摊销，应设置"无形资产累计摊销"（资产类/备抵账户）科目。其贷方登记按月计提的无形资产摊销额，借方登记处置无形资产应转销的已提摊销额。期末贷方余额，反映单位计提的无形资产摊销累计数。

"无形资产累计摊销"科目应当按照对应无形资产的明细分类设置明细科目，进行明细核算。

（三）"研发支出"科目

单位为了核算其自行研究开发项目研究阶段和开发阶段发生的各项支出，应设置"研发支出"（资产类）科目。在自行研究开发项目研究阶段，其借方登记归集的与研究活动相关的各项费用额，贷方登记期末结转额；在自行研究开发项目开发阶段，其借方登记归集的与开发活动相关的各项费用额，贷方登记自行研究开发项目完成后的结转额及年末结转额。期末借方余额，反映单位预计能达到预定用途的研究开发项目在开发阶段发生的累计支出数。

建设项目中的软件研发支出，应当通过"在建工程"科目核算，不通过"研发支出"科目核算。

"研发支出"科目应当按照自行研究开发项目，分别按"研究支出""开发支出"设置明细科目，进行明细核算。

核算举例

某事业单位2020年发生下列有关无形资产业务，请根据有关凭证编制会计分录。

1. 1月5日，与数智软件公司签订无纸化办公系统平台开发协议，协议价款220 000元，按协议约定预付开发费用20 000元，通过网银转账付讫。

财务会计

借：预付账款——数智软件公司　　20 000

　　贷：银行存款　　20 000

预算会计

借：事业支出——基本支出——信息网络及软件购置更新　　20 000

　　贷：资金结存——货币资金　　20 000

2. 2月10日，无纸化办公系统平台开发开始试运行，按协议约定应付数智软件公司50%的开发费用110 000元，通过网银转账支付90 000元（扣除20 000元预付款）。

财务会计

借：在建工程——办公系统平台　　110 000

　　贷：预付账款——数智软件公司　　20 000

　　　　银行存款　　90 000

预算会计

借：事业支出——基本支出——信息网络及软件购置更新　　90 000

　　贷：资金结存——货币资金　　90 000

3. 3月10日，无纸化办公系统平台调试运行正常交付使用，按协议约定质保金为开发费用的10%，余款88 000元通过网银转账支付。

财务会计

借：在建工程——办公系统平台　　88 000

　　贷：银行存款　　88 000

同时，

借：无形资产——办公系统平台　　220 000

　　贷：在建工程——办公系统平台　　198 000

　　　　长期应付款——质保金　　22 000

预算会计

借：事业支出——基本支出——信息网络及软件购置更新　　88 000

　　贷：资金结存——货币资金　　88 000

4. 4月29日，单位决定自己组建研发组开发单位一卡通系统。通过网银转账支付一卡通开发用专用材料费42 000元。

财务会计

借：库存物品——一卡通专用材料　　42 000

　　贷：银行存款　　42 000

预算会计

借：事业支出——项目支出——专用材料　　42 000

　　贷：资金结存——货币资金　　42 000

5. 5月5日，一卡通开发组领用一卡通研究阶段用专用材料42 000元。

财务会计

借：研发支出——研究支出——开发一卡通　　42 000

　　贷：库存物品——一卡通专用材料　　42 000

预算会计不进行账务处理。

6. 5月18日，通过网银转账支付一卡通开发组研究阶段零星办公用品费13 000元。

财务会计

借：研发支出——研究支出——开发一卡通　　13 000

　　贷：银行存款　　13 000

预算会计

借：事业支出——项目支出——办公费　　13 000

　　贷：资金结存——货币资金　　13 000

7. 5月30日，计提一卡通研发组工作人员研究阶段工资35 000元。

财务会计

借：研发支出——研究支出——开发一卡通　　35 000

　　贷：应付职工薪酬——基本工资（离退休费）　　35 000

预算会计不进行账务处理。

8. 5月30日，结转5月份一卡通研发组研究阶段的研究支出。

本月累计研究支出＝42 000＋35 000＋13 000＝90 000（元）

财务会计

借：业务活动费用——商品和服务费用　　90 000

　　贷：研发支出——研究支出——开发一卡通　　90 000

预算会计不进行账务处理。

9. 6月1日，一卡通研发工作进入开发阶段，通过网银转账支付开发阶段零星耗材费用18 000元。

财务会计

借：研发支出——开发支出——开发一卡通　　18 000

　　贷：银行存款　　18 000

预算会计

借：事业支出——项目支出——办公费　　18 000

　　贷：资金结存——货币资金　　18 000

10. 6月30日，计提一卡通研发组工作人员开发阶段工资35 000元。

财务会计

借：研发支出——开发支出——开发一卡通　　35 000

　　贷：应付职工薪酬——基本工资（离退休费）　　35 000

预算会计不进行账务处理。

11. 7月1日，一卡通研发工作完成，经鉴定达到预期效果，正式开通使用，将开发阶段支出53 000元转列无形资产。

财务会计

借：无形资产——一卡通系统　　53 000

　　贷：研发支出——开发支出——开发一卡通　　53 000

预算会计不进行账务处理。

若一卡通系统经鉴定未达到预期效果，研发失败，则将开发支出转列费用。

财务会计

借：业务活动费用——商品和服务费用　　53 000

　　贷：研发支出——开发支出——开发一卡通　　53 000

预算会计不进行账务处理。

知识归纳

无形资产是指单位控制的没有实物形态的可辨认非货币性资产，如专利权、商标权、著作权、土地使用权、非专利技术等。单位确认无形资产应同时满足两个条件，即与该无形资产相关的服务潜力很可能实现或者经济利益很可能流入单位；该无形资产的成本或者价值能够可靠地计量。

单位自行研究开发项目的支出，应当区分研究阶段支出与开发阶段支出。研究是指为获取并理解新的科学或技术知识而进行的独创性的有计划调查；开发是指在进行生产或使用前，将研究成果或其他知识应用于某项计划或设计，以生产出新的或具有实质性改进的材料、装置、产品等。

无形资产在取得时应当按照成本进行初始计量。单位应当对使用年限有限的无形资产进行摊销，但已摊销完毕仍继续使用的无形资产和以名义金额计量的无形资产除外。

单位的无形资产主要通过“无形资产”、“无形资产累计摊销”和“研发支出”科目核算。

问题探究

1. 什么是无形资产？无形资产确认应具备什么条件？
2. 什么是研发支出？研发支出如何归集与确认？
3. 无形资产摊销的范围和摊销年限如何确定？

任务四　公共基础设施的管理与核算

任务目标

◇ 了解公共基础设施的定义与种类。
◇ 熟悉公共基础设施的确认与计量。
◇ 学会公共基础设施的核算。

一、公共基础设施的定义

公共基础设施是指单位为满足社会公共需求而控制的，同时具有以下特征的有形资产：

（1）公共基础设施是一个有形资产系统或网络的组成部分。

（2）具有特定用途。

（3）一般不可移动。

按照《政府会计准则第 5 号——公共基础设施》的规定，独立于公共基础设施、不构成公共基础设施使用不可缺少组成部分的管理维护用房屋建筑物、设备、车辆等，属于单位的固定资产；属于文物文化资产的公共基础设施，属于单位的文物文化资产；采用政府和社会资本合作模式（PPP 模式）形成的公共基础设施将另行归类，不属于单位公共基础设施。

二、公共基础设施的种类

公共基础设施主要包括以下几种：

（1）市政基础设施，如城市道路、桥梁、隧道、公交场站、路灯、广场、公园绿地、室外公共健身器材，以及环卫、排水、供水、供电、供气、供热、污水处理、垃圾处理系统等。

（2）交通基础设施，如公路、航道、港口等。

（3）水利基础设施，如大坝、堤防、水闸、泵站、渠道等。

（4）其他公共基础设施。

按照《关于进一步做好政府会计准则制度新旧衔接和加强行政事业单位资产核算的通知》（财会〔2018〕34 号）精神，单位应当在对公共基础设施进行分级分类的基础上，按照合适的计量单元将存量公共基础设施分门别类登记入账。国务院有关行业主管部门对公共基础设施已规定分级分类标准的，从其规定；尚无明确规定的，单位在公共基础设施首次入账时可按照现行管理实务进行分级分类，待统一分类规定出台后再行调整。

单位对公共基础设施至少应当按照市政基础设施、交通基础设施、水利基础设施和其他公共基础设施四个类别进行明细核算，其他明细核算应当遵循政府会计准则制度，并满足编制行政事业性国有资产报告的需要。

三、公共基础设施的确认

（一）公共基础设施确认的主体

按照《关于进一步做好政府会计准则制度新旧衔接和加强行政事业单位资产核算的通知》（财会〔2018〕34 号）精神，公共基础设施的记账主体按照“谁承担管理维护职责、由谁入账”的原则确定公共基础设施的记账主体。

（1）通常情况下，符合确认条件的公共基础设施，应当由按规定对其负有管理维护职责的单位予以确认。

（2）多个单位共同管理维护的公共基础设施，应当由对该资产负有主要管理维护职责或者承担后续主要支出责任的单位予以确认。

（3）分为多个组成部分由不同单位分别管理维护的公共基础设施，应当由各个单位分别对其负责管理维护的公共基础设施的相应部分予以确认。

（4）负有管理维护公共基础设施职责的单位通过政府购买服务方式委托企业或其他会计主体代为管理维护公共基础设施的，该公共基础设施应当由委托方予以确认。

（二）公共基础设施确认的条件

公共基础设施同时满足下列条件的，应当予以确认：

（1）与该公共基础设施相关的服务潜力很可能实现或者经济利益很可能流入单位。

（2）该公共基础设施的成本或者价值能够可靠地计量。

（三）公共基础设施确认的时点

通常情况下，对于自建或外购的公共基础设施，单位应当在该项公共基础设施验收合格并交付使用时确认；对于无偿调入、接受捐赠的公共基础设施，单位应当在开始承担该项公共基础设施管理维护职责时确认。

（四）公共基础设施的分类确认

单位应当根据公共基础设施提供公共产品或服务的性质或功能特征对其进行分类确认。

（1）公共基础设施的各组成部分具有不同使用年限或者以不同方式提供公共产品或服务，适用不同折旧率或折旧方法且可以分别确定各自原价的，应当分别将各组成部分确认为该类公共基础设施的一个单项公共基础设施。

（2）单位在购建公共基础设施时，能够分清购建成本中的构筑物部分与土地使用权部分的，应当将其中的构筑物部分和土地使用权部分分别确认为公共基础设施；不能分清购建成本中的构筑物部分与土地使用权部分的，应当整体确认为公共基础设施。

（五）后续支出的确认

公共基础设施在使用过程中发生的后续支出，符合公共基础设施确认条件的，应当计入公共基础设施成本；不符合公共基础设施确认条件的，应当在发生时计入当期费用。

通常情况下，为增加公共基础设施使用效能或延长其使用年限而发生的改建、扩建等后续支出，应当计入公共基础设施成本；为维护公共基础设施的正常使用而发生的日常维修、养护等后续支出，应当计入当期费用。

四、公共基础设施的后续计量

（一）公共基础设施的折旧或摊销

（1）折旧，是指在公共基础设施的预计使用年限内，按照确定的方法对应计的折旧额进行系统分摊。

（2）单位应当对公共基础设施计提折旧，但除单位持续进行良好的维护使得其性能得到永久维持的公共基础设施和确认为公共基础设施的单独计价入账的土地使用权除外。

按照《关于进一步做好政府会计准则制度新旧衔接和加强行政事业单位资产核算的通知》（财会〔2018〕34 号）精神，在国务院财政部门对公共基础设施折旧（摊销）年限做出规定之前，单位在公共基础设施首次入账时暂不考虑补提折旧（摊销），初始入账后也暂不计提折旧（摊销）。

公共基础设施应计提的折旧总额为其成本，计提公共基础设施折旧时不考虑预计净残值。

单位应当对暂估入账的公共基础设施计提折旧，实际成本确定后不需调整原已计提的折旧额。

（3）单位应当根据公共基础设施的性质和使用情况，合理确定公共基础设施的折旧年限。单位确定公共基础设施折旧年限，应当考虑下列因素：

1）设计使用年限或设计基准期。

2）预计实现服务潜力或提供经济利益的期限。

3）预计有形损耗和无形损耗。

4）法律或者类似规定对资产使用的限制。

公共基础设施的折旧年限一经确定，一般不得随意变更。

对于单位接受无偿调入、捐赠的公共基础设施，应当考虑该项资产的新旧程度，按照其尚可使用的年限计提折旧。

（4）单位一般应当采用年限平均法或者工作量法计提公共基础设施折旧。

在确定公共基础设施的折旧方法时，应当考虑与公共基础设施相关的服务潜力或经济利益的预期实现方式。

公共基础设施折旧方法一经确定，不得随意变更。

（5）公共基础设施应当按月计提折旧，并计入当期费用。

当月增加的公共基础设施，当月开始计提折旧；当月减少的公共基础设施，当月不再计提折旧。

（6）处于改建、扩建等建造活动期间的公共基础设施，应当暂停计提折旧。

因改建、扩建等原因而延长公共基础设施使用年限的，应当按照重新确定的公共基础设施的成本和重新确定的折旧年限计算折旧额，不需调整原已计提的折旧额。

公共基础设施提足折旧后，无论能否继续使用，均不再计提折旧；已提足折旧的公共基础设施，可以继续使用的，应当继续使用，并规范实物管理。

提前报废的公共基础设施，不再补提折旧。

对于确认为公共基础设施的单独计价入账的土地使用权，单位应当参照计提无形资产摊销的相关规定计提公共基础设施摊销。

（二）公共基础设施的处置

（1）单位按规定报经批准无偿调出、对外捐赠公共基础设施的，应当将公共基础设施的账面价值予以转销。无偿调出、对外捐赠中发生的归属于调出方、捐出方的相关费用应当计入当期费用。

（2）公共基础设施报废或遭受重大毁损的，单位应当在报经批准后将公共基础设施账面价值予以转销，并将报废、毁损过程中取得的残值变价收入扣除相关费用后的差额按规定做应缴款项处理（差额为净收益时）或计入当期费用（差额为净损失时）。

五、公共基础设施的核算

政府会计主体为进行公共基础设施的核算，应设置“公共基础设施”“公共基础设施累计折旧（摊销）”科目。

（一）“公共基础设施”科目

单位为了核算其控制的公共基础设施的原值，应设置“公共基础设施”（资产类）科目。其借方登记取得的公共基础设施的实际成本，贷方登记处置的公共基础设施账面余额。期末借方余额，反映公共基础设施的原值。

“公共基础设施”科目应当按照公共基础设施的类别、项目等设置明细科目，进行明细核算。

（二）“公共基础设施累计折旧（摊销）”科目

单位为了核算其计提的公共基础设施累计折旧和累计摊销，应设置“公共基础设施累计折旧（摊销）”（资产类/备抵账户）科目。其贷方登记按规定计提的折旧（摊销）额，借方登记处置的公共基础设置已提取的折旧（摊销）额。期末贷方余额，反映单位提取的公共基础设施折旧和摊销的累计数。

“公共基础设施累计折旧（摊销）”科目应当按照所对应公共基础设施的明细分类设置明细科目，进行明细核算。

核算举例

某市住房和城乡建设局2020年发生下列有关公共基础设施的业务，请根据有关凭证编制会计分录。

1. 1月20日，为市中心广场购置室外公共健身器材一批，通过网银转账支付价款780 000元，经验收合格交付使用。

财务会计

借：公共基础设施——市政基础设施——室外公共健身器材　　780 000

　贷：银行存款　　780 000

预算会计

借：事业支出——基本支出——专用设备购置费　　780 000

　贷：资金结存——货币资金　　780 000

2. 2月8日，省住房和城乡建设厅无偿调入污水处理配套设备一套，价款66 000元。设备调试正常交付使用，通过网银转账支付运输费1 800元。

财务会计

借：公共基础设施——市政基础设施——污水处理设备　　67 800

　贷：无偿调拨净资产　　66 000

　　　银行存款　　1 800

预算会计

借：其他支出——运输费　　1 800

　贷：资金结存——货币资金　　1 800

3. 2月25日，接受某公司无偿捐赠垃圾处理配套设备一套，设备成本暂时无法确定。设备调试正常交付使用，通过网银转账支付运输费2 100元。

财务会计

因设备成本无法确定，先在备查簿中暂时登记，待成本确定后再入账。

借：其他费用——运输费　　2 100

　　贷：银行存款　　2 100

预算会计

借：其他支出——运输费　　2 100

　　贷：资金结存——货币资金　　2 100

4. 3月18日，按市政建设规划要求决定改造市中心广场公共卫生间，公共卫生间账面余额340 000元，已累计计提折旧230 000元。

财务会计

借：在建工程——公共卫生间改造　　110 000

　　公共基础设施累计折旧（摊销）　　230 000

　　贷：公共基础设施——市政基础设施　　340 000

预算会计不进行账务处理。

5. 3月20日，通过网银转账预付施工单位公共卫生间改造款50 000元。

财务会计

借：预付账款——公共卫生间改造　　50 000

　　贷：银行存款　　50 000

预算会计

借：事业支出——基本支出——更新改造费　　50 000

　　贷：资金结存——货币资金　　50 000

6. 4月20日，公共卫生间改造完工，经验收合格交付使用。通过网银转账支付应付施工单位改造余款150 000元。

财务会计

借：在建工程——公共卫生间改造　　200 000

　　贷：预付账款——公共卫生间改造　　50 000

　　　　银行存款　　150 000

借：公共基础设施——公共卫生间　　310 000

　　贷：在建工程——公共卫生间改造　　310 000

预算会计

借：事业支出——基本支出——更新改造费　　150 000

　　贷：资金结存——货币资金　　150 000

7. 5月29日，按规定计算出当月应计提公共基础设施累计折旧额357 800元。

借：业务活动费用——公共基础设施折旧（摊销）费用　　357 800

　　贷：公共基础设施累计折旧（摊销）　　357 800

知识归纳

公共基础设施是指单位为满足社会公共需求而控制的有形资产。公共基础设施主要包括市政基础设施、交通基础设施、水利基础设施和其他公共基础设施等。

通常情况下，符合确认条件的公共基础设施，应当由按规定对其负有管理维护职责的单位予以确认。单位确认公共基础设施应同时满足两个条件，即与该公共基础设施相关的服务潜力很可能实现或者经济利益很可能流入单位；该公共基础设施的成本或者价值能够可靠地计量。

单位应当对除单位持续进行良好的维护使得其性能得到永久维持的公共基础设施和确认为公共基础设施的单独计价入账的土地使用权除外的所有公共基础设施计提折旧，应当合理确定公共基础设施的折旧年限，折旧年限一经确定一般不得随意变更。

政府会计主体主要设置“公共基础设施”“公共基础设施累计折旧（摊销）”进行公共基础设施的核算。

问题探究

1. 什么是公共基础设施？公共基础设施有什么特征？
2. 公共基础设施包括哪些内容？公共基础设施与单位的固定资产有什么区别？
3. 公共基础设施的折旧年限和折旧范围是如何规定的？

任务五　政府储备物资的管理与核算

任务目标

◇ 了解政府储备物资的定义与内容。
◇ 熟悉政府储备物资的确认与计量。
◇ 学会政府储备物资的核算。

一、政府储备物资的定义

政府储备物资是指单位为满足实施国家安全与发展战略、进行抗灾救灾、应对公共突发事件等特定公共需求而控制的，同时具有下列特征的有形资产：

（1）在应对可能发生的特定事件或情形时动用。

（2）其购入、存储保管、更新（轮换）、动用等由政府及相关部门发布的专门管理制度规范。

二、政府储备物资的内容

政府储备物资包括战略及能源物资、抢险抗灾救灾物资、农产品、医药物资和其他重要商品物资，通常情况下，政府储备物资由按规定对政府储备物资负有行政管理职责的单位委托承储单位存储。

政府储备物资不包含企业以及纳入企业财务管理体系的事业单位接受政府委托收储并按企业会计准则核算的储备物资，也不包含单位的存货。

三、政府储备物资的确认

（1）政府储备物资确认的主体。通常情况下，符合确认条件的政府储备物资，应当由按规定对其负有行政管理职责的政府会计主体予以确认。所谓行政管理职责主要指提出或拟订收储计划、更新（轮换）计划、动用方案等。

相关行政管理职责由不同单位行使的政府储备物资，由负责提出收储计划的单位予以确认；对政府储备物资不负有行政管理职责但接受委托具体负责执行其存储保管等工作的单位，应当将受托代储的政府储备物资作为受托代理资产核算。

（2）政府储备物资确认的条件。政府储备物资同时满足下列条件的，应当予以确认：

1）与该政府储备物资相关的服务潜力很可能实现或者经济利益很可能流入单位。

2）该政府储备物资的成本或者价值能够可靠地计量。

四、政府储备物资的初始计量

政府储备物资在取得时应当按照成本进行初始计量。

（1）购入的政府储备物资。单位购入的政府储备物资，其成本包括购买价款和单位承担的相关税费、运输费、装卸费、保险费、检测费以及使政府储备物资达到目前场所和状态所发生的归属于政府储备物资成本的其他支出。

（2）委托加工的政府储备物资。单位委托加工的政府储备物资，其成本包括委托加工前物料成本、委托加工的成本（如委托加工费以及按规定应计入委托加工政府储备物资成本的相关税费等）以及单位承担的使政府储备物资达到目前场所和状态所发生的归属于政府储备物资成本的其他支出。

（3）接受捐赠的政府储备物资。单位接受捐赠的政府储备物资，其成本按照有关凭据注明的金额加上单位承担的相关税费、运输费等确定；没有相关凭据可供取得，但按规定经过资产评估的，其成本按照评估价值加上单位承担的相关税费、运输费等确定；没有相关凭据可供取得，也未经资产评估的，其成本比照同类或类似资产的市场价格加上单位承担的相关税费、运输费等确定。

(4) 无偿调入的政府储备物资。单位接受无偿调入的政府储备物资，其成本按照调出方账面价值加上归属于单位的相关税费、运输费等确定。

(5) 盘盈的政府储备物资。单位盘盈的政府储备物资，其成本按照有关凭据注明的金额确定；没有相关凭据，但按规定经过资产评估的，其成本按照评估价值确定；没有相关凭据，也未经资产评估的，其成本按照重置成本确定。

注意：仓储费用、日常维护费用、不能归属于使政府储备物资达到目前场所和状态所发生的其他支出均不计入政府储备物资成本。

五、政府储备物资的后续计量

（一）政府储备物资发出的计价方法

单位应当根据实际情况采用先进先出法、加权平均法或者个别计价法确定政府储备物资发出的成本。计价方法一经确定，不得随意变更。

对于性质和用途相似的政府储备物资，单位应当采用相同的成本计价方法确定发出物资的成本。

对于不能替代使用的政府储备物资、为特定项目专门购入或加工的政府储备物资，单位通常应采用个别计价法确定发出物资的成本。

（二）因动用而发出政府储备物资

因动用而发出无须收回的政府储备物资的，单位应当在发出物资时将其账面余额予以转销，计入当期费用。

因动用而发出需要收回或者预期可能收回的政府储备物资的，单位应当在按规定的质量验收标准收回物资时，将未收回物资的账面余额予以转销，计入当期费用。

（三）调拨政府储备物资

因行政管理主体变动等原因而将政府储备物资调拨给其他主体的，单位应当在发出物资时将其账面余额予以转销。

（四）对外销售政府储备物资

单位对外销售政府储备物资的，应当在发出物资时将其账面余额转销计入当期费用，并按规定确认相关销售收入或将销售取得的价款大于所承担的相关税费后的差额做应缴款项处理。

单位采取销售采购方式对政府储备物资进行更新（轮换）的，应当将物资轮出视为物资销售，按照对外销售政府储备物资处理；将物资轮入视为物资采购，按照购入政府储备物资处理。

（五）政府储备物资报废、毁损

政府储备物资报废、毁损的，单位应当按规定报经批准后将报废、毁损的政府储备物资的账面余额予以转销，确认应收款项（确定追究相关赔偿责任的）或计入当期费用（因储存年限到期报废或非人为因素致使报废、毁损的）；同时，将报废、毁损过程中取得的残值变价收入扣除单位承担的相关费用后的差额按规定作应缴款项处理（差额为净收益时）或计入当期费用（差额为净损失时）。

（六）政府储备物资盘亏

政府储备物资盘亏的，单位应当按规定报经批准后将盘亏的政府储备物资的账面余额予以转销，确定追究相关赔偿责任的，确认应收款项；属于正常耗费或不可抗力因素造成的，计入当期费用。

六、政府储备物资的核算

单位为了核算其控制的政府储备物资的成本，应设置“政府储备物资”（资产类）科目。其借方登记政府储备物资的入库成本，贷方登记政府储备物资的出库成本。期末借方余额，反映政府储备物资的成本。

“政府储备物资”科目应当按照政府储备物资的种类、品种、存放地点等设置明细科目，进行明细核算。单位根据需要，可在“政府储备物资”科目下设置“在库”“发出”等明细科目，进行明细核算。

核算举例

某市卫健局2020年发生下列有关政府储备物资业务，请根据有关凭证编制会计分录。

1. 2月2日，购入防疫物资一批，价款684 000元，运杂费3 000元，价款及运杂费通过零余额账户转账支付。

财务会计

借：政府储备物资——防疫物资	687 000	
贷：零余额账户用款额度		687 000

预算会计

借：行政支出——财政拨款支出（基本支出）——物资储备费	687 000	
贷：资金结存——零余额账户用款额度		687 000

2. 2月8日，给疫情严重的某小区发放防疫物资80 000元。

财务会计

借：业务活动费用——商品和服务费用	80 000	
贷：政府储备物资——防疫物资		80 000

预算会计不进行账务处理。

3. 3月15日，给疫情严重的某市支援库存的储备急救药品一批，价值552 000元。

财务会计

借：政府储备物资——医药物资——发出	552 000	
贷：政府储备物资——医药物资——在库		552 000

预算会计不进行账务处理。

4. 4月30日，上述支援某市的急救药品有部分未使用，经协商退回，价值为231 000元。

财务会计

借：政府储备物资——医药物资——在库　　231 000

　　业务活动费用——商品和服务费用　　321 000

　　贷：政府储备物资——医药物资——发出　　552 000

预算会计不进行账务处理。

知识归纳

政府储备物资是指单位为满足实施国家安全与发展战略、进行抗灾救灾、应对公共突发事件等特定公共需求而控制的有形资产。政府储备物资包括战略及能源物资、抢险抗灾救灾物资、农产品、医药物资和其他重要商品物资。

政府储备物资由对其负有行政管理职责的政府会计主体予以确认。政府储备物资在取得时应当按照成本进行初始计量；单位应当根据实际情况采用先进先出法、加权平均法或者个别计价法确定政府储备物资发出的成本。计价方法一经确定，不得随意变更。

单位政府储备物资主要通过“政府储备物资”科目核算。

问题探究

1. 什么是政府储备物资？政府储备物资有什么特征？
2. 政府储备物资包括哪些内容？政府储备物资与存货有什么区别？
3. 政府储备物资确认的主体及条件是什么？

任务六　文物文化资产的管理与核算

任务目标

◇ 了解文物文化资产的定义。

◇ 熟悉文物文化资产的确认与计量。

◇ 学会文物文化资产的核算。

一、文物文化资产的定义

文物文化资产是指单位为满足社会公共需求而控制的用于展览、教育或研究等目的的历史文物、艺术品以及其他具有文化或历史价值并作长期或永久保存的典藏等。

由于文物文化资产不介入单位业务活动过程，因此单位为满足自身开展业务活动或其他活动需要而控制的文物和陈列品属于单位固定资产管理与核算范围，不属于文物文化资产。

二、文物文化资产的确认与计量

(1) 文物文化资产在取得时，应当按照其成本入账。

1) 外购的文物文化资产，其成本按照购买价款、相关税费以及可归属于该项资产达到预定用途前所发生的其他支出（如运输费、安装费、装卸费等）确认。

2) 接受其他单位无偿调入的文物文化资产，其成本按照该项资产在调出方的账面价值加上归属于调入方的相关费用确认。

3) 接受捐赠的文物文化资产，其成本按照有关凭据注明的金额加上相关费用确定；没有相关凭据可供取得，但按照规定经过资产评估的，其成本按照评估价值加上相关费用确定；没有相关凭据可供取得也未经评估的，其成本比照同类或类似资产的市场价格加上相关费用确定。

4) 对于成本无法可靠取得的文物文化资产，单位应当设置备查簿进行登记，待成本能够可靠确定后按照规定及时确认。

(2) 与文物文化资产有关的后续支出，应当按照在建工程成本入账。

1) 将文物文化资产转入改建、扩建时，按照文物文化资产的账面余额确认。

2) 为增加文物文化资产使用效能或延长其使用年限而发生的改建、扩建等后续支出，在改建、扩建完成竣工验收交付使用时，按照在建工程成本确认。

3) 为保证文物文化资产正常使用发生的日常维修等支出，直接列入相关费用，不列入文物文化资产成本。

(3) 按照规定报经批准处置（对外捐赠和无偿调出）的文物文化资产，应当按照被处置文物文化资产账面余额确认。

(4) 单位应当定期对文物文化资产进行清查盘点，每年至少盘点一次。对于发生的文物文化资产盘盈、盘亏、毁损或报废等，应当先计入待处理财产损溢，按照规定报经批准后及时进行后续账务处理。

1) 盘盈的文物文化资产，其成本按照有关凭据注明的金额确定；没有相关凭据但按照规定经过资产评估的，其成本按照评估价值确定；没有相关凭据也未经过评估的，其成本按照重置成本确定。盘盈的文物文化资产成本无法可靠取得的，单位应当设置备查簿进行登记，待成本确定后按照规定及时入账。

盘盈的文物文化资产，按照确定的入账成本确认。

2) 盘亏、毁损或报废的文物文化资产，按照文物文化资产的账面余额确认。

按照《关于进一步做好政府会计准则制度新旧衔接和加强行政事业单位资产核算的通知》（财会〔2018〕34 号）精神，对于成本无法可靠取得的文物文化资产，单位应当设置备查簿进行登记，待成本能够可靠确定后按照规定及时入账。

三、文物文化资产的核算

单位为了核算其为满足社会公共需求而控制的文物文化资产的成本，应设置“文物文化资产”（资产类）科目。其借方登记文物文化资产的增加额，贷方登记文物文化资产的减少额。期末借方余额，反映文物文化资产的成本。

“文物文化资产”科目应当按照文物文化资产的类别、项目等设置明细科目，进行明细核算。

核算举例

某市文化和旅游局2020年发生下列有关文物文化资产的业务，请根据有关凭证编制会计分录。

1. 3月5日，购买用于举办地方民俗文化展览用艺术品一件，价值174 000元，运费3 000元，价款及运费通过网银转账支付。

财务会计

	借方	贷方
借：文物文化资产——艺术品	177 000	
贷：银行存款		177 000

预算会计

	借方	贷方
借：行政支出——基本支出——其他	174 000	
其他支出——运输费	3 000	
贷：资金结存——货币资金		177 000

2. 3月8日，省文化和旅游厅无偿调入历史文物一件，市场估价230 000元，通过银行转账支付运费及安置费8 000元。

财务会计

	借方	贷方
借：文物文化资产——历史文物	238 000	
贷：无偿调拨净资产		230 000
银行存款		8 000

若无偿调入历史文物的成本无法确定，先在备查簿中暂时登记，待成本确定后再入账。

	借方	贷方
借：其他费用——运输费	8 000	
贷：银行存款		8 000

预算会计

	借方	贷方
借：其他支出——运输费	8 000	
贷：资金结存——货币资金		8 000

3. 4月2日，接受爱国民主人士无偿捐赠失传多年的当地志一本，市场估价280 000元，通过网银转账支付公证费2 000元。

财务会计

	借方	贷方
借：文物文化资产——历史典籍	282 000	
贷：捐赠收入		280 000
银行存款		2 000

若接受捐赠的历史典籍成本无法确定，先在备查簿中暂时登记，待成本确定后再入账。

借：其他费用——公证费　　2 000
　　贷：银行存款　　2 000

预算会计

借：其他支出——公证费　　2 000
　　贷：资金结存——货币资金　　2 000

4. 4 月 30 日，地方民俗文化展举办完毕，将上述购置的展览用艺术品无偿调拨给市中学。

财务会计

借：无偿调拨净资产　　177 000
　　贷：文物文化资产——艺术品　　177 000

预算会计不进行账务处理。

知识归纳

文物文化资产是指单位为满足社会公共需求而控制的用于展览、教育或研究等目的的历史文物、艺术品以及其他具有文化或历史价值并作长期或永久保存的典藏等。

单位文物文化资产主要通过“文物文化资产”科目核算。

问题探究

1. 什么是文物文化资产？
2. 文物文化资产与单位的固定资产有什么区别？
3. 文物文化资产应如何确认与计量？

任务七　保障性住房的管理与核算

任务目标

◇ 了解保障性住房的含义与种类。

◇ 熟悉保障性住房的计价。

◇ 学会保障性住房的核算。

一、保障性住房的含义

保障性住房，指政府在对中低收入家庭实行分类保障过程中所提供的限定供应对象、建设标准、销售价格或租金标准，具有社会保障性质的住房。

按照《政府会计准则制度解释第1号》的规定，《政府会计制度》中的保障性住房主要指地方政府住房保障主管部门持有全部或部分产权份额、纳入城镇住房保障规划和年度计划、向符合条件的保障对象提供的住房。

二、保障性住房的种类

保障性住房包括两限商品住房、经济适用房、廉租房以及政策性租赁房。

（1）两限商品住房即“限套型、限房价、竞地价、竞房价”。

（2）经济适用房是指具有社会保障性质的商品住宅，具有经济性和适用性的特点。

（3）廉租房是指只租不售的住房。廉租房只出租给城镇居民中最低收入者。

（4）政策性租赁房是指通过政府或政府委托的机构，按照市场租价向中低收入的住房困难家庭提供可租赁的住房，同时，政府对承租家庭按月支付相应标准的租房补贴。

保障性住房是我国城镇住宅建设中较具特殊性的一种类型住宅，它通常是根据国家政策以及法律法规的规定，由政府统一规划、统筹，提供给特定的人群使用，并且对该类住房的建造标准和销售价格或租金标准给予限定，起社会保障作用的住房。

三、保障性住房的计价

（1）保障性住房在取得时，应当按其成本入账。

1）外购的保障性住房，其成本包括购买价款、相关税费以及可归属于保障性住房达到预定用途前所发生的其他支出。

2）自行建造的保障性住房交付使用时，按照在建工程成本转入。已交付使用但尚未办理竣工决算手续的保障性住房，按照估计价值入账，待办理竣工决算后再按照实际成本调整原来的暂估价值。

3）接受其他单位无偿调入的保障性住房，其成本按照保障性住房在调出方的账面价值加上归属于调入方的相关费用确定。

4）融资租赁取得的保障性住房，其成本按照租赁协议或者合同确定的租赁价款、相关税费以及保障性交付使用前所发生的可归属于保障性住房的相关费用确定。

5）按照规定跨年度分期付款购入保障性住房，其成本参照融资租赁取得的保障性住房确定。

6）接受捐赠取得的保障性住房，按照确定的成本或按名义金额入账。

（2）与保障性住房有关的后续支出，分以下两种情况：

1）符合保障性住房确认条件的后续支出，如改建、扩建，按照归集的成本入账。

2）不符合保障性住房确认条件的后续支出，为保证保障性住房正常使用发生的日常维修等支出，直接计入费用。

（3）按照规定出租保障性住房的出租收入应上缴同级财政。

（4）按照规定报经批准处置保障性住房，应当分别以下情况处理：

1）报经批准无偿调出保障性住房，按照被处置保障性住房的账面余额冲减账面价值。

2）报经批准出售保障性住房，按照被出售保障性住房的账面余额冲减账面价值。

（5）单位应当定期对保障性住房进行清查盘点。对于发生的保障性住房盘盈、盘亏、毁损或报废等，按以下规定计价：

1）盘盈的保障性住房，其成本按照有关凭据注明的金额确定；没有相关凭据，但按照规定经过资产评估的，其成本按照评估价值确定；没有相关凭据也未经过评估的，其成本按照重置成本确定。如无法采用上述方法确定盘盈保障性住房成本，按照名义金额（人民币 1 元）入账。

2）盘亏、毁损或报废的保障性住房，按照待处理保障性住房的账面余额确定。

四、保障性住房的折旧

单位保障性住房计提折旧参照固定资产计提折旧的相关规定，按月对其控制的保障性住房计提折旧。

五、保障性住房的核算

政府会计主体为进行保障性住房的核算，应设置“保障性住房”“保障性住房累计折旧”科目。

（一）“保障性住房”科目

单位为核算其满足社会公共需求而控制的保障性住房的原值，应设置“保障性住房”（资产类）科目。其借方登记购进、建造、调入等增加保障性住房的成本，贷方登记调出、出售等减少保障性住房的成本。期末借方余额，反映保障性住房的原值。

“保障性住房”科目应当按照保障性住房的类别、项目设置明细科目，进行明细核算。

（二）“保障性住房累计折旧”科目

单位为核算其计提的保障性住房的累计折旧，应设置“保障性住房累计折旧”（资产类）科目。其借方登记处置保障性住房的已提折旧额，贷方登记计提的保障性住房折旧额。期末贷方余额，反映单位计提的保障性住房折旧累计数。

“保障性住房累计折旧”科目应当按照所对应保障性住房的类别设置明细科目，进行明细核算。

核算举例

某市住房和城乡建设局 2020 年发生下列有关保障性住房业务，请根据有关凭证编制会计分录。

1. 1月20日，收到“财政直接支付到账通知书”，用政府性基金支付购买经济适用房价款36 000 000（100套×360 000元）元。

财务会计

借：保障性住房——经济适用房　　36 000 000

　　贷：财政拨款收入——政府性基金　　36 000 000

预算会计

借：行政支出——项目支出——经济适用房购置　　36 000 000

　　贷：财政拨款预算收入——项目支出——经济适用房　　36 000 000

2. 2月20日，自行建造的廉租房100套交付使用，每套竣工决算均价250 000元，共计25 000 000元。

财务会计

借：保障性住房——廉租房　　25 000 000

　　贷：在建工程——廉租房　　25 000 000

预算会计不进行账务处理。

3. 3月15日，省住房和城乡建设厅无偿调入政策性租赁房100套，每套均价440 000元，共计44 000 000元。另外，通过银行转账支付相关税费共计500 000元。

财务会计

借：保障性住房——政策性租赁房　　44 500 000

　　贷：银行存款　　500 000

　　　　无偿调拨净资产——政策性租赁房　　44 000 000

预算会计

借：其他支出——保障性住房税费　　500 000

　　贷：资金结存——货币资金　　500 000

4. 3月30日，按规定计算出本季度廉租房应收租金共计683 200元。

财务会计

借：应收账款——应收廉租房租金　　683 200

　　贷：应缴财政款——廉租房租金　　683 200

预算会计不进行账务处理。

5. 4月10日，报经批准将经济适用房100套出售，合同均价220 000元，售价22 000 000元通过网银转账收讫，同时通过网银转账支付出售经济适用房应承担的相关税费200 000元。该批经济适用房账面均价320 000元，共计32 000 000元，累计已计提折旧12 000 000元。

财务会计

借：资产处置费用——经济适用房出售费用　　20 000 000

　　保障性住房累计折旧——经济适用房　　12 000 000

　　贷：保障性住房——经济适用房　　32 000 000

同时，

借：银行存款　　22 000 000

　　贷：应缴财政款——出售经济适用房价款　　21 800 000

银行存款　　200 000

预算会计不进行账务处理。

6. 4月30日，按规定计算出当月各类保障性住房应计提的折旧额为1 467 000元。

借：单位管理费用——保障性住房折旧费　　1 467 000

　　贷：保障性住房累计折旧　　1 467 000

知识归纳

保障性住房，指政府在对中低收入家庭实行分类保障过程中所提供的限定供应对象、建设标准、销售价格或租金标准，具有社会保障性质的住房。它包括两限商品住房、经济适用房、廉租房以及政策性租赁房。

保障性住房在取得时，应当按其成本入账；符合保障性住房确认条件的后续支出，按照“在建工程”归集的成本入账；按照规定出租保障性住房的出租收入应上缴同级财政。

保障性住房计提折旧参照固定资产计提折旧的相关规定按月计提。

保障性住房及其折旧的核算设置“保障性住房”“保障性住房累计折旧”两个科目。

问题探究

1. 什么是保障性住房？目前保障性住房分为哪几类？
2. 保障性住房的取得有哪几种渠道？各种取得的渠道分别如何计价？

任务八　零星资产业务的核算

任务目标

◇ 了解应收票据、预付账款、待摊费用、长期待摊费用的含义。

◇ 熟悉应收票据、预付账款、待摊费用、长期待摊费用的相关管理要求。

◇ 学会应收票据、预付账款、待摊费用、长期待摊费用的核算。

一、应收票据的含义与核算

应收票据是指事业单位因开展经营活动销售产品、提供有偿服务等而应收的商业汇票，包括银行承兑汇票和商业承兑汇票两种。商业承兑汇票是付款人签发并承兑，或由收款人签发交由付款人承兑的汇票；银行承兑汇票是由在承兑银行开立存款账户的存款人出票，由承兑银行承兑的票据。

应收票据按是否计息，可分为带息票据和不带息票据。带息票据是指注明利率及付息日期的票据；不带息票据是指到期只按面额支付，无须支付利息的票据。

应收票据贴现时，要计算贴现息和贴现净额，银行贴现折扣的利息称为银行贴息，银行贴现时所用利率称为贴现率。票据价值就是票据的到期价值，不带息票据的到期值为票据的面值，带息票据的到期值为票据到期时的本金加利息。计算公式如下：

贴现息＝票据到期值×贴现率×贴现期

贴现净额＝票据到期值－贴现息

事业单位为了核算其因开展经营活动销售产品、提供有偿服务等而收到的商业汇票，应设置“应收票据”科目（资产类）。其借方登记收到的商业汇票，贷方登记到期收回、贴现、转让及转出的商业汇票。期末借方余额，反映事业单位持有的商业汇票票面金额。

“应收票据”科目应当按照开出、承兑商业汇票的单位设置明细科目，进行明细核算。

事业单位应当设置“应收票据备查簿”，逐笔登记每一笔应收票据的种类、号数、出票日期、到期日、票面金额、交易合同号和付款人、承兑人、背书人姓名或单位名称、背书转让日、贴现日期、贴现率和贴现净额、收款日期、收回金额和退票情况等。

应收票据到期结清票款或退票后，应当在备查簿内逐笔注销。

核算举例

某事业单位在专业业务活动及其辅助活动之外开展非独立核算经营活动，2020 年发生下列有关应收票据业务，请根据有关凭证编制会计分录。

1. 4 月 1 日，销售给新华公司甲产品一批，价款 20 000 元，税款 2 600 元。收到 A 公司承兑的无息商业汇票，其面值为 22 600 元，期限 3 个月。

财务会计

借：应收票据——新华公司	22 600	
贷：经营收入——产品销售收入		20 000
应交增值税——应交税金（销项税额）		2 600

预算会计不进行账务处理。

2. 4 月 30 日，若持上述汇票到银行贴现，贴现率为 6%，通过网银转账收到贴现款 22 374 元。

贴现息＝22 600×6%×2÷12＝226（元）

贴现净额＝22 600－226＝22 374（元）

财务会计

借：银行存款	22 374	

经营费用——利息支出（贴现利息） 226

贷：应收票据——新华公司 22 600

（若进行不附追索权的贴现）

短期借款——新华公司 22 600

（若进行附追索权的贴现）

预算会计

借：资金结存——货币资金 22 374

贷：经营预算收入——产品销售预算收入 22 374

若上述附追索权的票据到期未发生追索事项。

财务会计

借：短期借款——新华公司 22 600

贷：应收票据——新华公司 22 600

预算会计不进行账务处理。

3. 5月1日，若将上述持有的新华公司的商业汇票背书转让给新民公司，用以支付从新民公司购买专用材料的货款24 800元，另通过网银转账支付差额2 200元。

财务会计

借：库存物品——专用材料 24 800

贷：应收票据——新华公司 22 600

银行存款 2 200

预算会计

借：经营支出——专用材料费 2 200

贷：资金结存——货币资金 2 200

4. 7月1日，若上述持有的新华公司的商业汇票到期，通过网银收到票款22 600元。

财务会计

借：银行存款 22 600

贷：应收票据——新华公司 22 600

预算会计

借：资金结存——货币资金 22 600

贷：经营预算收入——产品销售预算收入 22 600

5. 7月1日，若上述持有的新华公司的商业汇票到期，新华公司无力兑付票款。

财务会计

借：应收账款——新华公司 22 600

贷：应收票据——新华公司 22 600

预算会计不进行账务处理。

二、预付账款的含义与核算

预付账款是指单位按照购货、服务合同或协议规定预付给供应单位（或个人）的款项，以及按照合同规定向承包工程的施工企业预付的备料款和工程款。

单位应当于每年年末，对预付账款进行全面检查。如果有确凿证据表明预付账款不再符合预付款项性质，或者因供应单位破产、撤销等原因可能无法收到所购货物、服务的，应当先将其转入其他应收款，再按照规定进行处理。

单位为了核算其预付账款的增减变动情况，应设置“预付账款”（资产类）科目。其借方登记单位发生的预付款项数，贷方登记预付账款的冲减数。期末借方余额，反映单位实际预付但尚未结算的款项。

“预付账款”科目应当按照供应单位（或个人）及具体项目设置明细科目，进行明细核算；对于基本建设项目发生的预付账款，还应当在其所属基建项目明细科目下设置“预付备料款”“预付工程款”“其他预付款”等明细科目，进行明细核算。

核算举例

某事业单位在专业业务活动及其辅助活动之外开展非独立核算经营活动，2020 年 7 月份发生下列有关预付账款业务，请根据有关凭证编制会计分录。

1. 1 日，按照专用材料采购合同约定，通过网银转账预付凯悦公司专用材料采购款 50 000 元。

财务会计

	借方	贷方
借：预付账款——凯悦公司	50 000	
贷：银行存款		50 000

预算会计

	借方	贷方
借：经营支出——专用材料费	50 000	
贷：资金结存——货币资金		50 000

2. 10 日，订购凯悦公司专用材料到货验收入库，价款 150 000 元，税款 19 500 元，余款 119 500 通过网银转账支付。

财务会计

	借方	贷方
借：库存物品——专用材料	150 000	
应交增值税——应交税金（进项税额）	19 500	
贷：预付账款————凯悦公司		50 000
银行存款		119 500

预算会计

	借方	贷方
借：经营支出——专用材料费	119 500	
贷：资金结存——货币资金		119 500

3. 15 日，若上述凯悦公司因故无法履行供货合同，经协商通过网银退回预付货款 50 000 元。

财务会计

	借方	贷方
借：银行存款	50 000	
贷：预付账款——凯悦公司		50 000

预算会计

	借方	贷方
借：资金结存——货币资金	50 000	

贷：经营支出——专用材料费 50 000

若凯悦公司因故无法履行供货合同，预付货款 50 000 元在以后年度退回。

财务会计

借：银行存款 50 000

贷：预付账款——凯悦公司 50 000

预算会计

借：资金结存——货币资金 50 000

贷：非财政拨款结余——年初余额调整 50 000

若凯悦公司因故无法履行供货合同，逾期三年还无法收回预付货款 50 000 元。

财务会计

借：其他应收款——凯悦公司 50 000

贷：预付账款——凯悦公司 50 000

预算会计不进行账务处理。

三、待摊费用的含义与核算

待摊费用是指单位已经支付，但应当由本期和以后各期分别负担的分摊期在 1 年以内（含 1 年）的各项费用，如预付航空保险费、预付租金等。

单位发生的待摊费用应当在其受益期限内分期平均摊销，如预付航空保险费应在保险期的有效期内、预付租金应在租赁期内分期平均摊销，计入当期费用。

单位为了核算其已经支付，但应当由本期和以后各期分别负担的分摊期在 1 年以内（含 1 年）的各项费用，应设置“待摊费用”（资产类）科目。其借方登记实际预付的待摊费用额，贷方登记受益期内的平均分摊额。期末借方余额，反映单位各种已支付但尚未摊销的分摊期在 1 年以内（含 1 年）的费用。

“待摊费用”科目应当按照待摊费用种类设置明细科目，进行明细核算。

核算举例

某事业单位 2020 年发生下列有关待摊费用业务，请根据有关凭证编制会计分录。

1. 7 月 1 日，按照房屋租赁协议约定通过网银转账预付科技学院下半年房屋租金 528 000 元。

财务会计

借：待摊费用——预付房屋租金 528 000

贷：银行存款 528 000

预算会计

借：事业支出——基本支出——租赁费 528 000

贷：资金结存——货币资金 528 000

2. 7 月 31 日，计算提取本月应分摊科技学院房屋租金 8 8000 元。

财务会计

借：单位管理费用——商品和服务费用——租赁费 8 8000

贷：待摊费用——预付房屋租金　　8 8000

预算会计不进行账务处理。

3. 11 月 1 日，科技学院因故终止租赁合同，且无法退回预付房屋租金 176 000 元。

财务会计

借：单位管理费用——商品和服务费用——租赁费　　176 000

贷：待摊费用——预付房屋租金　　176 000

预算会计不进行账务处理。

四、长期待摊费用的含义与核算

长期待摊费用是指单位已经支出，但应由本期和以后各期负担的分摊期限在 1 年以上（不含 1 年）的各项费用，如以经营租赁方式租入的固定资产发生的改良支出等。

单位发生的长期待摊费用应当在其受益年限内分期平均摊销，如以经营租赁方式租入的固定资产发生的改良支出应在租赁期内分年平均摊销，计入当年费用。

单位为了核算其已经支出，但应由本期和以后各期负担的分摊期限在 1 年以上（不含 1 年）的各项费用，应设置“长期待摊费用”（资产类）科目。其借方登记实际支付的长期待摊费用额，贷方登记受益期内的平均分摊额。期末借方余额，反映单位尚未摊销完毕的长期待摊费用。

“长期待摊费用”科目应当按照费用项目设置明细科目，进行明细核算。

核算举例

某事业单位 2020 年发生下列有关长期待摊费用业务，请根据有关凭证编制会计分录。

1. 4 月 29 日，按照经营租赁房屋协议约定，租入商贸学院的实训楼，租赁期限为三年。对租入商贸学院的实训楼重新装修交付使用，累计支付装修费 180 000 元，通过网银转账付讫。

财务会计

借：长期待摊费用——租赁实训楼装修费　　180 000

贷：银行存款　　180 000

预算会计

借：事业支出——基本支出——修缮费　　180 000

贷：资金结存——货币资金　　180 000

2. 5 月 30 日，计算提取上述租入实训楼本月租金。

本月摊销额＝180 000÷3÷12＝5 000（元）

财务会计

借：单位管理费用——商品和服务支出——修缮费　　5 000

贷：长期待摊费用——租赁实训楼装修费　　5 000

预算会计不进行账务处理。

知识归纳

应收票据是指事业单位因开展经营活动销售产品、提供有偿服务等而应收的商业汇票，包括银行承兑汇票和商业承兑汇票两种。

预付账款是指单位按照购货、服务合同或协议规定预付给供应单位（或个人）的款项，以及按照合同规定向承包工程的施工企业预付的备料款和工程款。

待摊费用是指单位已经支付，但应当由本期和以后各期分别负担的分摊期在1年以内（含1年）的各项费用，如预付航空保险费、预付租金等。

长期待摊费用是指单位已经支出，但应由本期和以后各期负担的分摊期限在1年以上（不含1年）的各项费用，如以经营租赁方式租入的固定资产发生的改良支出等。

问题探究

1. 什么是应收票据？应收票据贴现净额如何计算？
2. 什么是预付账款？如何加强预付账款的管理？
3. 待摊费用和长期待摊费用的核算范围有什么区别？

项目十六

负债高级实务

任务一　事业单位借款业务及其核算

任务目标

◇ 了解借款的分类。

◇ 熟悉短期借款和长期借款利息账务处理的规定。

◇ 学会短期借款和长期借款的本金和利息的核算。

一、借款的分类

借款按照期限长短可分为短期借款和长期借款。

（1）短期借款是指事业单位经批准向银行或其他金融机构等借入的期限在1年内（含1年）的各种款项。

（2）长期借款是指事业单位经批准向银行或其他金融机构等借入的期限超过1年（不含1年）的各种借款本息。

二、借款的确认与计量

借款的确认与计量分为短期借款与长期借款本金和利息的确认与计量。

（一）短期借款的确认与计量

（1）借入各种短期借款时，按照实际借入的金额确认。

（2）银行承兑汇票到期无力支付票款的，按照应付票据的账面余额确认。

（3）归还短期借款时，按照短期借款的本金确认。

（二）长期借款本金和利息的确认与计量

（1）借入各项长期借款时，按照实际借入的金额确认。

（2）为建造固定资产、公共基础设施等应支付的专门借款利息，按期计提利息时，分别以下情况确认：

1）属于工程项目建设期间发生的利息，计入在建工程成本。

2）属于工程项目完工交付使用后支付的，计入当期支出。

（3）其他用途的长期借款利息，计入当期支出。

（4）长期借款到期归还本金、利息时，按照本金、利息确认。

三、借款的核算

事业单位为了进行借款的核算，设置“短期借款”“长期借款”“应付利息”“债务预算收入”“债务还本支出”等科目。

（一）“短期借款”科目

事业单位为了核算其经批准向银行或其他金融机构等借入的期限在 1 年内（含 1 年）的各种款项，应设置“短期借款”（负债类）科目。其贷方登记借入短期借款的本金数及无力支付到期银行承兑汇票的转入数，借方登记到期归还短期借款的本金数。期末贷方余额，反映事业单位尚未偿还的短期借款本金。

“短期借款”科目应当按照债权人和借款种类设置明细科目，进行明细核算。

（二）“长期借款”科目

事业单位为了核算其经批准向银行或其他金融机构等借入的期限超过 1 年（不含 1 年）的各种借款本息，应设置“长期借款”（负债类）科目。其贷方登记实际借入的长期借款的本金和到期一次还本付息借款的利息，借方登记到期归还长期借款的本金和利息。期末贷方余额，反映事业单位尚未偿还的长期借款本息金额。

“长期借款”科目一方面应当按照“本金”和“应计利息”设置明细科目，另一方面应按照贷款单位和贷款种类设置明细科目，进行明细核算。对于建设项目借款，还应按照具体项目设置明细科目，进行明细核算。

（三）“应付利息”科目

事业单位为了核算其按照合同约定应支付的借款利息，应设置“应付利息”（负债类）科目。其贷方登记短期借款、分期付息到期还本长期借款等应支付的利息，借方登记实际支付应付利息的金额。期末贷方余额，反映事业单位应付未付的利息金额。

“应付利息”科目应当按照债权人等设置明细科目，进行明细核算。

（四）“债务预算收入”科目

事业单位为了核算按照规定从银行或其他金融机构等借入的、纳入部门预算管理的、不以财政资金作为偿还来源的债务本金，应设置“债务预算收入”（预算收入类）科目。其贷方登记各项短期或长期借款实际借入的金额，借方登记年末结转额。年末结转后，应无余额。

“债务预算收入”科目应当按照贷款单位、贷款种类、《政府收支分类科目》中“支出功能分类科目”的项级科目等设置明细科目，进行明细核算。债务预算收入中如有专项资金收入，还应按照具体项目设置明细科目，进行明细核算。

（五）“债务还本支出”科目

事业单位为了核算其偿还自身承担的纳入预算管理的从金融机构举借的债务本金的现金流出，应设置“债务还本支出”（预算支出类）科目。其借方登记偿还各项短期或长期借款的借款本金额，贷方登记年末结转额。年末结转后，应无余额。

“债务还本支出”科目应当按照贷款单位、贷款种类、《政府收支分类科目》中“支出功能分类科目”的项级科目和“部门预算支出经济分类科目”的款级科目等设置明细科目，进行明细核算。

核算举例 1

某事业单位 2020 年发生下列有关贷款业务，请根据有关凭证编制会计分录。

1. 1 月 1 日，按贷款合同约定，从中国银行贷款 600 000 元，期限为三个月，利率为 3.5%，款项通过网银转账收讫。

财务会计

借：银行存款　　600 000

　　贷：短期借款——中国银行　　600 000

预算会计

借：资金结存——货币资金　　600 000

　　贷：债务预算收入——中国银行　　600 000

2. 1 月 31 日，计算提取上述贷款当月应付利息。

当月利息＝600 000×3.5%÷12＝1 750（元）

财务会计

借：其他费用——利息支出　　1 750

　　贷：应付利息——中国银行　　1 750

预算会计不进行账务处理。

3. 2 月 1 日，通过网银转账支付上述贷款 1 月份利息 1 750 元。

财务会计

借：应付利息——中国银行　　1 750

贷：银行存款　　1 750

预算会计

借：其他支出——利息支出　　1 750

贷：资金结存——货币资金　　1 750

4. 6 月 30 日，上述贷款到期，通过网银转账偿还贷款本金和当月应付利息。

财务会计

借：短期借款——中国银行　　600 000

应付利息——中国银行　　1 750

贷：银行存款　　601 750

预算会计

借：债务还本支出——中国银行　　600 000

其他支出——利息支出　　1 750

贷：资金结存——货币资金　　601 750

5. 7 月 20 日，因资金周转困难将单位为开展某经营活动开出的一张工商银行金额为 300 000 元到期银行承兑汇票转为期限为半年、利率为 3.2%的贷款。

财务会计

借：应付票据——银行承兑汇票　　300 000

贷：短期借款——工商银行　　300 000

预算会计

借：经营支出——有关明细　　300 000

贷：债务预算收入——工商银行　　300 000

核算举例 2

某事业单位为实训楼建设项目发生下列有关贷款业务，请根据有关凭证编制会计分录。

1. 2019 年 7 月 1 日，按贷款合同约定从工商银行贷款 1 600 000 元，期限 2 年，利率 5.5%，每年年末支付当年利息，到期还本付息。款项已通过网银转账收讫。

财务会计

借：银行存款　　1 600 000

贷：长期借款——本金——工商银行　　1 600 000

预算会计

借：资金结存——货币资金　　1 600 000

贷：债务预算收入——工商银行　　1 600 000

2. 2019 年 12 月 30 日，计算提取当年应支付实训楼建设项目贷款利息（建设期为 1 年 6 个月）。

当年利息＝1 600 000×5.5%×6÷12＝44 000（元）

财务会计

借：在建工程——实训楼建设　　44 000

贷：应付利息——工商银行　　44 000

预算会计不进行账务处理。

3. 2019 年 12 月 31 日，通过网银转账支付实训楼建设项目当年贷款利息 44 000 元。

财务会计

借：应付利息——工商银行　　44 000

　　贷：银行存款　　44 000

预算会计

借：其他支出——利息支出　　44 000

　　贷：资金结存——货币资金　　44 000

4. 2020 年 12 月 31 日，计算并通过网银转账支付实训楼建设项目当年贷款利息 88 000 元。

财务会计

借：在建工程——实训楼建设　　88 000

　　贷：应付利息——工商银行　　88 000

借：应付利息——工商银行　　88 000

　　贷：银行存款　　88 000

预算会计

借：其他支出——利息支出　　88 000

　　贷：资金结存——货币资金　　88 000

5. 2021 年 6 月 30 日，实训楼建设项目贷款到期，计算并通过网银转账支付当年利息 44 000 元。

财务会计

借：其他费用——利息支出　　44 000

　　贷：应付利息——工商银行　　44 000

借：应付利息——工商银行　　44 000

　　贷：银行存款　　44 000

预算会计

借：其他支出——利息支出　　44 000

　　贷：资金结存——货币资金　　44 000

6. 2021 年 6 月 30 日，通过网银转账偿还实训楼建设项目贷款本金。

财务会计

借：长期借款——本金——工商银行　　1 600 000

　　贷：银行存款　　1 600 000

预算会计

借：债务还本支出——工商银行　　1 600 000

　　贷：资金结存——货币资金　　1 600 000

知识归纳

事业单位的借款按照期限长短可分为短期借款和长期借款。短期借款是指事业单位经批准向银行或其他金融机构等借入的期限在 1 年内（含 1 年）的各种款项；长期借款是指事业单位经批准向银行或其他金融机构等借入的期限超过1年（不含1年）的各种借款本息。

事业单位主要设置“短期借款”“长期借款”“应付利息”科目进行借款的核算。

问题探究

1. “短期借款”科目和“长期借款”科目核算的内容有什么不同？
2. 短期借款和长期借款的利息在账务处理上有什么区别？
3. 如果涉及基建借款，“长期借款”科目的明细科目应如何设置？

任务二　应交增值税业务及其核算

任务目标

◇ 了解应交增值税的含义。
◇ 熟悉应交增值税的确认与计量。
◇ 学会应交增值税的核算。

一、应交增值税的含义

应交增值税是指单位按照税法规定计算应缴纳的增值税。

二、应交增值税的确认与计量

应交增值税的确认与计量分以下几种情况。

（一）单位[①]取得资产或接受劳务等业务的确认与计量

（1）单位购买用于增值税应税项目的资产或服务等时，按照当月已认证的可抵扣增值

① 如不特别说明，“应交增值税”中的“单位”均指增值税一般纳税人。

税额确认“进项税额”，按照当月未认证的可抵扣增值税额确认“待认证进项税额”。

（2）单位购进资产或服务等，用于简易计税方法计税项目、免征增值税项目、集体福利或个人消费等，按照待认证的增值税进项税额确认“待认证进项税额”。

（3）单位取得应税项目为不动产或者不动产在建工程，按照当期可抵扣的增值税额确认“进项税额”，按照以后期间可抵扣的增值税额确认“待抵扣进项税额”。尚未抵扣的进项税额待以后期间允许抵扣时，按照允许抵扣的金额确认“进项税额”及“待抵扣进项税额”。

（4）单位因发生非正常损失或改变用途等，原已记入“进项税额”“待抵扣进项税额”“待认证进项税额”，但按照现行增值税制度规定不得从销项税额中抵扣的，按照不得抵扣额分别确认“进项税额转出”“待抵扣进项税额”“待认证进项税额”；原不得抵扣且未抵扣进项税额的固定资产、无形资产等，因改变用途等用于允许抵扣进项税额的应税项目的，应按照允许抵扣的进项税额确认“进项税额”。

单位购进时已全额计入进项税额的货物或服务等转用于不动产在建工程的，对于结转以后期间的进项税额，应按照结转额分别确认“待抵扣进项税额”“进项税额转出”。

（5）按照现行增值税制度规定，境外单位或个人在境内发生应税行为，在境内未设有经营机构的，以购买方为增值税扣缴义务人。境内一般纳税人购进服务或资产时，按照可抵扣的增值税额确认“进项税额”，按照应代扣代缴的增值税额确认“代扣代缴增值税”。实际缴纳代扣代缴增值税时，按照代扣代缴的增值税额确认“代扣代缴增值税”。

（二）单位销售资产或提供服务等业务的确认与计量

（1）单位销售资产或提供服务，按照现行增值税制度规定计算的销项税额（或采用简易计税方法计算的应纳增值税额）确认“销项税额”或“简易计税”。

按照《政府会计制度》及相关政府会计准则确认收入的时点早于按照增值税制度确认增值税纳税义务发生时点的，应先按相关销项税额确认“待转销项税额”，待实际发生纳税义务时再确认“销项税额”或“简易计税”。

按照增值税制度确认增值税纳税义务发生时点早于按照《政府会计制度》及相关政府会计准则确认收入的时点的，应按照应纳增值税额确认“销项税额”或“简易计税”。

（2）金融商品实际转让月末，如产生转让收益，则按照应纳税额确认“转让金融商品应交增值税”；如产生转让损失，则按照可结转下月抵扣税额确认“转让金融商品应交增值税”。缴纳增值税时，按应交金额确认“转让金融商品应交增值税”。

（三）月末转出多交增值税和未交增值税的确认与计量

月度终了，对于当月应交未交的增值税，按照未交金额分别确认“转出未交增值税”“未交税金”；对于当月多交的增值税，按照多交金额分别确认“未交税金”“转出多交增值税”。

（四）缴纳增值税的确认与计量

（1）单位缴纳当月应交的增值税，按照应交金额确认“已交税金”。

（2）单位缴纳以前期间未交的增值税，按照未交金额确认“未交税金”。

（3）单位预交增值税时，按照预交金额确认“预交税金”。

（4）对于当期直接减免的增值税，按照减免金额确认“减免税款”。

三、应交增值税的核算

单位为了核算其按照税法规定计算应缴纳的增值税，应设置“应交增值税”（负债类）科目。其借方登记进项税额及已交或减免税额，贷方登记应交（提取）的税额或销项税额以及进项税转出额等。期末贷方余额，反映单位应交未交的增值税；期末如为借方余额，反映单位尚未抵扣或多交的增值税。

属于增值税一般纳税人的单位，应当在“应交增值税”科目下设置“应交税金”“未交税金”“预交税金”“待抵扣进项税额”“待认证进项税额”“待转销项税额”“简易计税”“转让金融商品应交增值税”“代扣代缴增值税”等明细科目，进行明细核算。

（一）“应交税金”明细科目的专栏设置及记录内容

“应交税金”明细科目内应当设置“进项税额”“已交税金”“转出未交增值税”“减免税款”“销项税额”“进项税额转出”“转出多交增值税”等专栏。

（1）“进项税额”专栏，记录单位购进货物、加工修理修配劳务、服务、无形资产或不动产而支付或负担的、准予从当期销项税额中抵扣的增值税额。

（2）“已交税金”专栏，记录单位当月已缴纳的应交增值税额。

（3）“转出未交增值税”和“转出多交增值税”专栏，分别记录一般纳税人月度终了转出当月应交未交或多交的增值税额。

（4）“减免税款”专栏，记录单位按照现行增值税制度规定准予减免的增值税额。

（5）“销项税额”专栏，记录单位销售货物、加工修理修配劳务、服务、无形资产或不动产应收取的增值税额。

（6）“进项税额转出”专栏，记录单位购进货物、加工修理修配劳务、服务、无形资产或不动产等发生非正常损失以及其他原因而不应从销项税额中抵扣、按照规定转出的进项税额。

其中：“进项税额”“销项税额”“进项税额转出”栏属增值税业务平时核算时设置的专栏，“转出未交增值税”“转出多交增值税”“已交税金”“减免税款”栏属上交增值税时设置的专栏。

（二）“未交税金”明细科目的核算内容

“未交税金”明细科目核算单位月度终了从“应交税金”或“预交税金”明细科目转入当月应交未交、多交或预交的增值税额，以及当月缴纳以前期间未交的增值税额。

（三）“预交税金”明细科目的核算内容

“预交税金”明细科目核算单位转让不动产、提供不动产经营租赁服务等，以及其他按照现行增值税制度规定应预交的增值税额。

（四）“待抵扣进项税额”明细科目的核算内容

“待抵扣进项税额”明细科目核算单位已取得增值税扣税凭证并经税务机关认证，按照现行增值税制度规定准予以后期间从销项税额中抵扣的进项税额。

（五）“待认证进项税额”明细科目的核算内容

“待认证进项税额”明细科目核算单位由于未经税务机关认证而不得从当期销项税额中抵扣的进项税额。包括一般纳税人已取得增值税扣税凭证并按规定准予从销项税额中抵扣，但尚未经税务机关认证的进项税额；一般纳税人已申请稽核但尚未取得稽核相符结果的海关缴款书进项税额。

（六）“待转销项税额”明细科目的核算内容

“待转销项税额”明细科目核算单位销售货物、加工修理修配劳务、服务、无形资产或不动产，已确认相关收入（或利得）但尚未发生增值税纳税义务而需于以后期间确认为销项税额的增值税额。

（七）“简易计税”明细科目的核算内容

“简易计税”明细科目核算单位采用简易计税方法发生的增值税计提、扣减、预交、缴纳等业务。

（八）“转让金融商品应交增值税”明细科目的核算内容

“转让金融商品应交增值税”明细科目核算单位转让金融商品发生的增值税额。

（九）“代扣代缴增值税”明细科目的核算内容

“代扣代缴增值税”明细科目核算单位购进在境内未设经营机构的境外单位或个人在境内的应税行为代扣代缴的增值税。

属于增值税小规模纳税人的单位只需在“应交增值税”科目下设置“转让金融商品应交增值税”“代扣代缴增值税”明细科目。

核算举例 1

某事业单位（增值税一般纳税人）在专业业务活动及其辅助活动之外从事非独立核算的生产经营性活动，2020 年发生下列有关应交增值税业务，请根据有关凭证编制会计分录。

1. 3 月 2 日，从伟业公司购进甲材料一批，价款 48 000 元，税款 6 240 元；乙材料一批，价款 33 000 元，税款 4 290 元。税款当月均已认证。材料已验收入库，款项通过网银转账付讫。

财务会计

科目	借方	贷方
借：库存物品——甲材料	48 000	
——乙材料	33 000	
应交增值税——应交税金（进项税额）	10 530	
贷：银行存款		91 530

预算会计

借：经营支出——专用材料费　　91 530
　　贷：资金结存——货币资金　　91 530

2. 3月25日，销售给远大公司A产品一批，价款53 000元，税款6 890元；B产品一批，价款42 000元，税款5 460元。款项通过网银转账收讫。

财务会计

借：银行存款　　107 350
　　贷：经营收入——产品销售收入——A产品　　53 000
　　　　　　　　　　　　　　　　——B产品　　42 000
　　　　应交增值税——应交税金（销项税额）　　12 350

预算会计

借：资金结存——货币资金　　107 350
　　贷：经营预算收入——产品销售预算收入　　107 350

3. 3月31日，转出当月未交增值税1 820（12 350—10 5305）元。

财务会计

借：应交增值税——应交税金（转出未交增值税）　　1 820
　　贷：应交增值税——未交税金　　1 820

预算会计不进行账务处理。

4. 4月3日，通过横向联网电子缴税系统申报上月应交增值税1 820元，银行据以划缴税款。

财务会计

借：应交增值税——未交税金　　1 820
　　贷：银行存款　　1 820

预算会计

借：经营支出——税金及附加费用　　1 820
　　贷：资金结存——货币资金　　1 820

核算举例2

某事业单位（增值税小规模纳税人）在专业业务活动及其辅助活动之外从事非独立核算的生产经营性活动，2020年发生下列有关增值税业务，请根据有关凭证编制会计分录。

1. 4月6日，从飞跃公司购进丙材料一批，价款25 000元，税款3 250元。材料已验收入库，款项通过网银转账付讫。

财务会计

借：库存物品——丙材料　　28 250
　　贷：银行存款　　28 250

预算会计

借：经营支出——专用材料费　　28 250
　　贷：资金结存——货币资金　　28 250

2. 4月28日，销售给飞达公司C产品一批，含税价款46 000元。款项通过网银转账收讫。

应交增值税＝含税价款÷（1＋税率）×税率＝46 000÷（1＋13%）×13%＝5 292（元）

财务会计

借：银行存款　　46 000

　　贷：经营收入——产品销售收入　　40 708

　　　　应交增值税　　5 292

预算会计

借：资金结存——货币资金　　46 000

　　贷：经营预算收入——产品销售预算收入　　46 000

3. 5月8日，通过横向联网电子缴税系统申报上月应交增值税5 292元，银行据以划缴税款。

财务会计

借：应交增值税　　5 292

　　贷：银行存款　　5 292

预算会计

借：经营支出——税金及附加费用　　5 292

　　贷：资金结存——货币资金　　5 292

知识归纳

应交增值税是指单位按照税法规定计算应缴纳的增值税。应交增值税的确认与计量包括取得资产或接受劳务等业务的确认与计量、销售资产或提供服务等业务的确认与计量、月末转出多交增值税和未交增值税的确认与计量、缴纳增值税的确认与计量。

单位设置“应交增值税”（负债类）科目进行增值税业务的核算。属于增值税一般纳税人的单位，应当在“应交增值税”科目下设置“应交税金”“未交税金”“预交税金”“待抵扣进项税额”“待认证进项税额”“待转销项税额”“简易计税”“转让金融商品应交增值税”“代扣代缴增值税”等明细科目；属于增值税小规模纳税人的单位只需在“应交增值税”科目下设置“转让金融商品应交增值税”“代扣代缴增值税”明细科目。

问题探究

1. 什么是应交增值税？
2. 属于增值税一般纳税人的单位应交增值税明细科目如何设置？
3. 属于增值税小规模纳税人的单位应交增值税明细科目如何设置？
4. “应交税金”明细科目应设置哪些专栏？各栏的功能分别是什么？

任务三 其他应交税费业务及其核算

任务目标

◇ 了解其他应交税费的含义。
◇ 熟悉其他应交税费的确认与计量。
◇ 学会其他应交税费的核算。

一、其他应交税费的含义

其他应交税费是指单位按照税法等规定计算应缴纳的除增值税以外的各种税费，包括城市维护建设税、教育费附加、地方教育附加、车船税、房产税、城镇土地使用税和企业所得税等。

其他应交税费也包括单位代扣代缴的个人所得税。

其他应交税费不包括单位应缴纳的印花税。

二、其他应交税费的确认与计量

其他应交税费的确认与计量有以下四个方面：

（1）发生城市维护建设税、教育费附加、地方教育附加、车船税、房产税、城镇土地使用税等纳税义务的，按照税法规定计算的应缴税费金额确认。

（2）按照税法规定计算应代扣代缴的个人所得税，按照应代扣代缴的金额确认。

（3）发生企业所得税纳税义务时，按照税法规定计算的应交所得税额确认。

（4）单位实际缴纳其他应交税费所列各种税费时，按照实际缴纳的金额确认。

三、其他应交税费的核算

单位为了核算其按照税法等规定计算应缴纳的除增值税以外的各种税费，应设置“其他应交税费”（负债类）科目。其贷方登记按照税法等规定计算应缴纳的除增值税以外的各种税费及应代扣代缴的个人所得税金额，借方登记实际缴纳的各种税费。期末贷方余额，反映单位应交未交的除增值税以外的税费金额；期末如为借方余额，反映单位多缴纳的除增值税以外的税费金额。

“其他应交税费”科目应当按照应缴纳的税费种类设置明细科目，进行明细核算。

核算举例

某事业单位在专业业务活动及其辅助活动之外从事非独立核算的生产经营性活动，2020 年发生下列有关其他应交税费的业务，请根据有关凭证编制会计分录。

1. 11 月 30 日，按税法规定计算出当月应交城市维护建设税 370 元，教育费附加 159 元。

财务会计

借：业务活动费用——商品和服务费用　　529

　　贷：其他应交税费——应交城市维护建设税　　370

　　　　　　　　　　——应交教育费附加　　159

预算会计不进行账务处理。

2. 12 月 5 日，通过横向联网电子缴税系统申报上月应交城市维护建设税和教育费附加 529 元，银行据以划缴税款。

财务会计

借：其他应交税费——应交城市维护建设税　　370

　　　　　　　　——应交教育费附加　　159

　　贷：银行存款　　529

预算会计

借：经营支出——税金及附加费用　　529

　　贷：资金结存——货币资金　　529

3. 12 月 30 日，计算出当年应交所得税 21 380 元。

财务会计

借：所得税费用　　21 380

　　贷：其他应交税费——应交所得税　　21 380

预算会计不进行账务处理。

4. 12 月 31 日，通过横向联网电子缴税系统申报当年应交所得税 21 380 元，银行据以划缴税款。

财务会计

借：其他应交税费——应交所得税　　21 380

　　贷：银行存款　　21 380

预算会计

借：非财政拨款结余——累计结余　　21 380

　　贷：资金结存——货币资金　　21 380

知识归纳

其他应交税费是指单位按照税法等规定计算应缴纳的除增值税以外的各种税费，包括城市维护建设税、教育费附加、地方教育附加、车船税、房产税、城镇土地使用税和企业所得税等。

政府会计主体主要设置“其他应交税费”科目进行其他应交税费的核算。

问题探究

1. 什么是其他应交税费？单位的其他应交税费包括哪些内容？
2. 其他应交税费的确认与计量有哪些规定？

任务四 零星负债业务及其核算

任务目标

◇了解应缴财政款、应付票据、应付政府补贴款、预提费用、长期应付款、预计负债的含义。

◇熟悉应缴财政款、应付票据、应付政府补贴款、预提费用、长期应付款、预计负债的确认与计量。

◇学会应缴财政款、应付票据、应付政府补贴款、预提费用、长期应付款、预计负债的核算。

一、应缴财政款的含义与核算

应缴财政款是指单位取得或应收的按照规定应当上缴财政的款项，包括应缴国库[①]的

① 应缴国库的款项上缴国库时采用缴款单位就地缴库或主管部门集中缴库两种形式。采用缴款单位就地缴库形式，由单位填开一般缴款书并将应缴款项缴入国库经收处。采用主管部门集中缴库形式，由基层单位逐级上缴，主管会计单位将下级会计单位缴来的款项加上本单位的应缴款项集中起来，按月填制一般缴款书，汇总缴入国库经收处。

款项和应缴财政专户[①]的款项。应缴财政款不包括单位按照国家税法等有关规定应当缴纳的各种税费。

单位取得或应收按照规定应缴财政的款项时，按照取得或应收金额确认；单位处置资产取得的应上缴财政的处置净收入，如果处理收入大于相关费用时，按照处理收入减去相关费用后的净收入金额确认；单位上缴应缴财政的款项时，按照实际上缴的金额确认。

单位为了核算其取得或应收的按照规定应当上缴财政的款项，应设置“应缴财政款”（负债类）科目。其贷方登记取得或应收的应缴财政款金额，借方登记上缴财政款金额。期末贷方余额，反映单位应当上缴财政但尚未缴纳的款项。年终清缴后，本科目一般应无余额。

“应缴财政款”科目应当按照应缴财政款项的类别设置明细账，进行明细核算。

核算举例

某事业单位2020年9月份发生下列有关应缴财政款的业务，请根据有关凭证编制会计分录。

1. 1日，通过网银转账收到附属单位交来的应上缴财政专户资金4 280元。

财务会计

借：银行存款　　4 280

　　贷：应缴财政款——应缴财政专户款　　4 280

预算会计不进行账务处理。

2. 5日，通过网银转账向财政专户上缴上述附属单位交来的应上缴专户的资金。

财务会计

借：应缴财政款——应缴财政专户款　　4 280

　　贷：银行存款　　4 280

预算会计不进行账务处理。

二、应付票据的含义与核算

应付票据是指事业单位因购买材料、物资等而开出、承兑的商业汇票，包括银行承兑汇票和商业承兑汇票。

事业单位开出、承兑商业汇票时，按开出、承兑额确认；以商业汇票抵付应付账款时，按实际抵付金额确认；支付银行承兑汇票的手续费时，直接列入当期费用；收到银行支付到期票据的付款通知时，按应支付金额确认；票据到期单位无力支付票款时，按照应付票据账面余额确认。

事业单位为核算其因购买材料、物资等而开出、承兑的商业汇票，应设置“应付票据”（负债类）科目。其贷方登记开出、承兑的商业汇票，借方登记商业汇票到期收回数。期末贷方余额反映单位开出、承兑的尚未到期的商业汇票票面金额。

① 财政专户是财政部门在国有商业银行开设的专门用于本级财政预算外资金收纳的专门账户。目前，各级财政部门规定将没有纳入国库管理的政府非税收入纳入财政专户管理。

"应付票据"科目应当按照债权单位设置明细科目，进行明细核算。

单位应当设置应付票据备查簿，详细登记每一张应付票据的种类、号数、出票日期、到期日、票面金额、交易合同号、收款人姓名或单位名称，以及付款日期和金额等资料。应付票据到期结清票款后，应当在备查簿内逐笔注销。

核算举例

某事业单位（增值税一般纳税人）在专业业务活动及其辅助活动之外开展非独立核算经营活动，2020 年发生下列有关业务，请根据有关凭证编制会计分录。

1. 6 月 2 日，从新民公司购进甲材料一批，价款 67 800 元，税款 8 814 元。材料已验收入库，开出面值为 76 614 元的商业承兑汇票支付货款。

财务会计

借：库存物品——甲材料　　67 800
　　应交增值税——应交税金（进项税额）　　8 814
　　贷：应付票据　　76 614

预算会计不进行账务处理。

2. 7 月 5 日，开出面值为 74 000 元的银行承兑汇票，支付前欠新华公司货款，并通过网银转账支付手续费 120 元。

财务会计

借：应付账款——新华公司　　74 000
　　贷：应付票据　　74 000
借：经营费用——商品和服务费用　　120
　　贷：银行存款　　120

预算会计

借：经营支出——手续费　　120
　　贷：资金结存——货币资金　　120

3. 9 月 5 日，通过网银转账支付上述到期的银行承兑汇票款 74 000 元。

财务会计

借：应付票据　　74 000
　　贷：银行存款　　74 000

预算会计

借：经营支出——专用材料支出　　74 000
　　贷：资金结存——货币资金　　74 000

4. 10 月 20 日，因资金周转困难将上述面值为 76 614 元的到期商业承兑汇票转为对新民公司的应付账款。

财务会计

借：应付票据　　76 614
　　贷：应付账款——新民公司　　76 614

预算会计不进行账务处理。

三、应付政府补贴款的含义与核算

应付政府补贴款是指负责发放政府补贴的行政单位，按照规定应当支付给政府补贴接受者的各种政府补贴款。

行政单位发生应付政府补贴时，按照依规定计算确定的应付政府补贴金额确认；支付应付政府补贴款时，按照支付金额确认。

负责发放政府补贴的行政单位为了核算其按照规定应当支付给政府补贴接受者的各种政府补贴款，应设置“应付政府补贴款”（负债类）科目。其贷方登记计算确定的应付政府补贴金额，借方登记支付的应付政府补贴金额。期末贷方余额，反映应付未付的政府补贴金额。

“应付政府补贴款”科目应当按照应支付的政府补贴种类设置明细科目，进行明细核算。单位还应当根据需要按照补贴接受者进行明细核算，或者建立备查簿对补贴接受者予以登记。

核算举例

某行政单位2020年4月份发生下列有关应付政府补贴款业务，请根据有关凭证编制会计分录。

1. 5日，根据精准扶贫政策规定计算出单位本月应付结对帮扶对象扶贫款62 400元。

财务会计

借：业务活动费用——对个人和家庭补助费用　　62 400

　　贷：应付政府补贴款——结对帮扶款　　62 400

预算会计不进行账务处理。

2. 15日，通过零余额账户代理银行转账支付帮扶款项。

财务会计

借：应付政府补贴款——结对帮扶款　　62 400

　　贷：零余额账户用款额度　　62 400

预算会计

借：行政支出　　62 400

　　贷：资金结存——零余额账户用款额度　　62 400

四、预提费用的含义与核算

预提费用是指单位预先提取的已经发生但尚未支付的费用，如预提租金费用等。预提费用包括事业单位按规定从科研项目收入中提取的项目间接费用或管理费[①]，不包括事业单位计提的借款利息费用。

① 《国家自然科学基金资助项目资金管理办法》第10条规定：间接费用是指依托单位在组织实施项目过程中发生的无法在直接费用中列支的相关费用，主要用于补偿依托单位为了项目研究提供的现有仪器设备及房屋，水、电、气、暖消耗，有关管理费用，以及绩效支出等。

单位按规定从科研项目收入中提取项目间接费用或管理费时，按照提取的金额确认；实际使用计提的项目间接费用或管理费①时，按照实际支付的金额确认；按期预提租金等费用时，按照预提的金额确认；实际支付预提租金等费用时，按照支付金额确认。

另外，按照《政府会计准则制度解释第 2 号》的规定，单位从财政科研项目中计提项目间接费用或管理费时，按照计提的金额，借记“业务活动费用”“单位管理费用”等科目，贷记“预提费用——项目间接费用或管理费”科目；预算会计不做处理。

单位为了核算其预先提取的已经发生但尚未支付的费用，应设置“预提费用”（负债类）科目。其贷方登记按规定预提的金额，借方登记实际支付的金额。期末贷方余额，反映单位已预提但尚未支付的各项费用。

“预提费用”科目应当按照预提费用的种类设置明细科目，进行明细核算。对于提取的项目间接费用或管理费，应当在“预提费用”科目下设置“项目间接费用或管理费”明细科目，并按项目进行明细核算。

核算举例

某事业单位 2020 年发生下列有关预提费用业务，请根据有关凭证编制会计分录。

1. 9 月 3 日，按项目建设管理规定从单位取得的科研项目收入中计提网管中心信息网络系统升级改造项目管理费 14 500 元。

财务会计

借：单位管理费用——商品和服务费用　　14 500

　　贷：预提费用——项目间接费用或管理费　　14 500

预算会计不进行账务处理。

2. 10 月 15 日，通过网银转账支付网管中心信息网络系统升级改造劳务费 10 000 元。

财务会计

借：预提费用——项目间接费用或管理费　　10 000

　　贷：银行存款　　10 000

预算会计

借：事业支出——信息网络及软件购置更新　　10 000

　　贷：资金结存——货币资金　　10 000

3. 10 月 25 日，通过网银转账支付网管中心信息网络系统升级改造购置服务器款 4 000 元。

财务会计

借：固定资产——专用设备　　4 000

　　贷：累计盈余　　4 000

同时

借：预提费用——项目间接费用或管理费　　4 000

　　贷：银行存款　　4 000

① 项目间接经费一般由项目负责人自主支配，既可以作为科研绩效发放，也可以作为项目直接成本的补充用于日常报销，其中绩效支出部分比例不设限制。开支范围主要包括：项目组成员绩效支出、直接费用超预算部分、科研工作通信费（项目组成员办公固定电话费、办公网络费用、邮寄费）、通用设备购置费（如电脑、打印机、投影仪等）、办公用品（通用性操作系统、办公软件、打印纸、办公耗材等）购置费、专利维护费、业务接待费用、市内交通费（的士票、临时停车费、汽车通行费）等、项目的结题审计费用等。

预算会计

借：事业支出——信息网络及软件购置更新 4 000

贷：资金结存——货币资金 4 000

五、长期应付款的含义与核算

长期应付款是指单位发生的偿还期限超过 1 年（不含 1 年）的应付款项，如以融资租赁方式取得固定资产应付的租赁费等。

单位发生长期应付款时，按照实际发生额确认；支付长期应付款时，按照实际支付的金额确认；无法偿付或债权人豁免偿还的长期应付款，按照经批准核销的金额确认；购入固定资产扣留期超过 1 年质量保证金的，按照扣留的质量保证金数额确认；质保期满支付质量保证金时，按照实际支付的金额确认。

单位为了核算其发生的偿还期限超过 1 年（不含 1 年）的应付款项，应设置“长期应付款”（负债类）科目。其贷方登记发生的长期应付款金额，借方登记结算的长期应付款金额。期末贷方余额，反映尚未支付的各种长期应付款金额。

“长期应付款”科目应当按照长期应付款的类别以及债权人设置明细科目，进行明细核算。

核销的长期应付款应在备查簿中保留登记。

核算举例

某事业单位 2020 年发生下列有关长期应付款的业务，请根据有关凭证编制会计分录。

1. 9 月 2 日，采用分期付款方式从龙锐公司购进商务车一辆，价税合计 323 180 元。合同约定，车辆交付时付款 23 180 元，其余款项分 5 年按月支付，每月支付 5 000 元。车辆已交付使用，通过网银转账支付 23 180 元。

财务会计

借：固定资产——通用设备 323 180

贷：长期应付款——龙锐公司 300 000

银行存款 23 180

预算会计

借：事业支出——公务用车购置 23 180

贷：资金结存——货币资金 23 180

2. 9 月 30 日，通过网银转账支付购入商务车本月应支付款项 5 000 元。

财务会计

借：长期应付款——龙锐公司 5 000

贷：银行存款 5 000

预算会计

借：事业支出——公务用车购置 5 000

贷：资金结存——货币资金 5 000

六、预计负债的含义与核算

预计负债是指单位对因或有事项所产生的现时义务而确认的负债，如对未决诉讼等确认的负债。

单位确认预计负债时，按照预计的金额确认；实际偿付预计负债时，按照偿付的金额确认；需要对已确认的预计负债账面余额进行调整的，按照调整的金额确认。

单位为了核算其对因或有事项所产生的现时义务而确认的负债，应设置“预计负债”（负债类）科目。其贷方登记确认的预计负债及调增金额，借方登记实际偿付的预计负债及调减金额。期末贷方余额，反映单位已确认但尚未支付的预计负债金额。

核算举例

某事业单位2020年6月发生下列有关预计负债业务，请根据有关凭证编制会计分录。

1. 10日，单位于1月6日与新华公司签订业务人员委托培训合同，因单位人员事先协调失误，在合同有效期内一直没有开展培训。按合同约定，因单位单方面原因导致合同无法履行，单位应按照合同金额150 000元的10%支付违约金。经领导批准将单位应付的违约金作为预计负债确认。

财务会计

借：单位管理费用——其他　　15 000

　　贷：预计负债——新华公司　　15 000

预算会计不进行账务处理。

2. 20日，经双方友好协商，新华公司同意按照10 000元补偿为培训前期做准备发生的费用，即减除应支付违约金5 000元，实际应支付违约金10 000元。

借：预计负债——新华公司　　5 000

　　贷：单位管理费用——其他　　5 000

3. 25日，通过网银转账支付新华公司违约金10 000元。

财务会计

借：预计负债——新华公司　　10 000

　　贷：银行存款　　10 000

预算会计

借：其他支出——违约金　　10 000

　　贷：资金结存——货币资金　　10 000

知识归纳

应缴财政款是指单位取得或应收的按照规定应当上缴财政的款项，包括应缴国库的款项和应缴财政专户的款项。

应付票据是指事业单位因购买材料、物资等而开出、承兑的商业汇票，包括银行承兑汇票和商业承兑汇票。

应付政府补贴款是指负责发放政府补贴的行政单位，按照规定应当支付给政府补贴接受者的各种政府补贴款。

预提费用是指单位预先提取的已经发生但尚未支付的费用，如预提租金费用等。

长期应付款是指单位发生的偿还期限超过1年（不含1年）的应付款项，如以融资租赁方式取得固定资产应付的租赁费等。

预计负债是指单位对因或有事项所产生的现时义务而确认的负债，如对未决诉讼等确认的负债。

政府会计主体主要设置“应缴财政款”“应付票据”“应付政府补贴款”“预提费用”“长期应付款”“预计负债”等科目进行零星负债业务的核算。

问题探究

1. 什么是应缴财政款？应缴财政款的范围是如何界定的？
2. 应缴国库和应缴财政专户的资金有什么区别？
3. 什么是财政专户？

项目十七 收支业务高级实务

任务一　事业单位非财政拨款调剂及其核算

任务目标

◇ 了解非财政拨款资金调剂的含义。
◇ 熟悉非财政拨款资金调剂的内容。
◇ 学会非财政拨款资金调剂的核算。

一、非财政拨款资金调剂业务的含义

非财政补款资金是指主管部门[①]或上级单位[②]自身的收入或其集中的收入，不是本单位纳入部门预算的财政拨款，也不是本级同级政府部门或上下级政府部门、财政部门转拨的财政拨款，是事业单位的非常规性收入而不是经常性收入。非财政补款资金一般是用于弥补事业单位因完成特定任务或达到特定目标，所需资金不足而拨付的补助资金，属限定用途资金。

---

① 主管部门是指事业单位按照行政隶属关系归属的部门或单位，如某县中学的主管部门就是县教育局。

② 上级单位是指与事业单位无行政隶属关系但发生经费领拨关系的部门或单位，如某县文化站的上级单位就是市文化站。

非财政性资金调剂是指部门或行业内上下级事业单位的非财政性资金自下而上的上缴和自上而下的补助。具体包括部门或行业内上下级事业单位之间非财政拨款资金的下级给上级上缴、上级收到下级的上缴、上级给下级补助、下级收到下级的补助。调剂过程如图17-1所示。

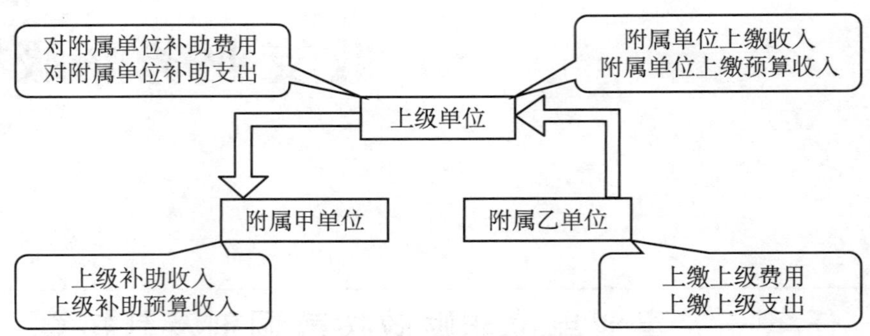

图17-1 上下级间非财政资金调剂

二、非财政性资金调剂业务的内容

事业单位非财政性资金的调剂按调剂的过程分为上缴上级费用（支出）、附属单位上缴（预算）收入、对附属单位补助费用（支出）、上级补助（预算）收入。

（一）上缴上级费用（支出）

（1）上缴上级费用是指事业单位按照财政部门和主管部门的规定上缴上级单位款项发生的费用。

上缴上级费用按照实际上缴的金额或者计算出的应当上缴的金额确认。

（2）上缴上级支出是指事业单位按照财政部门和主管部门的规定上缴上级单位款项发生的现金流出。

上缴上级支出按照实际上缴的金额确认。

（二）附属单位上缴（预算）收入

（1）附属单位上缴收入是指事业单位取得的附属独立核算单位按照有关规定上缴的收入。

附属单位上缴收入按照应收或实际收到的金额确认。

（2）附属单位上缴预算收入是指事业单位取得的附属独立核算单位根据有关规定上缴的现金流入。

附属单位上缴预算收入按照实际收到的金额确认。

（三）对附属单位补助费用（支出）

（1）对附属单位补助费用是指事业单位用财政拨款收入之外的收入对附属单位补助发生的费用。

对附属单位补助费用按照实际补助的金额或者计算出应当对附属单位补助的金额

确认。

(2) 对附属单位补助支出是指事业单位用财政拨款预算收入之外的收入对附属单位补助发生的现金流出。

对附属单位补助支出按照实际补助的金额确认。

(四) 上级补助 (预算) 收入的定义

(1) 上级补助收入是指事业单位从主管部门和上级单位取得的非财政拨款收入。

上级补助收入按照应收或实际收到的金额确认。

(2) 上级补助预算收入是指事业单位从主管部门和上级单位取得的非财政补助现金流入。

上级补助预算收入按照实际收到的金额确认。

三、非财政性资金调剂业务的核算

事业单位为进行非财政性资金调剂业务的核算，设置“上级补助收入”“上级补助预算收入”“附属单位上缴收入”“附属单位上缴预算收入”“上缴上级费用”“上缴上级支出”“对附属单位补助费用”“对附属单位补助支出”科目。

(一) “上级补助收入”科目

事业单位为了核算其从主管部门和上级单位取得的非财政拨款收入，应设置“上级补助收入”(收入类) 科目。其贷方登记应收或实际收到的上级补助收入额，借方登记期末结转额。期末结转后，应无余额。

“上级补助收入”科目应当按照发放补助单位、补助项目等设置明细科目，进行明细核算。

(二) “上级补助预算收入”科目

事业单位为了核算其从主管部门和上级单位取得的非财政补助现金流入，应设置“上级补助预算收入”(预算收入类) 科目。其贷方登记实际收到的上级补助预算收入额，借方登记年末结转额。年末，将其中的专项资金收入转入非财政拨款结转；将其中的非专项资金收入转入其他结余。年末结转后，应无余额。

“上级补助预算收入”科目应当按照发放补助单位、补助项目、《政府收支分类科目》中“支出功能分类科目”的项级科目等设置明细科目，进行明细核算。上级补助预算收入中如有专项资金收入，还应按照具体项目设置明细科目，进行明细核算。

(三) “附属单位上缴收入”科目

事业单位为了核算其取得的附属独立核算单位按照有关规定上缴的收入，应设置“附属单位上缴收入”(收入类) 科目。其贷方登记应收或收到的附属单位上缴收入额，借方登记期末结转额。期末结转后，应无余额。

“附属单位上缴收入”科目应当按照附属单位、缴款项目等设置明细科目，进行明细核算。

（四）“附属单位上缴预算收入”科目

事业单位为了核算其取得附属独立核算单位根据有关规定上缴的现金流入，应设置“附属单位上缴预算收入”（预算收入类）科目。其贷方登记实际收到的附属单位上缴预算收入额，借方登记年末结转额。年末，将其中的专项资金收入转入非财政拨款结转；将其中的非专项资金收入转入其他结余。年末结转后，应无余额。

“附属单位上缴预算收入”科目应当按照附属单位、缴款项目、《政府收支分类科目》中“支出功能分类科目”的项级科目等设置明细科目，进行明细核算。附属单位上缴预算收入中如有专项资金收入，还应按照具体项目设置明细科目，进行明细核算。

（五）“上缴上级费用”科目

事业单位为了核算其按照财政部门和主管部门的规定上缴上级单位款项发生的费用，应设置“上缴上级费用”（费用类）科目。其借方登记实际上缴或者计算出应当上缴的金额，贷方登记期末结转额。期末结转后，应无余额。

“上缴上级费用”科目应当按照收缴款项单位、缴款项目等设置明细科目，进行明细核算。

（六）“上缴上级支出”科目

事业单位为了核算其按照财政部门和主管部门的规定上缴上级单位款项发生的现金流出，应设置“上缴上级支出”（预算支出类）科目。其借方登记实际上缴的金额，贷方登记年末结转额。年末结转后，应无余额。

“上缴上级支出”科目应当按照收缴款项单位、缴款项目、《政府收支分类科目》中“支出功能分类科目”的项级科目和“部门预算支出经济分类科目”的款级科目等设置明细科目，进行明细核算。

（七）“对附属单位补助费用”科目

事业单位为了核算其用财政拨款收入之外的收入对附属单位补助发生的费用，应设置“对附属单位补助费用”（费用类）科目。其借方登记实际补助或者计算出应当补助的金额，贷方登记期末结转额。期末结转后，本科目应无余额。

“对附属单位补助费用”科目应当按照接受补助单位、补助项目等设置明细科目，进行明细核算。

（八）“对附属单位补助支出”科目

事业单位为了核算其用财政拨款预算收入之外的收入对附属单位补助发生的现金流出，应设置“对附属单位补助支出”（预算支出类）科目。其借方登记实际补助的金额，贷方登记年末结转额。年末结转后，应无余额。

“对附属单位补助支出”科目应当按照接受补助单位、补助项目、《政府收支分类科目》中“支出功能分类科目”的项级科目和“部门预算支出经济分类科目”的款级科目等设置明细科目，进行明细核算。

核算举例

某事业单位2020年发生下列非财政性资金调剂业务，请根据有关凭证编制会计分录。

1. 2月23日，通过网银转账收到上级主管部门用集中的下级上缴收入给实验室建设项目拨入补助资金88 000元。

财务会计

借：银行存款　　88 000

　　贷：上级补助收入　　88 000

预算会计

借：资金结存——货币资金　　88 000

　　贷：上级补助预算收入——专项资金　　88 000

2. 3月24日，通过网银转账收到附属独立核算单位上缴非财政性资金36 000元。

财务会计

借：银行存款　　36 000

　　贷：附属单位上缴收入　　36 000

预算会计

借：资金结存——货币资金　　36 000

　　贷：附属单位上缴预算收入——非专项资金　　36 000

3. 5月13日，通过网银转账上缴上级主管部门非财政性资金45 000元。

财务会计

借：上缴上级费用——上级主管部门　　45 000

　　贷：银行存款　　45 000

预算会计

借：上缴上级支出——上级主管部门　　45 000

　　贷：资金结存——货币资金　　45 000

4. 6月21日，通过网银转账补助附属独立核算单位非财政性资金28 000元。

财务会计

借：对附属单位补助费用——附属单位　　28 000

　　贷：银行存款　　28 000

预算会计

借：对附属单位补助支出——附属单位　　28 000

　　贷：资金结存——货币资金　　28 000

5. 12月31日，非财政性资资金调剂有关账户当月累计发生额如下，按规定结转当月有关账户当月累计发生额。

上级补助收入　　74 000元

附属单位上缴收入　　41 000元

对附属单位补助费用　　52 000元

上缴上级费用　　61 000元

财务会计

借：上级补助收入　　　　　　　　　　　　　　　　　　74 000
　　附属单位上缴收入　　　　　　　　　　　　　　　　41 000
　　贷：本期盈余　　　　　　　　　　　　　　　　　　　115 000
借：本期盈余　　　　　　　　　　　　　　　　　　　113 000
　　贷：对附属单位补助费用　　　　　　　　　　　　　　52 000
　　　　上缴上级费用　　　　　　　　　　　　　　　　　61 000

预算会计不进行账务处理。

6. 12 月 31 日，非财政性资金调剂有关账户当年累计发生额如下，按规定结转当年有关账户当月累计发生额。

上级补助预算收入　　　　8 524 000 元
其中：专项资金　　　　　4 628 000 元
　　　非专项资金　　　　3 896 000 元
附属单位上缴预算收入　　5 218 000 元
其中：专项资金　　　　　3 918 000 元
　　　非专项资金　　　　1 300 000 元
对附属单位补助支出　　　3 281 000 元
上缴上级支出　　　　　　2 429 000 元

财务会计

借：上级补助预算收入——专项资金　　　　　　　　4 628 000
　　附属单位上缴预算收入——专项资金　　　　　　3 918 000
　　贷：非财政拨款结转——本年收支结转（专项资金）　　8 546 000
借：上级补助预算收入——非专项资金　　　　　　　3 896 000
　　附属单位上缴预算收入——非专项资金　　　　　1 300 000
　　贷：其他结余　　　　　　　　　　　　　　　　　　5 196 000
借：其他结余　　　　　　　　　　　　　　　　　　5 710 000
　　贷：对附属单位补助支出　　　　　　　　　　　　　3 281 000
　　　　上缴上级支出　　　　　　　　　　　　　　　　2 429 000

知识归纳

非财政性资金调剂是指一个系统内或部门上下级事业单位的非财政性资金自下而上的上缴和自上而下的补助。

事业单位非财政性资金的调剂按调剂的过程分为上缴上级费用（支出）、附属单位上缴（预算）收入、对附属单位补助费用（支出）、上级补助（预算）收入。

事业单位主要设置“上级补助收入”“上级补助预算收入”“附属单位上缴收入”“附属单位上缴预算收入”“上缴上级费用”“上缴上级支出”“对附属单位补助费用”“对附属单位补助支出”科目进行非财政性资金调剂业务的核算。

问题探究

1. 什么是非财政性资金调剂？

2. 事业单位非财政性资金调剂包括哪些内容？
3. 财务会计和预算会计对非财政性资金调剂相关账户的期末结转有什么不同？

任务二 事业单位经营业务及其核算

任务目标

◇ 了解经营业务的含义。
◇ 熟悉经营业务的内容。
◇ 学会经营业务的核算。

一、经营业务的含义

经营业务是指事业单位在专业业务活动及其辅助活动之外开展非独立核算经营活动所发生的相关业务。事业单位经营业务的认定应同时满足两个基本条件。

（一）在专业业务活动及其辅助活动之外

事业单位在专业业务活动及其辅助活动之外所发生的业务，区别于事业单位开展的专业业务活动及其辅助活动所发生的业务，且不影响事业单位开展的专业业务活动及其辅助活动。

（二）开展非独立核算经营活动

事业单位开展非独立核算经营活动所发生的业务，区别于事业单位所属的独立核算单位开展的，且具有经营性质的活动。

如事业单位后勤部门没有实行独立核算的招待所、食堂等，其主要功能是为单位开展专业业务活动及其辅助活动提供食宿，其收支则属于事业性收支业务；若在不影响专业业务活动及其辅助活动正常需要的前提下对外提供食宿，其收支则属于经营性收支业务。

二、经营业务的内容

（一）经营收入与经营预算收入

（1）经营收入是指事业单位在专业业务活动及其辅助活动之外开展非独立核算经营活动取得的收入。

经营收入应当在提供服务或发出存货，同时收讫价款或者取得索取价款的凭据时，按照实际收到或应收的金额予以确认。

（2）经营预算收入是指事业单位在专业业务活动及其辅助活动之外开展非独立核算经营活动取得的现金流入。

经营预算收入按照实际收到的金额确认。

（二）经营费用与经营支出

（1）经营费用是指事业单位在专业业务活动及其辅助活动之外开展非独立核算经营活动发生的各项费用。

经营费用按照计算确定、按规定计提或实际发生的费用额确认。

（2）经营支出是指事业单位在专业业务活动及其辅助活动之外开展非独立核算经营活动实际发生的各项现金流出。

经营支出按照实际发生额确认。

（三）经营结余

经营结余是指事业单位本年度经营活动收支相抵后余额弥补以前年度经营亏损后的余额。当年经营结余计算公式如下：

当年实现的经营结余＝经营预算收入－经营支出

经营结余在当年经营预算收入和经营支出确认的基础上确认。

三、经营业务的核算

事业单位为进行经营业务的核算，应设置“经营收入”“经营预算收入”“经营费用”“经营支出”“经营结余”科目。

（一）“经营收入”科目

事业单位为了核算其在专业业务活动及其辅助活动之外开展非独立核算经营活动取得的收入，应设置“经营收入”（收入类）科目。其贷方登记实际收到或确认应收的各项经营收入金额，借方登记期末结转额。期末结转后，应无余额。

“经营收入”科目应当按照经营活动类别、项目和收入来源等设置明细科目，进行明细核算。

（二）“经营预算收入”科目

事业单位为了核算其在专业业务活动及其辅助活动之外开展非独立核算经营活动取得的现金流入，应设置“经营预算收入”（预算收入类）科目。其贷方登记实际收到的经营预算收入数，借方登记年末结转额。年末结转后，应无余额。

“经营预算收入”科目应当按照经营活动类别、项目、《政府收支分类科目》中“支出功能分类科目”的项级科目等设置明细科目，进行明细核算。

（三）“经营费用”科目

事业单位为了核算其在专业业务活动及其辅助活动之外开展非独立核算经营活动发生的各项费用，应设置“经营费用”（费用类）科目。其借方登记计算确定、计提或实际发生的各项经营费用，贷方登记发生当年购货退回等业务实际收回或应收的金额及期末结转额。期末结转后，本科目应无余额。

“经营费用”科目应当按照经营活动类别、项目、支付对象等设置明细科目，进行明细核算。

为了满足成本核算需要，“经营费用”科目下还可按照“工资福利费用”“商品和服务费用”“对个人和家庭的补助费用”“固定资产折旧费”“无形资产摊销费”等成本项目设置明细科目，归集能够直接计入单位经营活动或采用一定方法计算后计入单位经营活动的费用。

（四）“经营支出”科目

事业单位为了核算其在专业业务活动及其辅助活动之外开展非独立核算经营活动实际发生的各项现金流出，应设置“经营支出”（预算支出类）科目。其借方登记实际发生的各项经营支出，贷方登记因购货退回等发生款项退回或者发生差错更正时当年支出收回的或更正金额以及年末结转额。年末结转后，应无余额。

“经营支出”科目应当按照经营活动类别、项目、《政府收支分类科目》中“支出功能分类科目”的项级科目和“部门预算支出经济分类科目”的款级科目等设置明细科目，进行明细核算。

对于预付款项，可通过在“经营支出”科目下设置“待处理”明细科目进行明细核算，待确认具体支出项目后再转入“经营支出”科目下相关明细科目。年末结账前，应将“经营支出”科目“待处理”明细科目余额全部转入“经营支出”科目下相关明细科目。

（五）“经营结余”科目

事业单位为了核算其本年度经营活动收支相抵后余额弥补以前年度经营亏损后的余额，应设置“经营结余”（预算结余类）科目。其贷方登记年末经营预算收入发生额结转数，借方登记年末经营支出发生额结转数及当年实现的经营结余结转数。年末结账后，一般无余额；如为借方余额，反映事业单位累计发生的经营亏损。

“经营结余”科目可以按照经营活动类别设置明细科目，进行明细核算。

“经营结余”的核算如图 17-2 所示。

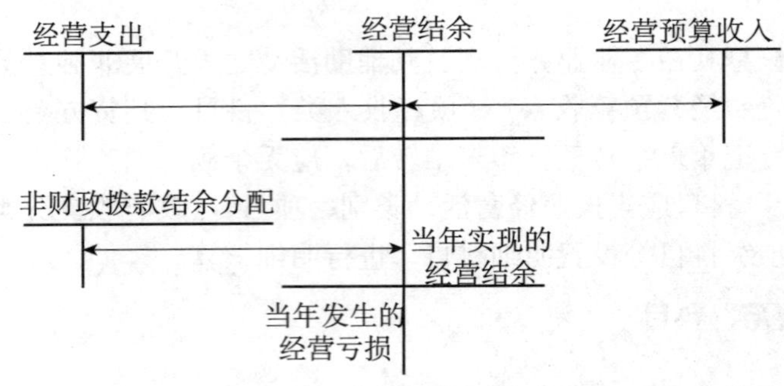

图 17-2 “经营结余”核算

核算举例

某事业单位后勤服务部门在专业业务活动及其辅助活动之外开展非独立核算的经营活动，2020 年发生下列有关经营业务，请根据有关凭证编制会计分录。

1. 11 月 10 日，购入经营活动用检测设备一台，价款 16 200 元，设备已验收交付使用。款项通过网银转账支付。

财务会计

借：固定资产——专用设备　　16 200

　　贷：银行存款　　16 200

预算会计

借：经营支出——专用设备购置　　16 200

　　贷：资金结存——货币资金　　16 200

2. 11 月 15 日，通过网银转账购入经营活动用甲材料一批，价款 8 300 元。款项通过网银转账支付。

财务会计

借：库存物品——甲材料　　8 300

　　贷：银行存款　　8 300

预算会计

借：经营支出——专用材料　　8 300

　　贷：资金结存——货币资金　　8 300

3. 11 月 20 日，按照与某培训中心实训室租赁协议约定，本月应收租金 13 500 元。

财务会计

借：其他应收款——某培训中心　　13 500

　　贷：经营收入——租赁收入　　13 500

4. 11 月 28 日，计提本月后勤服务部门从事经营活动的人员基本工资 64 800 元。

财务会计

借：经营费用——工资福利费用　　64 800

　　贷：应付职工薪酬——基本工资（离退休费）　　64 800

预算会计不进行账务处理。

5. 12月2日，通过网银转账收到某培训中心上月实训室租赁费13 500元。

财务会计

借：银行存款　　13 500

　　贷：其他应收款——某培训中心　　13 500

预算会计

借：资金结存——货币资金　　13 500

　　贷：经营预算收入——租赁收入　　13 500

6. 12月2日，通过网银转账支付上月后勤服务部门从事经营活动人员基本工资64 800元。

财务会计

借：应付职工薪酬——基本工资（离退休费）　　64 800

　　贷：银行存款　　64 800

预算会计

借：经营支出——基本工资　　64 800

　　贷：资金结存——货币资金　　64 800

7. 12月15日，根据仓库保管员发出材料汇总表列示，经营业务本月领用甲材料6 200元。

财务会计

借：经营费用——材料费用　　6 200

　　贷：库存物品——甲材料　　6 200

预算会计不进行账务处理。

8. 12月31日，根据资产管理部门提供的本月固定资产折旧计算表列示，经营业务用固定资产本月应计提折旧额为4 700元。

财务会计

借：经营费用——固定资产折旧费　　4 700

　　贷：固定资产累计折旧　　4 700

预算会计不进行账务处理。

9. 12月31日，按财务制度规定计算出应按当年经营收入累计发生额计算提取的职工福利基金额为32 600元。

财务会计

借：经营费用——福利费　　32 600

　　贷：专用基金——职工福利基金　　32 600

10. 12月31日，当月经营收入账户余额为1 463 000元，经营费用账户余额1 253 000元，按规定结转当月经营收入和经营费用账户余额。

财务会计

借：经营收入　　1 463 000

　　贷：本期盈余　　1 463 000

借：本期盈余　　1 253 000

　　贷：经营费用　　1 253 000

预算会计不进行账务处理。

11. 12 月 31 日，当年经营预算收入账户余额为 9 128 000 元，经营支出账户余额为 8 921 000 元，按规定结转当年经营预算收入、经营支出、经营结余账户余额。

财务会计不进行账务处理。

预算会计

	借方	贷方
借：经营预算收入	9 128 000	
贷：经营结余		9 128 000
借：经营结余	8 921 000	
贷：经营支出		8 921 000
借：经营结余	207 000	
贷：非财政拨款结余分配		207 000

知识归纳

经营业务是指事业单位在专业业务活动及其辅助活动之外开展非独立核算经营活动所发生的相关业务。

经营收入是指事业单位在专业业务活动及其辅助活动之外开展非独立核算经营活动取得的收入；经营预算收入是指事业单位在专业业务活动及其辅助活动之外开展非独立核算经营活动取得的现金流入。

经营费用是指事业单位在专业业务活动及其辅助活动之外开展非独立核算经营活动发生的各项费用；经营支出是指事业单位在专业业务活动及其辅助活动之外开展非独立核算经营活动实际发生的各项现金流出。

经营结余是指事业单位本年度经营活动收支相抵后余额弥补以前年度经营亏损后的余额。

事业单位主要设置“经营收入”“经营预算收入”“经营费用”“经营支出”“经营结余”科目进行经营业务的核算。

问题探究

1. 什么是经营业务？事业单位的经营业务如何界定？
2. 事业单位经营业务核算的相对独立性表现在哪些方面？
3. 年末“经营结余”如何结转？

任务三　零星收支业务及其核算

任务目标

◇ 了解捐赠收入、利息收入、租金收入、其他收入与其他预算收入、其他费用与其他支出、所得税费用的含义。

◇ 熟悉捐赠收入、利息收入、租金收入、其他收入与其他预算收入、其他费用与其他支出、所得税费用的确认与计量。

◇ 学会捐赠收入、利息收入、租金收入、其他收入与其他预算收入、其他费用与其他支出、所得税费用的核算。

一、零星收入业务的内容与核算

（一）零星收入的内容与种类

零星收入包括捐赠收入、利息收入、租金收入和其他收入。

（1）捐赠收入是指单位接受其他单位或者个人捐赠取得的收入。捐赠收入的确认与计量有以下三种情况：

1）接受捐赠的货币资金，按照实际收到的金额确认。

2）接受捐赠的存货、固定资产等非现金资产，按照确定的成本与发生的相关税费和运输费等合计数的差额确认。

3）接受捐赠的资产按照名义金额入账的，按照名义金额确认。

（2）利息收入是指单位取得的银行存款利息收入。利息收入按照实际收到的利息额确认。

（3）租金收入是指单位经批准利用国有资产出租取得并按照规定纳入本单位预算管理的租金收入。国有资产出租收入，应当在租赁期内各个期间按照直线法予以确认。租金收入的确认与计量有以下三种情况：

1）采用预收租金方式的，预收租金时，先按照收到的金额确认；分期确认租金收入时，按照各期租金金额确认。

2）采用后付租金方式的，每期确认租金收入时，按照各期租金金额确认；收到租金时，按照实际收到的金额确认。

3）采用分期收取租金方式的，每期收取租金时，按照租金金额确认。

（4）其他收入是指单位取得的除财政拨款收入、事业收入、上级补助收入、附属单位上缴收入、经营收入、非同级财政拨款收入、投资收益、捐赠收入、利息收入、租金收入以外的各项收入，包括现金盘盈收入、按照规定纳入单位预算管理的科技成果转化收入、行政单位收回已核销的其他应收款、无法偿付的应付及预收款项、置换换出资产评估增值等。其他收入的确认与计量有以下六种情况：

1）每日现金账款核对中发现的现金溢余，属于无法查明原因的部分，报经批准后确认。

2）科技成果转化所取得的收入，单位按照规定留归本单位，按照所取得收入扣除相关费用之后的净收益确认。

3）行政单位已核销的其他应收款在以后期间收回时，按照实际收回的金额确认。

4）无法偿付或债权人豁免偿还的应付账款、预收账款、其他应付款及长期应付款，按无法偿付或债权人豁免偿还的金额确认。

5）资产置换过程中，换出资产评估增值的，按照评估价值高于资产账面价值或账面余额的金额确认。以未入账的无形资产取得的长期股权投资，按照投资成本（评估价值加相关税费）与发生的相关税费的差额确认。

6）以上五项以外的其他收入发生时，按照应收或实际收到的金额确认。

（二）其他预算收入的含义与种类

其他预算收入是指单位除财政拨款预算收入、事业预算收入、上级补助预算收入、附属单位上缴预算收入、经营预算收入、债务预算收入、非同级财政拨款预算收入、投资预算收益之外的纳入部门预算管理的现金流入，包括捐赠预算收入、利息预算收入、租金预算收入、现金盘盈收入等。其他预算收入的确认与计量有以下三种情况：

（1）接受捐赠现金资产、收到银行存款利息、收到资产承租人支付的租金时，按照实际收到的金额确认。

（2）每日现金账款核对中如发现现金溢余，按照溢余的现金金额确认。经核实，属于应支付给有关个人和单位的部分，按照实际支付的金额确认。

（3）收到其他预算收入时，按照收到的金额确认。

（三）其他零星收入与其他预算收入的核算

政府会计主体为进行其他零星收入与其他预算收入业务的核算，应设置“捐赠收入”“利息收入”“租金收入”“其他收入”“其他预算收入”科目。

1.“捐赠收入”科目

单位为了核算其接受的各项捐赠收入，应设置“捐赠收入”（收入类）科目。其贷方登记实际收到或确认的捐赠收入额，借方登记期末结转额。期末结转后，应无余额。

“捐赠收入”科目应当按照捐赠资产的用途和捐赠单位等设置明细科目，进行明细核算。

2. “利息收入”科目

单位为了核算其取得的银行存款利息收入，应设置“利息收入”（收入类）科目。其贷方登记实际收到的银行存款利息，借方登记期末结转额。期末结转后，应无余额。

3. “租金收入”科目

单位为了核算其取得的租金收入，应设置“租金收入”（收入类）科目。其贷方登记按规定确认的租金收入，借方登记期末结转额。期末结转后，应无余额。

“租金收入”科目应当按照出租国有资产类别和收入来源等设置明细科目，进行明细核算。

4. “其他收入”科目

单位为了核算其取得的各项其他收入，应设置“其他收入”（收入类）科目。其贷方登记各项其他收入确认数或实际收到数，借方登记收入退回数及期末结转额。期末结转后，应无余额。

“其他收入”科目应当按照其他收入的类别、来源等设置明细科目，进行明细核算。

5. “其他预算收入”科目

单位为了核算其收到的各项其他预算收入，应设置“其他预算收入”（预算收入类）科目。其贷方登记实际收到的各项其他预算收入，借方登记年末结转额。年末，将其中的专项资金收入转入非财政拨款结转；将其中的非专项资金收入转入其他结余。年末结转后，应无余额。

“其他预算收入”科目应当按照其他收入类别、《政府收支分类科目》中“支出功能分类科目”的项级科目等设置明细科目，进行明细核算。其他预算收入中如有专项资金收入，还应按照具体项目设置明细科目，进行明细核算。

单位发生的捐赠预算收入、利息预算收入、租金预算收入金额较大或业务较多的，可单独设置“捐赠预算收入”“利息预算收入”“租金预算收入”等科目。

核算举例

某事业单位2020年1月份发生下列有关其他零星收入业务，请根据有关凭证编制会计分录。

1. 1日，通过网银转账收到新道公司捐款150 000元。

财务会计

借：银行存款　　150 000

　　贷：捐赠收入——新道公司　　150 000

预算会计

借：资金结存——货币资金　　150 000

　　贷：其他预算收入——捐赠预算收入　　150 0000

2. 2日，收到新道公司捐赠实训设备一台，价值165 000元。通过网银转账支付安装调试费1 500元。

财务会计

借：固定资产——专用设备　　166 500
　　贷：银行存款　　1 500
　　　　捐赠收入——新道公司　　165 000

预算会计

借：其他支出——专用设备购置　　1 500
　　贷：资金结存——货币资金　　1 500

3. 10 日，通过网银转账收到腾达培训中心预交的全年房屋租金 48 000 元。

财务会计

借：银行存款　　48 000
　　贷：预收账款——腾达培训中心　　48 000

预算会计

借：资金结存——货币资金　　48 000
　　贷：其他预算收入——租金预算收入　　48 000

4. 31 日，按照直线法确认本月腾达培训中心房屋租赁的租金收入 4 000 元。

财务会计

借：预收账款——腾达培训中心　　4 000
　　贷：租金收入——房屋租金　　4 000

预算会计不进行账务处理。

5. 31 日，收到开户银行当月银行存款利息 5 425 元入账通知。

财务会计

借：银行存款　　5 425
　　贷：利息收入　　5 425

预算会计

借：资金结存——货币资金　　5 425
　　贷：其他预算收入——利息预算收入　　5 425

6. 31 日，年初库存现金长款 860 元无法查明原因，报经批准转列其他收入。

财务会计

借：待处理财产损溢　　860
　　贷：其他收入——库存现金盘盈　　860

预算会计不进行账务处理。

7. 2 月 20 日，通过网银转账收到课题研究横向合作单位课题研究费 180 000 元。

财务会计

借：银行存款　　180 000
　　贷：其他收入——横向课题经费　　180 000

预算会计

借：资金结存——货币资金　　180 000
　　贷：其他预算收入——横向课题预算经费　　180 000

另外，按照《政府会计准则制度解释第 1 号》的规定，中央级行政事业单位应当自 2019 年 1 月 1 日起，将归属于本单位的售房款及其利息收入纳入部门预算管理，并按照

《政府会计制度》统一进行会计核算。收到售房款项（售房收入扣除按标准计提的住宅专项维修资金）及其利息收入时，借记“银行存款”科目，贷记“其他收入”科目；同时在预算会计中借记“资金结存”科目，贷记“其他预算收入”科目。按规定使用售房款发放购房补贴的，计提购房补贴费用时，借记“业务活动费用”“单位管理费用”等科目，贷记“应付职工薪酬”科目的相关明细科目；发放购房补贴时，借记“应付职工薪酬”科目的相关明细科目，贷记“银行存款”等科目，同时在预算会计中借记“行政支出”“事业支出”等科目，贷记“资金结存”科目。

尚未将单位售房款纳入财政统筹使用的省级及以下行政事业单位，应当比照本解释中有关中央级行政事业单位售房款的会计处理规定执行。

二、其他费用与其他支出的含义与核算

（一）其他费用的含义

其他费用是指单位发生的除业务活动费用、单位管理费用、经营费用、资产处置费用、上缴上级费用、附属单位补助费用、所得税费用以外的各项费用，包括利息费用、坏账损失、罚没支出、现金资产捐赠支出以及相关税费、运输费等。

其他费用按照实际发生的金额或确定的应当支付的金额确认。

（二）其他支出的含义

其他支出是指单位除行政支出、事业支出、经营支出、上缴上级支出、对附属单位补助支出、投资支出、债务还本支出以外的各项现金流出，包括利息支出、对外捐赠现金支出、现金盘亏损失、接受捐赠（调入）和对外捐赠（调出）非现金资产发生的税费支出、资产置换过程中发生的相关税费支出、罚没支出等。其他支出的确认与计量有以下几种情况：

（1）支付银行借款利息时，按照实际支付的金额确认。

（2）对外捐赠现金资产时，按照捐赠金额的金额确认。

（3）每日现金账款核对中如发现现金短缺，按照短缺的现金的金额确认。经核实，属于应当由有关人员赔偿的，按照收到的赔偿的金额确认。

（4）接受捐赠（无偿调入）非现金资产发生的归属于捐入方（调入方）的相关税费、运输费等，以及对外捐赠（无偿调出）非现金资产发生的归属于捐出方（调出方）的相关税费、运输费等，按照实际支付的金额确认。

（5）资产置换过程中发生的相关税费，按照实际支付的金额确认。

（6）发生罚没等其他支出时，按照实际支出的金额确认。

（三）其他费用与其他支出的核算

政府会计主体为了进行其他费用与其他支出业务的核算，应设置“其他费用”“其他支出”科目。

1. "其他费用"科目

单位为了核算其发生的各项其他费用，应设置"其他费用"（费用类）科目。其借方登记按期计算确定、计提及发生的各项其他费用额，贷方登记冲减多提的坏账准备额及期末结转额。期末结转后，应无余额。

"其他费用"科目应当按照其他费用的类别等设置明细科目，进行明细核算。

单位发生的利息费用较多时，可以单独设置"利息费用"科目。

2. "其他支出"科目

单位为了核算其发生的各项其他支出，应设置"其他支出"（预算支出类）科目。其借方登记实际发生的各项其他支出数，贷方登记年末结转数。年末结转时，将其中的本年发生额中的财政拨款支出转入财政拨款结转；将本年发生额中的非财政专项资金支出转入非财政拨款结转；将本年发生额中的其他资金支出（非财政非专项资金支出）转入其他结余。年末结转后，本科目应无余额。

"其他支出"科目应当按照其他支出的类别中"财政拨款支出"、"非财政专项资金支出"和"其他资金支出"，《政府收支分类科目》中"支出功能分类科目"的项级科目和"部门预算支出经济分类科目"的款级科目等进行明细核算。其他支出中如有专项资金支出，还应按照具体项目进行明细核算。

有一般公共预算财政拨款、政府性基金预算财政拨款等两种或两种以上财政拨款的事业单位，还应当在"财政拨款支出"明细科目下按照财政拨款的种类进行明细核算。

单位发生利息支出、捐赠支出等其他支出金额较大或业务较多时，可单独设置"利息支出""捐赠支出"等科目。

核算举例

某事业单位2020年12月份发生下列其他零星业务，请根据有关凭证编制会计分录。

1. 15日，通过网银转账给结对帮扶小学捐款100 000元。

财务会计

借：其他费用——捐赠支出　　100 000

　　贷：银行存款　　100 000

预算会计

借：其他支出——捐赠支出　　100 000

　　贷：资金结存——货币资金　　100 000

2. 16日，通过网银转账支付市食品安全监督管理部门食堂卫生检查指标超标罚款20 000元。

财务会计

借：其他费用——罚没支出　　20 000

　　贷：银行存款　　20 000

预算会计

借：其他支出——罚没支出　　20 000

　　贷：资金结存——货币资金　　20 000

3. 31日，按照有关规定计算出应计提坏账准备12 362元。

财务会计

借：其他费用——坏账损失　　12 362

　　贷：坏账准备　　12 362

4. 31 日，按照借款合同约定计算应付短期借款利息 2 420 元。

财务会计

借：其他费用——利息费用　　2 420

　　贷：应付利息　　2 420

5. 31 日，通过网银转账支付短期借款利息 2 420 元。

财务会计

借：应付利息　　2 420

　　贷：银行存款　　2 420

预算会计

借：其他支出——利息支出　　2 420

　　贷：资金结存——货币资金　　2 420

三、所得税费用的含义与核算

所得税费用是指有企业所得税缴纳义务的事业单位按规定缴纳企业所得税所形成的费用。

所得税费用按照税法规定的应交所得税额确认。

事业单位为了核算其按规定应缴纳的企业所得税额，应设置“所得税费用”（费用类）科目。其借方登记应交所得税额，贷方登记年末结转额。年末结转后，应无余额。

核算举例

某事业单位 2020 年 12 月份发生下列有关所得税业务，请根据有关凭证编制会计分录。

1. 30 日，按所得说法规定，计算出当年应缴纳的企业所得税 17 800 元。

财务会计

借：所得税费用　　17 800

　　贷：其他应交税费——单位应交所得税　　17 800

预算会计不进行账务处理。

2. 31 日，通过横向联网电子缴税系统申报当年应交所得税 17 800 元，银行据以划缴税款。

财务会计

借：其他应交税费——单位应交所得税　　17 800

　　贷：银行存款　　17 800

预算会计

借：非财政拨款结余——累计结余　　17 800

　　贷：资金结存——货币资金　　17 800

知识归纳

捐赠收入是指单位接受其他单位或者个人捐赠取得的收入；利息收入是指单位取得的银行存款利息收入；租金收入是指单位经批准利用国有资产出租取得并按照规定纳入本单位预算管理的租金收入；其他收入是指单位取得的除财政拨款收入、事业收入、上级补助收入、附属单位上缴收入、经营收入、非同级财政拨款收入、投资收益、捐赠收入、利息收入、租金收入以外的各项收入，包括现金盘盈收入、按照规定纳入单位预算管理的科技成果转化收入、行政单位收回已核销的其他应收款、无法偿付的应付及预收款项、置换换出资产评估增值等。

其他预算收入是指单位除财政拨款预算收入、事业预算收入、上级补助预算收入、附属单位上缴预算收入、经营预算收入、债务预算收入、非同级财政拨款预算收入、投资预算收益之外的纳入部门预算管理的现金流入，包括捐赠预算收入、利息预算收入、租金预算收入、现金盘盈收入等。

其他费用是指单位发生的除业务活动费用、单位管理费用、经营费用、资产处置费用、上缴上级费用、附属单位补助费用、所得税费用以外的各项费用，包括利息费用、坏账损失、罚没支出、现金资产捐赠支出以及相关税费、运输费等。

其他支出是指单位除行政支出、事业支出、经营支出、上缴上级支出、对附属单位补助支出、投资支出、债务还本支出以外的各项现金流出，包括利息支出、对外捐赠现金支出、现金盘亏损失、接受捐赠（调入）和对外捐赠（调出）非现金资产发生的税费支出、资产置换过程中发生的相关税费支出、罚没支出等。

所得税费用是指有企业所得税缴纳义务的事业单位按规定缴纳企业所得税所形成的费用。

问题探究

1. 什么是捐赠收入、利息收入、租金收入、其他收入与其他预算收入？
2. 什么是所得税费用、其他费用与其他支出？
3. 其他费用与其他支出的确认与计量有什么区别？

项目十八 净资产和预算结余高级实务

任务一 累计盈余及其调整的核算

任务目标

◇ 了解累计盈余及其调整的含义。
◇ 熟悉当年累计盈余的计算公式。
◇ 学会累计盈余及其调整的核算。

一、累计盈余的含义

累计盈余是指单位历年实现的盈余扣除盈余分配后滚存的金额。

二、累计盈余调整的含义

累计盈余的调整包括因无偿调入调出资产产生的净资产变动额，按照规定上缴、缴回、单位间调剂结转结余资金产生的净资产变动额，以及对以前年度盈余的调整金额。单位历年滚存的累计盈余由以下五部分内容增减调整形成：

（1）历年实现的盈余扣除盈余分配后滚存的金额，即单位历年盈余分配时计提专用基金后的本期盈余分配余额转入额。

(2) 因无偿调入调出资产产生的净资产变动额，即单位无偿调入或调出非现金资产所引起的净资产变动金额。

(3) 按照规定上缴、缴回、单位间调剂结转结余资金产生的净资产变动额，即按照规定上缴财政拨款结转结余、缴回非财政拨款结转资金、向其他单位调出财政拨款结转资金时引起的减少额，以及按照规定从其他单位调入财政拨款结转资金时引起的增加额。

(4) 对以前年度盈余的调整额，即单位年度发生的调整以前年度盈余的事项，包括本年度发生的重要前期差错更正涉及调整以前年度盈余的事项。

(5) 使用专用基金购置固定资产、无形资产时，购置成本额的转入数。

累计盈余的计算公式如下：

累计盈余＝专用基金购置固定（无形）资产额±本年盈余分配±无偿调拨净资产±结转结余资金产生的变动额±以前年度盈余调整

三、累计盈余及其调整的核算

政府单位会计主体为进行累计盈余及其调整业务的核算，应设置“累计盈余”“无偿调拨净资产”“以前年度盈余调整”科目。

（一）“累计盈余”科目

单位为了核算历年实现的盈余扣除盈余分配后滚存的金额，以及因无偿调入调出资产产生的净资产变动额，应设置“累计盈余”（净资产类）科目。其贷方登记未分配盈余的转入数及其他调增额，借方登记未弥补亏损的转入数及其他调减额。期末余额，反映单位未分配盈余（或未弥补亏损）的累计数以及截至上年末无偿调拨净资产变动的累计数；年末余额，反映单位未分配盈余（或未弥补亏损）以及无偿调拨净资产变动的累计数。

单位按照规定上缴、缴回、单位间调剂结转结余资金产生的净资产变动额，以及对以前年度盈余的调整金额，也通过“累计盈余”科目核算。

（二）“无偿调拨净资产”科目

单位为了核算其无偿调入或调出非现金资产所引起的净资产变动金额，应设置“无偿调拨净资产”（净资产类）科目。其贷方登记无偿调入非现金资产成本与调入过程中归属于调入方相关费用的差额及年末结转额，借方登记无偿调出非现金资产账面余额或账面价值及年末结转额。年末结账后，应无余额。

（三）“以前年度盈余调整”科目

单位为了核算其本年度发生的调整以前年度盈余的事项，应设置“以前年度盈余调整”（净资产类）科目。其贷方登记调整增加以前年度收入的金额、盘盈的各种非流动资产的报经批准额及期末结转额，借方登记调整增加以前年度费用的金额以及期末结转额。期末结转后，应无余额。

“累计盈余”的核算如图 18-1 所示。

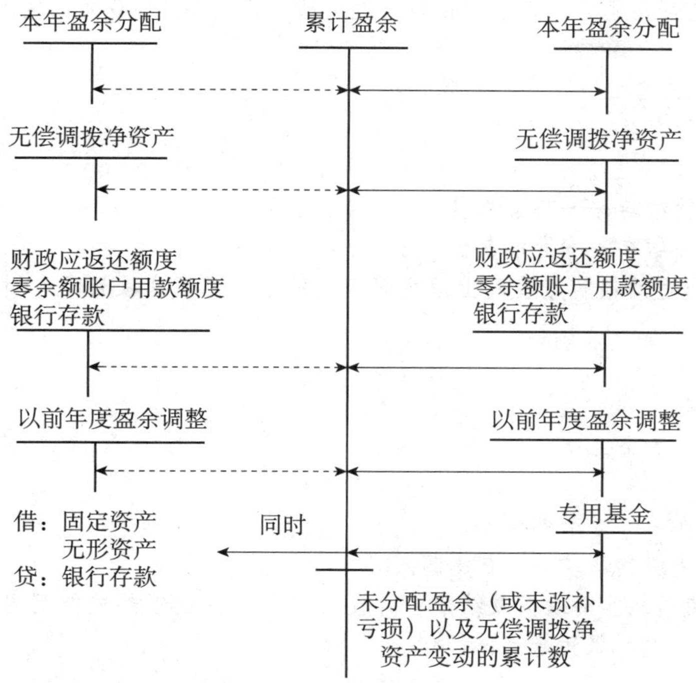

图 18-1 "累计盈余"核算

核算举例

某事业单位 2020 年 12 月发生下列有关累计盈余及其调整业务，请根据有关凭证编制会计分录。

1. 5 日，接受上级主管部门无偿调入实训设备一套，价值 427 000 元。

财务会计

借：固定资产——专用设备　　427 000
　　贷：无偿调拨净资产　　427 000

预算不进行账务处理。

2. 8 日，给附属单位无偿调出椅子一批，账面余额 382 000 元，累计已提折旧 167 430 元。

借：无偿调拨净资产　　214 570
　　固定资产累计折旧　　167 430
　　贷：固定资产——家具　　382 000

预算不进行账务处理。

3. 18 日，通过网银转账支付以前年度所欠职工养老保险费 63 800 元。

财务会计

借：以前年度盈余调整　　63 800
　　贷：银行存款　　63 800

预算会计

借：非财政拨款结余——年初余额调整　　63 800
　　贷：资金结存——货币资金　　63 800

4. 20 日，通过网银转账将某项目财政拨款结转资金 140 000 元调拨给某单位。

财务会计

借：累计盈余　　140 000

　　贷：银行存款　　140 000

预算会计

借：财政拨款结转——归集调出　　140 000

　　贷：资金结存——货币资金　　140 000

5. 25 日，通过网银转账收到上级主管部门的某课题研究项目调入财政拨款结转资金 180 000 元。

财务会计

借：银行存款　　180 000

　　贷：累计盈余　　180 000

预算会计

借：资金结存——货币资金　　180 000

　　贷：财政拨款结转——归集调入　　180 000

6. 26 日，使用从非财政拨款结余中计提的修购基金购置热成像测温设备一套，价值 83 500 元，价款通过网银转账支付。

财务会计

借：固定资产——专用设备　　83 500

　　贷：银行存款　　83 500

同时，

借：专用基金——修购基金　　83 500

　　贷：累计盈余　　83 500

预算会计

借：专用结余　　83 500

　　贷：资金结存——货币资金　　83 500

7. 31 日，将本期无偿调拨净资产贷方余额 212 430 元转入累计盈余。

财务会计

借：无偿调拨净资产　　212 430

　　贷：累计盈余　　212 430

预算会计不进行账务处理。

8. 31 日，将本期以前年度盈余调整借方余额 63 800 元转入累计盈余。

财务会计

借：累计盈余　　63 800

　　贷：以前年度盈余调整　　63 800

预算会计不进行账务处理。

9. 31 日，将本年计提专用基金后的非财政拨款结余 24 648 元转入累计盈余。

财务会计

借：本年盈余分配　　24 648

　　贷：累计盈余　　24 648

预算会计不进行账务处理。

知识归纳

累计盈余是指单位历年实现的盈余扣除盈余分配后滚存的金额。单位历年滚存的累计盈余由历年实现的盈余扣除盈余分配后滚存的金额、因无偿调入调出资产产生的净资产变动额、按照规定上缴与缴回及单位间调剂结转结余资金产生的净资产变动额、对以前年度盈余的调整额、使用专用基金购置资产的转入数增减调整形式。

政府会计主体主要设置“累计盈余”“无偿调拨净资产”“以前年度盈余调整”等科目进行累计盈余及调整的核算。

问题探究

1. 什么是累计盈余?
2. 影响单位历年累计盈余的因素有哪些?

任务二　事业单位结转业务举例

任务目标

◇ 了解事业单位财务会计期末结转和预算会计年末结转的内容。
◇ 熟悉事业单位财务会计期末结转和预算会计年末结转的程序。
◇ 学会事业单位财务会计期末结转和预算会计年末结转的核算。

一、事业单位财务会计的期末结转

（一）期末，结转收入和费用发生额

某事业单位2020年12月份有关收入、费用类账户本月累计发生额如表18-1所示。

表 18-1 某事业单位 2020 年 12 月收入、费用类科目累计发生额表 单位：元

科目名称	12 月发生额	科目名称	12 月发生额
财政拨款收入	220 000	业务活动费用	280 000
事业收入	100 000	单位管理费用	40 000
上级补助收入	50 000	经营费用	15 000
非同级财政拨款收入	50 000	资产处置费用	10 000
附属单位上缴收入	30 000	所得税费用	5 000
经营收入	20 000	上缴上级费用	30 000
投资收益	20 000	对附属单位补助费用	20 000
捐赠收入	10 000	其他费用	10 000
利息收入	10 000		
租金收入	10 000		
其他收入	10 000		
合计	530 000	合计	410 000

1. 结转收入类账户 12 月发生额

借：财政拨款收入 220 000
　　事业收入 100 000
　　上级补助收入 50 000
　　非同级财政拨款收入 50 000
　　附属单位上缴收入 30 000
　　经营收入 20 000
　　投资收益 20 000
　　捐赠收入 10 000
　　利息收入 10 000
　　租金收入 10 000
　　其他收入 10 000
　　贷：本期盈余 530 000

2. 结转费用类账户 12 月发生额

借：本期盈余 410 000
　　贷：业务活动费用 280 000
　　　　单位管理费用 40 000
　　　　经营费用 15 000
　　　　资产处置费用 10 000
　　　　所得税费用 5 000
　　　　上缴上级费用 30 000
　　　　对附属单位补助费用 20 000
　　　　其他费用 10 000

（二）年末，结转净资产各账户余额

1. 结转“本期盈余”账户当年累计余额

借：本期盈余 120 000
　　贷：本年盈余分配 120 000

2. 从本年度非财政拨款结余中提取修购基金 40 000 元

财务会计

借：本年盈余分配　　40 000

　　贷：专用基金——修购基金　　40 000

预算会计

借：非财政拨款结余分配　　40 000

　　贷：专用结余　　40 000

3. 将“本年盈余分配”账户余额 80 000 元结转

借：本年盈余分配　　80 000

　　贷：累计盈余　　80 000

4. 将“无偿调拨净资产”账户余额 60 000 元结转

借：无偿调拨净资产　　60 000

　　贷：累计盈余　　60 000

5. 将“以前年度盈余调整”账户余额 20 000 元结转

借：以前年度盈余调整　　20 000

　　贷：累计盈余　　20 000

6. 按照规定从其他单位调入财政拨款结转资金 50 000 元（归集调入）

财务会计

借：银行存款　　50 000

　　贷：累计盈余　　50 000

预算会计

借：资金结存——货币资金　　50 000

　　贷：财政拨款结转——归集调入　　50 000

7. 按照规定缴回非财政拨款结转资金 40 000 元（缴回资金）

财务会计

借：累计盈余　　40 000

　　贷：银行存款　　40 000

预算会计

借：非财政拨款结转——缴回资金　　40 000

　　贷：资金结存——货币资金　　40 000

8. 年末资产负债表日按照被投资单位除净损益和利润分配以外的所有者权益变动应享有的份额为 150 000 元

借：长期股权投资——其他权益变动　　150 000

　　贷：权益法调整　　150 000

二、事业单位预算会计的年末结转

某事业单位 2020 年预算收入、预算支出账户及其有关明细账户全年累计发生额如表 18-2 所示。

表 18-2 某事业单位的预算收入、支出科目全年累计发生额表

科目名称	全年累计发生额	科目名称	全年累计发生额
财政拨款预算收入	1 700 000	投资预算收益	190 000
基本支出	1 200 000	其他预算收入	140 000
人员经费	600 000	非专项资金收入	80 000
日常公用经费	600 000	专项资金收入（A项目）	60 000
项目支出（A项目）	500 000		
非同级财政拨款预算收入	300 000		
非专项资金收入	100 000		
专项资金收入（A项目）	200 000	事业支出	1 500 000
事业预算收入	700 000	财政拨款支出	1 200 000
财政专户返还	500 000	基本支出	900 000
非专项资金收入	200 000	人员经费	450 000
专项资金收入（A项目）	300 000	日常公用经费	450 000
非同级财政拨款	100 000	项目支出（A项目）	300 000
非专项资金收入	50 000	其他资金支出	50 000
专项资金收入（A项目）	50 000	非财政专项资金支出（A项目）	250 000
其他事业预算收入	100 000	经营支出	25 000
非专项资金收入	40 000	上缴上级支出	200 000
专项资金收入（A项目）	60 000	对附属单位补助支出	160 000
上级补助预算收入	70 000	投资支出	250 000
非专项资金收入	30 000	债务还本支出	20 000
专项资金收入（A项目）	40 000	其他支出	400 000
附属单位上缴预算收入	80 000	财政拨款支出	300 000
非专项资金收入	40 000	基本支出	200 000
专项资金收入（A项目）	40 000	人员经费	100 000
经营预算收入	30 000	日常公用经费	100 000
债务预算收入	20 000	项目支出（A项目）	100 000
非专项资金收入	10 000	其他资金支出	50 000
专项资金收入（A项目）	10 000	非财政专项资金支出（A项目）	50 000

（一）年末，结转财政拨款收支有关账户累计发生额

1. 结转财政拨款预算收入

借：财政拨款预算收入——基本支出——人员经费　　600 000

——日常公用经费　　600 000

——项目支出　　500 000

贷：财政拨款结转——本年收支结转——基本支出——人员经费 600 000
——日常公用经费 600 000
——项目支出 500 000

2. 结转“事业支出”“其他支出”账户中的财政拨款支出

借：财政拨款结转——本年收支结转——基本支出——人员经费 550 000
——日常公用经费 550 000
——项目支出 400 000
贷：事业支出——财政拨款支出——基本支出——人员经费 450 000
——日常公用经费 450 000
——项目支出 300 000
其他支出——财政拨款支出——基本支出——人员经费 100 000
——日常公用经费 100 000
——项目支出 100 000

3. 将当年实现的“本年收支结转”结转到“累计结转”

借：财政拨款结转——本年收支结转——基本支出——人员经费 50 000
——日常公用经费 50 000
——项目支出 100 000
贷：财政拨款结转——累计结转——基本支出——人员经费 50 000
——日常公用经费 50 000
——项目支出 100 000

4. 将符合财政拨款结余性质的项目余额 100 000 元转入“财政拨款结余”

借：财政拨款结转——累计结转——项目支出 100 000
贷：财政拨款结余——结转转入 100 000

（二）年末，结转非财政专项收支有关账户累计发生额

1. 结转事业预算收入等账户中的专项资金收入

借：事业预算收入——财政专户返还——专项资金收入（A 项目） 300 000
——非同级财政拨款——专项资金收入（A 项目） 50 000
——其他事业预算收入——专项资金收入（A 项目）
60 000
非同级财政拨款预算收入——专项资金收入（A 项目） 200 000
上级补助预算收入——专项资金收入（A 项目） 40 000
附属单位上缴预算收入——专项资金收入（A 项目） 40 000
债务预算收入——专项资金收入（A 项目） 10 000
其他预算收入——专项资金收入（A 项目） 60 000
贷：非财政拨款结转——本年收支结转——项目支出 760 000

2. 结转“事业支出”“其他支出”中的非财政专项资金支出

借：非财政拨款结转——本年收支结转——项目支出 300 000
贷：事业支出——非财政专项资金支出——项目支出（A 项目） 250 000

其他支出——非财政专项资金支出——项目支出（A项目） 50 000

3. 将当年实现的非财政拨款结转的“本年收支结转”结转到“累计结转”

借：非财政拨款结转——本年收支结转——项目支出 460 000

贷：非财政拨款结转——累计结转 460 000

（三）年末，结转非财政、非专项收支有关账户累计发生额

1. 结转事业预算收入等账户中的非财政、非专项资金收入

借：事业预算收入——财政专户返还——非专项资金收入 200 000

——非同级财政拨款——非专项资金收入 50 000

——其他事业预算收入——非专项资金收入 40 000

非同级财政拨款预算收入——非专项资金收入 100 000

上级补助预算收入——非专项资金收入 30 000

附属单位上缴预算收入——非专项资金收入 40 000

债务预算收入——非专项资金收入 10 000

投资预算收益 190 000

其他预算收入——非专项资金收入 80 000

贷：其他结余 740 000

借：经营预算收入 30 000

贷：经营结余 30 000

2. 结转事业支出等账户中的非财政、非专项资金支出

借：其他结余 730 000

贷：事业支出——其他资金支出 50 000

其他支出——其他资金支出 50 000

上缴上级支出 200 000

对附属单位补助支出 160 000

投资支出 250 000

债务还本支出 20 000

借：经营结余 25 000

贷：经营支出 25 000

3. 将当年实现的“其他结余”“经营结余”结转到“非财政拨款结余分配”

借：其他结余 10 000

经营结余 5 000

贷：非财政拨款结余分配 15 000

（四）年末，“非财政拨款结转”的内部结转

1. 将“非财政拨款结转”的“年初余额调整”额80 000元结转到“累计结转”

借：非财政拨款结转——年初余额调整 80 000

贷：非财政拨款结转——累计结转 80 000

2. 计提“项目间接费用或管理费”，并将其结转到“累计结转”

（1）按照规定从科研项目预算收入中提取项目间接费或管理费 10 000 元。

财务会计

借：单位管理费用——商品和服务费用　10 000

　　贷：预提费用——项目间接费用或管理费　10 000

预算会计

借：非财政拨款结转——项目间接费用或管理费　10 000

　　贷：非财政拨款结余——项目间接费用或管理费　10 000

（2）年末，将计提的项目间接费用或管理费结转到“累计结转”。

借：非财政拨款结转——累计结转　10 000

　　贷：非财政拨款结转——项目间接费用或管理费　10 000

3. 按规定缴回资金，并将其结转到“非财政拨款结转”的“累计结转”

（1）按照规定缴回非财政拨款结转资金 10 000 元。

财务会计

借：累计盈余　10 000

　　贷：银行存款　10 000

预算会计

借：非财政拨款结转——缴回资金　10 000

　　贷：资金结存——货币资金　10 000

（2）年末，将“缴回资金”余额结转到“累计结转”。

借：非财政拨款结转——累计结转　10 000

　　贷：非财政拨款结转——缴回资金　10 000

4. 结转项目已经完成且剩余部分留归本单位使用的非财政拨款结转资金

（1）将留归本单位使用的非财政拨款专项（项目已完成）剩余资金 60 000 元转入“非财政拨款结余”的“结转转入”。

借：非财政拨款结转——累计结转　60 000

　　贷：非财政拨款结余——结转转入　60 000

（2）将“非财政拨款结余”的“结转转入”结转到“累计结余”。

借：非财政拨款结余——结转转入　60 000

　　贷：非财政拨款结余——累计结余　60 000

（五）年末，“非财政拨款结余”的内部结转

1. 按规定计提“项目间接费用或管理费”，并将其结转到“非财政拨款结余”的“累计结余”

（1）按照规定从科研项目预算收入中提取项目间接费或管理费 10 000 元。

财务会计

借：单位管理费用——商品和服务费用　10 000

　　贷：预提费用——项目间接费用或管理费　10 000

预算会计

借：非财政拨款结转——项目间接费用或管理费 10 000

贷：非财政拨款结余——项目间接费用或管理费 10 000

(2) 年末，将计提的项目间接费用或管理费结转到“累计结余”。

借：非财政拨款结余——项目间接费用或管理费 10 000

贷：非财政拨款结余——累计结余 10 000

2. 将“非财政拨款结余”的“年初余额调整”余额 30 000 元结转到“累计结余”

借：非财政拨款结余——年初余额调整 30 000

贷：非财政拨款结余——累计结余 30 000

3. 按规定办理非财政拨款结余分配业务

(1) 按照有关规定提取修购基金 40 000 元。

财务会计

借：本年盈余分配 40 000

贷：专用基金——修购基金 40 000

预算会计

借：非财政拨款结余分配 40 000

贷：专用结余 40 000

(2) 将提取专用基金后的“非财政拨款结余分配”余额 80 000 元转入“非财政拨款结余”的“累计结余”。

借：非财政拨款结余分配 80 000

贷：非财政拨款结余——累计结余 80 000

4. 有企业所得税缴纳义务的单位缴纳企业所得税 15 000 元

财务会计

借：其他应交税费——应交所得税 15 000

贷：银行存款 15 000

借：非财政拨款结余——累计结余 15 000

贷：资金结存——货币资金 15 000

知识归纳

财务会计的收入类账户和费用类账户当期累计发生额按月结转到“本期盈余”账户。财务会计年末结转的基本程序是：首先将当年实现的本期盈余结转到“本年盈余分配”账户；然后按程序进行本年盈余分配后将未分配的本年盈余结转到“累计盈余”账户；最后将“无偿调拨净资产”“以前年度盈余调整”账户余额结转到“累计盈余”账户，并同时办理有关结转结余资金的上缴与缴回业务。

预算会计年末结转的基本程序是：首先将预算收入类账户和预算支出类账户当年累计发生额分别按照财政拨款资金支出、非财政专项资金支出和其他资金支出（非财政、非专项资金支出）等于年末结转到相应的“财政拨款结转”“非财政拨款结转”“其他结余”“经营结余”账户；然后将“财政拨款结转”“非财政拨款结转”中符合结余条件的部分分别结转到“财政拨款结余”“非财政拨款结余”，将当年实现的“其他结余”和“经营结余”（亏损不转）结转到“非财政拨款结余分配”；最后按程序进行非财政拨款结余分配后将未分配部分转入“非财政拨款结余”的“累计结余”，并同时将“非财政拨款结余”的“项目间接费用或管理费”“年初余额调整”明细账户余额结转到其“累计结余”明细账户。

问题探究

1. 财务会计和预算会计收支结转的期间有什么区别？
2. 财务会计年末结转的基本程序和内容是什么？
3. 预算会计年末结转的基本程序和内容是什么？

会计法律法规摘选（八）

项目十九

报表高级实务

任务一 净资产变动表

任务目标

◇ 了解净资产变动表的定义及格式。
◇ 熟悉净资产变动表各项目反映的内容。
◇ 学会净资产变动表各栏目的填列方法。

一、净资产变动表的定义

净资产变动表是反映单位在某一会计年度内净资产项目变动情况的报表。

二、净资产变动表的格式

净资产变动表按照上年年末余额、以前年度盈余调整、本年年初余额、本年变动金额、本年年末余额从上到下分项列示，各项目分“本年数”和“上年数”两个栏目，各栏目细分为累计盈余、专用基金、权益法调整。

净资产变动表的格式如表 19－1 所示。

表 19-1 净资产变动表

会政财 03 表

编制单位：________ ________年 单位：元

项目	本年数				上年数			
	累计盈余	专用基金	权益法调整	净资产合计	累计盈余	专用基金	权益法调整	净资产合计
一、上年年末余额								
二、以前年度盈余调整（减少以“—”号填列）		—	—			—	—	
三、本年年初余额								
四、本年变动金额（减少以“—”号填列）								
（一）本年盈余		—	—			—	—	
（二）无偿调拨净资产		—	—			—	—	
（三）归集调整预算结转结余		—	—			—	—	
（四）提取或设置专用基金			—				—	
其中：从预算收入中提取	—		—		—		—	
从预算结余中提取			—				—	
设置的专用基金	—		—		—		—	
（五）使用专用基金			—				—	
（六）权益法调整	—	—			—	—		
五、本年年末余额								

注：“—”标识单元格无须填列。

三、净资产变动表的内容及填列方法

净资产变动表“本年数”栏各项目的内容及填列方法如下：

（1）“上年年末余额”行，根据“累计盈余”“专用基金”“权益法调整”科目上年年末余额填列。

（2）“以前年度盈余调整”行，根据本年度“以前年度盈余调整”科目转入“累计盈余”科目的金额填列；如调整减少累计盈余，以“—”号填列。

（3）“本年年初余额”行，根据“累计盈余”“专用基金”“权益法调整”项目各自在“上年年末余额”和“以前年度盈余调整”行对应项目金额的合计数填列。

（4）“本年变动金额”行，根据“累计盈余”“专用基金”“权益法调整”项目各自在“本年盈余”“无偿调拨净资产”“归集调整预算结转结余”“提取或设置专用基金”“使用专用基金”“权益法调整”行对应项目金额的合计数填列。

（5）“本年盈余”行，“累计盈余”项目根据年末由“本期盈余”科目转入“本年盈余分配”科目的金额填列；如转入时借记“本年盈余分配”科目，则以“—”号填列。

（6）“无偿调拨净资产”行，“累计盈余”项目应当根据年末由“无偿调拨净资产”科目转入“累计盈余”科目的金额填列；如转入时借记“累计盈余”科目，则以“—”号填列。

（7）“归集调整预算结转结余”行，“累计盈余”项目根据“累计盈余”科目明细账记录分析填列；如归集调整减少预算结转结余，则以“—”号填列。

(8)“提取或设置专用基金”行，“累计盈余”项目根据“从预算结余中提取”行“累计盈余”项目的金额填列。“专用基金”项目根据“从预算收入中提取”“从预算结余中提取”“设置的专用基金”行“专用基金”项目金额的合计数填列。

“从预算收入中提取”行，“专用基金”项目通过对“专用基金”科目明细账记录的分析，根据本年按有关规定从预算收入中提取基金的金额填列。

“从预算结余中提取”行，“累计盈余”“专用基金”项目通过对“专用基金”科目明细账记录的分析，根据本年按有关规定从本年度非财政拨款结余或经营结余中提取专用基金的金额填列；本行“累计盈余”项目以“-”号填列。

“设置的专用基金”行，“专用基金”项目通过对“专用基金”科目明细账记录的分析，根据本年按有关规定设置的其他专用基金的金额填列。

(9)“使用专用基金”行，“累计盈余”“专用基金”项目通过对“专用基金”科目明细账记录的分析，根据本年按规定使用专用基金的金额填列；本行“专用基金”项目以“-”号填列。

(10)“权益法调整”行，“权益法调整”项目根据“权益法调整”科目本年发生额填列；若本年净发生额为借方时，以“-”号填列。

(11)“本年年末余额”行，“累计盈余”“专用基金”“权益法调整”项目根据其各自在“本年年初余额”“本年变动金额”行对应项目金额的合计数填列。

(12)各行“净资产合计”项目，根据所在行“累计盈余”“专用基金”“权益法调整”项目金额的合计数填列。

“上年数”根据上年度净资产变动表中“本年数”栏内所列数字填列。如果上年度净资产变动表规定的项目的名称和内容与本年度不一致，应对上年度净资产变动表项目的名称和数字按照本年度的规定进行调整，将调整后金额填入本年度净资产变动表“上年数”栏内。

知识归纳

净资产变动表是反映单位在某一会计年度内净资产项目变动情况的报表。净资产变动表设置“本年数”和“上年数”两个栏目。“本年数”栏反映本年度各项目的实际变动数，“上年数”栏反映上年度各项目的实际变动数。“本年数”栏各项目根据“累计盈余”“专用基金”“权益法调整”科目的期初余额、本期发生额及期末余额填列。“上年数”根据上年度净资产变动表中“本年数”栏内所列数字填列。

问题探究

1. 什么是净资产变动表？
2. 净资产变动表的基本项目和栏目有哪些？
3. 净资产变动表各栏目填列的主要依据是什么？

会计职业道德案例（八）

任务二　现金流量表

任务目标

◇ 了解现金流量表的定义与格式。
◇ 熟悉现金流量表各项目反映的内容。
◇ 学会现金流量表各项目的填列方法。

一、现金流量表的定义

现金流量表是反映单位在某一会计年度内现金流入和流出信息的报表。

现金流量表所指的现金，是指单位的库存现金以及其他可以随时用于支付的款项，包括库存现金、可以随时用于支付的银行存款、其他货币资金、零余额账户用款额度、财政应返还额度，以及通过财政直接支付方式支付的款项。

二、现金流量表的格式

现金流量表应当按照日常活动、投资活动、筹资活动的现金流量分别反映。现金流量表所指的现金流量，是指现金的流入和流出。现金流量表的格式如表 19－2 所示。

表 19－2　现金流量表

会政财 04 表

编制单位：＿＿＿＿＿　　＿＿＿＿年　　单位：元

项目	本年金额	上年金额
一、日常活动产生的现金流量：		
财政基本支出拨款收到的现金		
财政非资本性项目拨款收到的现金		
事业活动收到的除财政拨款以外的现金		
收到的其他与日常活动有关的现金		

续表

项目	本年金额	上年金额
日常活动的现金流入小计		
购买商品、接受劳务支付的现金		
支付给职工以及为职工支付的现金		
支付的各项税费		
支付的其他与日常活动有关的现金		
日常活动的现金流出小计		
日常活动产生的现金流量净额		
二、投资活动产生的现金流量：		
收回投资收到的现金		
取得投资收益收到的现金		
处置固定资产、无形资产、公共基础设施等收回的现金净额		
收到的其他与投资活动有关的现金		
投资活动的现金流入小计		
购建固定资产、无形资产、公共基础设施等支付的现金		
对外投资支付的现金		
上缴处置固定资产、无形资产、公共基础设施等净收入支付的现金		
支付的其他与投资活动有关的现金		
投资活动的现金流出小计		
投资活动产生的现金流量净额		
三、筹资活动产生的现金流量：		
财政资本性项目拨款收到的现金		
取得借款收到的现金		
收到的其他与筹资活动有关的现金		
筹资活动的现金流入小计		
偿还借款支付的现金		
偿还利息支付的现金		
支付的其他与筹资活动有关的现金		
筹资活动的现金流出小计		
筹资活动产生的现金流量净额		
四、汇率变动对现金的影响额		
五、现金净增加额		

三、现金流量表的内容及填列方法

单位应当采用直接法编制现金流量表。现金流量表“本年金额”栏各项目的填列方法如下。

（一）日常活动产生的现金流量

（1）“财政基本支出拨款收到的现金”项目，根据“零余额账户用款额度”“财政拨款收入”“银行存款”等科目及其所属明细科目的记录分析填列。

（2）“财政非资本性项目拨款收到的现金”项目，根据“银行存款”“零余额账户用款额度”“财政拨款收入”等科目及其所属明细科目的记录分析填列。

（3）“事业活动收到的除财政拨款以外的现金”项目，根据“库存现金”“银行存款”“其他货币资金”“应收账款”“应收票据”“预收账款”“事业收入”等科目及其所属明细科目的记录分析填列。

（4）“收到的其他与日常活动有关的现金”项目，根据“库存现金”“银行存款”“其他货币资金”“上级补助收入”“附属单位上缴收入”“经营收入”“非同级财政拨款收入”“捐赠收入”“利息收入”“租金收入”“其他收入”等科目及其所属明细科目的记录分析填列。

（5）“日常活动的现金流入小计”项目，根据本表中“财政基本支出拨款收到的现金”“财政非资本性项目拨款收到的现金”“事业活动收到的除财政拨款以外的现金”“收到的其他与日常活动有关的现金”项目金额的合计数填列。

（6）“购买商品、接受劳务支付的现金”项目，根据“库存现金”“银行存款”“财政拨款收入”“零余额账户用款额度”“预付账款”“在途物品”“库存物品”“应付账款”“应付票据”“业务活动费用”“单位管理费用”“经营费用”等科目及其所属明细科目的记录分析填列。

（7）“支付给职工以及为职工支付的现金”项目，根据“库存现金”“银行存款”“零余额账户用款额度”“财政拨款收入”“应付职工薪酬”“业务活动费用”“单位管理费用”“经营费用”等科目及其所属明细科目的记录分析填列。

（8）“支付的各项税费”项目，根据“库存现金”“银行存款”“零余额账户用款额度”“应交增值税”“其他应交税费”“业务活动费用”“单位管理费用”“经营费用”“所得税费用”等科目及其所属明细科目的记录分析填列。

（9）“支付的其他与日常活动有关的现金”项目，根据“库存现金”“银行存款”“零余额账户用款额度”“财政拨款收入”“其他应付款”“业务活动费用”“单位管理费用”“经营费用”“其他费用”等科目及其所属明细科目的记录分析填列。

（10）“日常活动的现金流出小计”项目，根据本表中“购买商品、接受劳务支付的现金”“支付给职工以及为职工支付的现金”“支付的各项税费”“支付的其他与日常活动有关的现金”项目金额的合计数填列。

（11）“日常活动产生的现金流量净额”项目，按照本表中“日常活动的现金流入小计”项目金额减去“日常活动的现金流出小计”项目金额后的金额填列；如为负数，以“—”号填列。

（二）投资活动产生的现金流量

（1）“收回投资收到的现金”项目，根据“库存现金”“银行存款”“短期投资”“长期股权投资”“长期债券投资”等科目的记录分析填列。

（2）“取得投资收益收到的现金”项目，根据“库存现金”“银行存款”“应收股利”“应收利息”“投资收益”等科目的记录分析填列。

（3）“处置固定资产、无形资产、公共基础设施等收回的现金净额”项目，根据“库存现金”“银行存款”“待处理财产损溢”等科目的记录分析填列。

(4)“收到的其他与投资活动有关的现金”项目，根据“库存现金”“银行存款”等有关科目的记录分析填列。

(5)“投资活动的现金流入小计”项目，根据本表中“收回投资收到的现金”“取得投资收益收到的现金”“处置固定资产、无形资产、公共基础设施等收回的现金净额”“收到的其他与投资活动有关的现金”项目金额的合计数填列。

(6)“购建固定资产、无形资产、公共基础设施等支付的现金”项目，根据“库存现金”“银行存款”“固定资产”“工程物资”“在建工程”“无形资产”“研发支出”“公共基础设施”“保障性住房”等科目的记录分析填列。

(7)“对外投资支付的现金”项目，根据“库存现金”“银行存款”“短期投资”“长期股权投资”“长期债券投资”等科目的记录分析填列。

(8)“上缴处置固定资产、无形资产、公共基础设施等净收入支付的现金”项目，根据“库存现金”“银行存款”“应缴财政款”等科目的记录分析填列。

(9)“支付的其他与投资活动有关的现金”项目，根据“库存现金”“银行存款”等有关科目的记录分析填列。

(10)“投资活动的现金流出小计”项目，根据本表中“购建固定资产、无形资产、公共基础设施等支付的现金”“对外投资支付的现金”“上缴处置固定资产、无形资产、公共基础设施等净收入支付的现金”“支付的其他与投资活动有关的现金”项目金额的合计数填列。

(11)“投资活动产生的现金流量净额”项目，按照本表中“投资活动的现金流入小计”项目金额减去“投资活动的现金流出小计”项目金额后的金额填列；如为负数，以“—”号填列。

(三) 筹资活动产生的现金流量

(1)“财政资本性项目拨款收到的现金”项目，根据“银行存款”“零余额账户用款额度”“财政拨款收入”等科目及其所属明细科目的记录分析填列。

(2)“取得借款收到的现金”项目，反映事业单位本年举借短期、长期借款所收到的现金。本项目应当根据“库存现金”“银行存款”“短期借款”“长期借款”等科目记录分析填列。

(3)“收到的其他与筹资活动有关的现金”项目，根据“库存现金”“银行存款”等有关科目的记录分析填列。

(4)“筹资活动的现金流入小计”项目，根据本表中“财政资本性项目拨款收到的现金”“取得借款收到的现金”“收到的其他与筹资活动有关的现金”项目金额的合计数填列。

(5)“偿还借款支付的现金”项目，根据“库存现金”“银行存款”“短期借款”“长期借款”等科目的记录分析填列。

(6)“偿付利息支付的现金”项目，根据“库存现金”“银行存款”“应付利息”“长期借款”等科目的记录分析填列。

(7)“支付的其他与筹资活动有关的现金”项目，根据“库存现金”“银行存款”“长期应付款”等科目的记录分析填列。

(8)“筹资活动的现金流出小计”项目，根据本表中“偿还借款支付的现金”“偿付利息支付的现金”“支付的其他与筹资活动有关的现金”项目金额的合计数填列。

(9)“筹资活动产生的现金流量净额”项目，按照本表中“筹资活动的现金流入小计”项目金额减去“筹资活动的现金流出小计”金额后的金额填列；如为负数，以“—”号填列。

(10)“汇率变动对现金的影响额”项目，反映单位本年外币现金流量折算为人民币时，所采用的现金流量发生日的汇率折算的人民币金额与外币现金流量净额按期末汇率折算的人民币金额之间的差额。

(11)“现金净增加额”项目，根据本表中“日常活动产生的现金流量净额”“投资活动产生的现金流量净额”“筹资活动产生的现金流量净额”“汇率变动对现金的影响额”项目金额的合计数填列；如为负数，以“—”号填列。

现金流量表“上年金额”栏根据上年现金流量表中“本年金额”栏内所列数字填列。

知识归纳

现金流量表是反映单位在某一会计年度内现金流入和流出信息的报表。现金流量表应当按照日常活动、投资活动、筹资活动的现金流量分别反映。现金流量表“本年金额”栏反映各项目的本年实际发生数，“上年金额”栏反映各项目的上年实际发生数。单位应当采用直接法编制现金流量表。

问题探究

1. 什么是现金流量表?
2. 现金流量表的基本项目有哪些?
3. 现金流量表各栏目填列的主要依据是什么?

任务三 附 注

任务目标

◇ 了解附注的定义。

◇ 熟悉附注的内容。

◇ 学会重要项目说明、主要项目披露表格的填写。

一、附注的定义

附注是对在会计报表中列示的项目所做的进一步说明，以及对未能在会计报表中列示项目的说明。附注是财务报表的重要组成部分。

凡对报表使用者的决策有重要影响的会计信息，不论《政府会计制度》是否有明确规定，单位均应当充分披露。

二、附注的内容及披露格式

附注主要包括下列内容：

（1）单位的基本情况。单位应当简要披露其基本情况，包括单位主要职能、主要业务活动、所在地、预算管理关系等。

（2）会计报表编制基础。

（3）遵循政府会计准则、制度的声明。

（4）重要会计政策和会计估计。

单位应当采用与其业务特点相适应的具体会计政策，并充分披露报告期内采用的重要会计政策和会计估计。主要包括以下内容：

1）会计期间。

2）记账本位币，外币折算汇率。

3）坏账准备的计提方法。

4）存货类别、发出存货的计价方法、存货的盘存制度，以及低值易耗品和包装物的摊销方法。

5）长期股权投资的核算方法。

6）固定资产分类、折旧方法、折旧年限和年折旧率；融资租入固定资产的计价和折旧方法。

7）无形资产的计价方法；使用寿命有限的无形资产，其使用寿命估计情况；使用寿命不确定的无形资产，其使用寿命不确定的判断依据；单位内部研究开发项目划分研究阶段和开发阶段的具体标准。

8）公共基础设施的分类、折旧（摊销）方法、折旧（摊销）年限，以及其确定依据。

9）政府储备物资分类，以及确定其发出成本所采用的方法。

10）保障性住房的分类、折旧方法、折旧年限。

11）其他重要的会计政策和会计估计。

12）本期发生重要会计政策和会计估计变更的，变更的内容和原因、受其重要影响的报表项目名称和金额、相关审批程序，以及会计估计变更开始适用的时点。

（5）会计报表重要项目说明。

单位应当按照资产负债表和收入费用表项目列示顺序，采用文字和数据描述相结合的方式披露重要项目的明细信息。报表重要项目的明细金额合计，应当与报表项目金额衔接。报表重要项目说明应包括但不限于下列内容：

1）货币资金的披露格式如表 19－3 所示。

表 19－3 货币资金的披露格式

项目	期末余额	年初余额
库存现金		
银行存款		
其他货币资金		
合计		

2）应收账款按照债务人类别披露的格式如表 19－4 所示。

表 19－4 应收账款按照债务人类别披露的格式

债务人类别	期末余额	年初余额
政府会计主体：		
部门内部单位		
单位 1		
……		
部门外部单位		
单位 1		
……		
其他：		
单位 1		
……		
合计		

注 1："部门内部单位"是指纳入单位所属部门财务报告合并范围的单位（下同）。

注 2：有应收票据、预付账款、其他应收款的，可比照应收账款进行披露。

按照《政府会计准则制度解释第 1 号》的规定，单位在按照债务人对应收款项进行明细核算的基础上，应当在财务报表附注中按照债务人分类对应收款项进行披露。债务人类别主要分为本部门内部单位（指纳入单位所属部门财务报告合并范围的单位）、本部门以外同级政府单位、本部门以外非同级政府单位和其他单位。

单位按照《政府会计制度》中财务报表附注所列格式分类对应收款项进行具体披露时，应当遵循重要性原则。单位对重要性的判断，应当依据《政府会计准则第 9 号——财务报表编制和列报》，并考虑满足编制合并财务报表的信息需要，即相关合并主体能够基于单位所披露的信息，抵销合并主体与被合并主体之间、被合并主体相互之间发生的内部业务或事项对财务报表的影响。

3）存货的披露格式如表 19－5 所示。

表 19－5 存货披露格式

存货种类	期末余额	年初余额
1.		
……		
合计		

4）其他流动资产的披露格式如表 19－6 所示。

表 19－6　其他流动资产的披露格式

项目	期末余额	年初余额
1.		
……		
合计		

注：有长期待摊费用、其他非流动资产的，可比照其他流动资产进行披露。

5）长期投资的披露内容如下：

长期债券投资的披露格式如表 19－7 所示。

表 19－7　长期债券投资的披露格式

债券发行主体	年初余额	本期增加额	本期减少额	期末余额
1.				
……				
合计				

注：有短期投资的，可比照长期债券投资进行披露。

长期股权投资的披露格式如表 19－8 所示。

表 19－8　长期股权投资的披露格式

被投资单位	核算方法	年初余额	本期增加额	本期减少额	期末余额
1.					
……					
合计					

当期发生的重大投资净损益项目、金额及原因。

6）固定资产的披露内容如下：

固定资产的披露格式如表 19－9 所示。

表 19－9　固定资产的披露格式

项目	年初余额	本期增加额	本期减少额	期末余额
一、原值合计				
其中：房屋及构筑物				
通用设备				
专用设备				
文物和陈列品				
图书、档案				
家具、用具、装具及动植物				
二、累计折旧合计				
其中：房屋及构筑物				
通用设备				
专用设备				
家具、用具、装具				
三、账面价值合计				
其中：房屋及构筑物				

续表

项目	年初余额	本期增加额	本期减少额	期末余额
通用设备				
专用设备				
文物和陈列品				
图书、档案				
家具、用具、装具及动植物				

已提足折旧的固定资产名称、数量等情况。

出租、出借固定资产以及固定资产对外投资等情况。

7）在建工程的披露格式如表 19-10 所示：

表 19-10 在建工程的披露格式

项目	年初余额	本期增加额	本期减少额	期末余额
1.				
……				
合计				

8）无形资产的披露内容如下：

各类无形资产的披露格式如表 19-11 所示。

表 19-11 各类无形资产的披露格式

项目	年初余额	本期增加额	本期减少额	期末余额
一、原值合计				
1.				
……				
二、累计摊销合计				
1.				
……				
三、账面价值合计				
1.				
……				

计入当期损益的研发支出金额、确认为无形资产的研发支出金额。

无形资产出售、对外投资等处置情况。

9）公共基础设施的披露内容如下：

公共基础设施的披露格式如表 19-12 所示。

表 19-12 公共基础设施的披露格式

项目	年初余额	本期增加额	本期减少额	期末余额
原值合计				
市政基础设施				
1.				
……				
交通基础设施				
1.				
……				

续表

项目	年初余额	本期增加额	本期减少额	期末余额
水利基础设施				
1.				
……				
其他				
……				
累计折旧合计				
市政基础设施				
1.				
……				
交通基础设施				
1.				
……				
水利基础设施				
1.				
……				
其他				
……				
账面价值合计				
市政基础设施				
1.				
……				
交通基础设施				
1.				
……				
水利基础设施				
1.				
……				
其他				
……				

确认为公共基础设施的单独计价入账的土地使用权的账面余额、累计摊销额及变动情况。

已提取折旧继续使用的公共基础设施的名称、数量等。

10）政府储备物资的披露格式如表 19 - 13 所示。

表 19 - 13 政府储备物资的披露格式

物资类别	年初余额	本期增加额	本期减少额	期末余额
1.				
……				
合计				

注：如单位有因动用而发出需要收回或者预期可能收回但期末尚未收回的政府储备物资，应当单独披露其期末账面余额。

11）受托代理资产的披露格式如表 19－14 所示。

表 19－14 受托代理资产的披露格式

资产类别	年初余额	本期增加额	本期减少额	期末余额
货币资金				
受托转赠物资				
受托存储保管物资				
罚没物资				
其他				
合计				

12）应付账款按照债权人类别披露的格式如表 19－15 所示。

表 19－15 应付账款按照债权人类别披露的格式

债权人类别	期末余额	年初余额
政府会计主体：		
部门内部单位		
单位 1		
……		
部门外部单位		
单位 1		
……		
其他：		
单位 1		
……		
合计		

注：有应付票据、预收账款、其他应付款、长期应付款的，可比照应付账款进行披露。

按照《政府会计准则制度解释第 1 号》的规定，单位在按照债权人对应付款项进行明细核算的基础上，应当在财务报表附注中按照债权人分类对应付款项进行披露。债权人类别主要分为本部门内部单位（指纳入单位所属部门财务报告合并范围的单位）、本部门以外同级政府单位、本部门以外非同级政府单位和其他单位。

单位按照《政府会计制度》中财务报表附注所列格式分类应付款项进行具体披露时，应当遵循重要性原则。单位对重要性的判断，应当依据《政府会计准则第 9 号——财务报表编制和列报》，并考虑满足编制合并财务报表的信息需要，即相关合并主体能够基于单位所披露的信息，抵销合并主体与被合并主体之间、被合并主体相互之间发生的内部业务或事项对财务报表的影响。

13）其他流动负债的披露格式如表 19－16 所示。

表 19－16 其他流动负债的披露格式

项目	期末余额	年初余额
1.		
……		
合计		

注：有预计负债、其他非流动负债的，可比照其他流动负债进行披露。

14）长期借款的披露内容如下：

长期借款按照债权人披露的格式如表 19－17 所示。

表 19－17　长期借款按照债权人披露的格式

债权人	期末余额	年初余额
1.		
……		
合计		

注：有短期借款的，可比照长期借款进行披露。

单位有基建借款的，应当分基建项目披露长期借款年初数、本年变动数、年末数及到期期限。

15）事业收入按照收入来源披露的格式如表 19－18 所示。

表 19－18　事业收入按照收入来源披露的格式

收入来源	本期发生额	上期发生额
来自财政专户管理资金		
本部门内部单位		
单位 1		
……		
本部门以外同级政府单位		
单位 1		
……		
其他		
单位 1		
……		
合计		

按照《政府会计准则制度解释第 1 号》的规定，单位在按照收入来源对有关收入科目进行明细核算的基础上，应当在财务报表附注中按照收入来源分类对有关收入进行披露。收入来源主要分为本部门内部单位、本部门以外同级政府单位、本部门以外非同级政府单位和其他单位。

单位按照《政府会计制度》中财务报表附注所列格式分类对有关收入进行具体披露时，应当遵循重要性原则。单位对重要性的判断，应当依据《政府会计准则第 9 号——财务报表编制和列报》，并考虑满足编制合并财务报表的信息需要，即相关合并主体能够基于单位所披露的信息，抵销合并主体与被合并主体之间、被合并主体相互之间发生的内部业务或事项对财务报表的影响。

16）非同级财政拨款收入按收入来源披露的格式如表 19－19 所示。

表 19－19　非同级财政拨款收入按收入来源披露的格式

收入来源	本期发生额	上期发生额
本部门以外同级政府单位		
单位 1		
……		

续表

收入来源	本期发生额	上期发生额
本部门以外非同级政府单位		
单位 1		
……		
合计		

17）其他收入按照收入来源披露的格式如表 19－20 所示。

表 19－20　其他收入按照收入来源披露的格式

收入来源	本期发生额	上期发生额
本部门内部单位		
单位 1		
……		
本部门以外同级政府单位		
单位 1		
……		
本部门以外非同级政府单位		
单位 1		
……		
其他		
单位 1		
……		
合计		

18）业务活动费用的披露内容如下。

业务活动费用按经济分类披露的格式如表 19－21 所示。

表 19－21　业务活动费用按经济分类披露的格式

项目	本期发生额	上期发生额
工资福利费用		
商品和服务费用		
对个人和家庭的补助费用		
对企业补助费用		
固定资产折旧费		
无形资产摊销费		
公共基础设施折旧（摊销）费		
保障性住房折旧费		
计提专用基金		
……		
合计		

注：有单位管理费用、经营费用的，可比照（业务活动费用）此表进行披露。

业务活动费用按支付对象披露的格式如表 19 - 22 所示。

表 19 - 22　业务活动费用按支付对象披露的格式

支付对象	本期发生额	上期发生额
本部门内部单位		
单位 1		
……		
本部门以外同级政府单位		
单位 1		
……		
其他		
单位 1		
……		
合计		

注：有单位管理费用、经营费用的，可比照（业务活动费用）此表进行披露。

按照《政府会计准则制度解释第 1 号》的规定，单位在按照支付对象对有关费用科目进行明细核算的基础上，应当在财务报表附注中按照支付对象分类对有关费用进行披露。支付对象主要分为本部门内部单位、本部门以外同级政府单位、本部门以外非同级政府单位和其他单位。

单位按照《政府会计制度》中财务报表附注所列格式分类对有关费用进行具体披露时，应当遵循重要性原则。单位对重要性的判断，应当依据《政府会计准则第 9 号——财务报表编制和列报》，并考虑满足编制合并财务报表的信息需要，即相关合并主体能够基于单位所披露的信息，抵销合并主体与被合并主体之间、被合并主体相互之间发生的内部业务或事项对财务报表的影响。

19）其他费用按类别披露的格式如表 19 - 23 所示。

表 19 - 23　其他费用按类别披露的格式

费用类别	本期发生额	上期发生额
利息费用		
坏账损失		
罚没支出		
……		
合计		

20）本期费用按经济分类披露的格式如表 19 - 24 所示。

表 19 - 24　本期费用按经济分类披露的格式

项目	本年数	上年数
工资福利费用		
商品和服务费用		
对个人和家庭的补助费用		
对企业补助费用		
固定资产折旧费		
无形资产摊销费		
公共基础设施折旧（摊销）费		

续表

项目	本年数	上年数
保障性住房折旧费		
计提专用基金		
所得税费用		
资产处置费用		
上缴上级费用		
对附属单位补助费用		
其他费用		
本期费用合计		

注：单位在按照本制度规定编制收入费用表的基础上，可以根据需要按照此表披露的内容编制收入费用表。

（6）本年盈余与预算结余的差异情况说明。

为了反映单位财务会计和预算会计因核算基础和核算范围不同所产生的本年盈余数与本年预算结余数之间的差异，单位应当按照重要性原则，对本年度发生的各类影响收入（预算收入）和费用（预算支出）的业务进行适度归并和分析，披露将年度预算收入支出表中“本年预算收支差额”调节为年度收入费用表中“本期盈余”的信息。有关披露格式如表 19－25 所示。

表 19－25 本年盈余与预算结余的差异情况说明表

项目	金额（元）
一、本年预算结余（本年预算收支差额）	
二、差异调节	
（一）主要事项的差异	
加：1. 当期确认为收入但没有确认为预算收入	
（1）应收款项、预收账款确认的收入	
（2）接受非货币性资产捐赠确认的收入	
2. 当期确认为预算支出但没有确认为费用	
（1）支付应付款项、预付账款的支出	
（2）为取得存货、政府储备物资等计入物资成本的支出	
（3）为购建固定资产等的资本性支出	
（4）偿还借款本息支出	
减：1. 当期确认为预算收入但没有确认为收入	
（1）收到应收款项、预收账款确认的预算收入	
（2）取得借款确认的预算收入	
2. 当期确认为费用但没有确认为预算支出	
（1）发出存货、政府储备物资等确认的费用	
（2）计提的折旧费用和摊销费用	
（3）确认的资产处置费用（处置资产价值）	
（4）应付款项、预付账款确认的费用	
（二）其他事项的差异	
三、本年盈余（本年收入与费用的差额）	

(7) 其他重要事项说明。

1) 资产负债表日存在的重要或有事项说明。没有重要或有事项的，也应说明。

2) 以名义金额计量的资产名称、数量等情况，以及以名义金额计量理由的说明。

3) 通过债务资金形成的固定资产、公共基础设施、保障性住房等资产的账面价值、使用情况、收益情况及与此相关的债务偿还情况等的说明。

4) 重要资产置换、无偿调入（出)、捐入（出)、报废、重大毁损等情况的说明。

5) 事业单位将单位内部独立核算单位的会计信息纳入本单位财务报表情况的说明。

6) 政府会计具体准则中要求附注披露的其他内容。

7) 有助于理解和分析单位财务报表需要说明的其他事项。

知识归纳

附注是对在会计报表中列示的项目所做的进一步说明，以及对未能在会计报表中列示项目的说明。附注主要包括下列内容：单位的基本情况；会计报表编制基础；遵循政府会计准则、制度的声明；重要会计政策和会计估计；会计报表重要项目说明；本年盈余与预算结余的差异情况说明；其他重要事项说明。

问题探究

1. 会计报表附注主要包括哪些内容？
2. “本年盈余与预算结余的差异情况说明表”的编制原理是什么？

任务四　预算收入支出表

任务目标

◇ 了解预算收入支出表的定义和格式。

◇ 熟悉预算收入支出表各项目反映的内容。

◇ 学会预算收入支出表各项目的填列方法。

一、预算收入支出表的定义

预算收入支出表是反映单位在某一会计年度内各项预算收入、预算支出和预算收支差额的情况的报表。

二、预算收入支出表的格式

预算收入支出表按照本年预算收入、本年预算支出、本年预算收支差额三个一级项目从上到下分步列示，各二级项目主要按照预算收入类和预算支出类总账科目列示，各项目设置“本年数”和“上年数”两个栏目。预算收入支出表的格式如表 19－26 所示。

表 19－26　预算收入支出表

会政预 01 表

编制单位：________　　________年　　单位：元

项目	本年数	上年数
一、本年预算收入		
（一）财政拨款预算收入		
其中：政府性基金收入		
（二）事业预算收入		
（三）上级补助预算收入		
（四）附属单位上缴预算收入		
（五）经营预算收入		
（六）债务预算收入		
（七）非同级财政拨款预算收入		
（八）投资预算收益		
（九）其他预算收入		
其中：利息预算收入		
捐赠预算收入		
租金预算收入		
二、本年预算支出		
（一）行政支出		
（二）事业支出		
（三）经营支出		
（四）上缴上级支出		
（五）对附属单位补助支出		
（六）投资支出		
（七）债务还本支出		
（八）其他支出		
其中：利息支出		
捐赠支出		
三、本年预算收支差额		

三、预算收入支出表的内容及填列方法

预算收入支出表“本年数”栏各项目的填列方法如下：

(1) 本年预算收入各项目根据相应的财政拨款预算收入、事业预算收入、上级补助预算收入、附属单位上缴预算收入、经营预算收入、债务预算收入、非同级财政拨款预算收入、投资预算收益、其他预算收入等总账科目及相关明细科目的本年发生额填列。其中：

1) “政府性基金收入”项目，根据“财政拨款预算收入”相关明细科目的本年发生额填列。

2) “利息预算收入”项目，根据“其他预算收入”科目的明细记录分析填列。单位单设“利息预算收入”科目的，根据“利息预算收入”科目的本年发生额填列。

3) “捐赠预算收入”项目，根据“其他预算收入”科目明细账记录分析填列。单位单设“捐赠预算收入”科目的，应当根据“捐赠预算收入”科目的本年发生额填列。

4) “租金预算收入”项目，根据“其他预算收入”科目明细账记录分析填列。单位单设“租金预算收入”科目的，应当根据“租金预算收入”科目的本年发生额填列。

(2) 本年预算支出各项目根据相应的行政支出、事业支出、经营支出、上缴上级支出、对附属单位补助支出、投资支出、债务还本支出和其他支出等总账科目及相关明细科目的本年发生额填列。其中：

1) “利息支出”项目，根据“其他支出”科目明细账记录分析填列。单位单设“利息支出”科目的，应当根据“利息支出”科目的本年发生额填列。

2) “捐赠支出”项目，根据“其他支出”科目明细账记录分析填列。单位单设“捐赠支出”科目的，应当根据“捐赠支出”科目的本年发生额填列。

(3) “本年预算收支差额”项目，根据本表中“本期预算收入”项目金额减去“本期预算支出”项目金额后的金额填列；如相减后金额为负数，以“—”号填列。

预算收入支出表“上年数”栏根据上年度预算收入支出表中“本年数”栏内所列数字填列。如果本年度预算收入支出表规定的项目的名称和内容同上年度不一致，应当对上年度预算收入支出表项目的名称和数字按照本年度的规定进行调整，将调整后金额填入本年度预算收入支出表的“上年数”栏。

知识归纳

预算收入支出表是反映单位在某一会计年度内各项预算收入、预算支出和预算收支差额的情况的报表。预算收入支出表中各项目设置“本年数”和“上年数”两栏。

“本年数”栏反映各项目的本年实际发生数，“上年数”栏反映各项目上年度的实际发生数。“本年数”栏主要根据各预算收支账户的本年发生额填列，“上年数”栏根据上年度预算收入支出表中“本年数”栏内所列数字填列。

问题探究

1. 什么是预算收入支出表？
2. 预算收入支出表的基本项目有哪些？

3. 预算收入支出表的各项目间的关系是什么？

任务五　预算结转结余变动表

任务目标

◇ 了解预算结转结余变动表的定义和格式。
◇ 熟悉预算结转结余变动表各项目反映的内容。
◇ 学会预算结转结余变动表各项目的填列方法。

一、预算结转结余变动表的定义

预算结转结余变动表是反映单位在某一会计年度内预算结转结余变动情况的报表。

二、预算结转结余变动表的格式

预算结转结余变动表按照年初预算结转结余、年初余额调整、本年变动金额、年末预算结转结余四个一级项目从上到下分步列示，二级项目主要按照财政结转结余和其他结转结余列示，各项目设置“本年数”和“上年数”两个栏目。预算结转结余变动表的格式如表 19－27 所示。

表 19－27　预算结转结余变动表　　会政预 02 表

编制单位：__________　　______年　　单位：元

项目	本年数	上年数
一、年初预算结转结余		
（一）财政拨款结转结余		
（二）其他资金结转结余		
二、年初余额调整（减少以“－”号填列）		
（一）财政拨款结转结余		

续表

项目	本年数	上年数
（二）其他资金结转结余		
三、本年变动金额（减少以“—”号填列）		
（一）财政拨款结转结余		
1. 本年收支差额		
2. 归集调入		
3. 归集上缴或调出		
（二）其他资金结转结余		
1. 本年收支差额		
2. 缴回资金		
3. 使用专用结余		
4. 支付所得税		
四、年末预算结转结余		
（一）财政拨款结转结余		
1. 财政拨款结转		
2. 财政拨款结余		
（二）其他资金结转结余		
1. 非财政拨款结转		
2. 非财政拨款结余		
3. 专用结余		
4. 经营结余（如有余额，以“—”号填列）		

三、预算结转结余变动表的内容及填列方法

预算结转结余变动表“本年数”栏各项目的内容及填列方法如下：

(1)“年初预算结转结余”项目，根据本项目下“财政拨款结转结余”“其他资金结转结余”项目金额的合计数填列。

1)“财政拨款结转结余”项目，根据“财政拨款结转”“财政拨款结余”科目本年年初余额合计数填列。

2)“其他资金结转结余”项目，根据“非财政拨款结转”“非财政拨款结余”“专用结余”“经营结余”科目本年年初余额的合计数填列。

(2)“年初余额调整”项目，根据本项目下“财政拨款结转结余”“其他资金结转结余”项目金额的合计数填列。

1)“财政拨款结转结余”项目，根据“财政拨款结转”“财政拨款结余”科目下“年初余额调整”明细科目的本年发生额的合计数填列；如调整减少年初财政拨款结转结余，以“—”号填列。

2)“其他资金结转结余”项目，根据“非财政拨款结转”“非财政拨款结余”科目下“年初余额调整”明细科目的本年发生额的合计数填列；如调整减少年初其他资金结转结余，以“—”号填列。

(3)“本年变动金额”项目，根据本项目下“财政拨款结转结余”“其他资金结转结余”项目金额的合计数填列。

1)“财政拨款结转结余”项目，根据本项目下“本年收支差额”“归集调入”“归集上缴或调出”项目金额的合计数填列。

“本年收支差额”项目，根据“财政拨款结转”科目下“本年收支结转”明细科目本年转入的预算收入与预算支出的差额填列；差额为负数的，以“—”号填列。

“归集调入”项目，根据“财政拨款结转”科目下“归集调入”明细科目的本年发生额填列。

“归集上缴或调出”项目，根据“财政拨款结转”“财政拨款结余”科目下“归集上缴”明细科目，以及“财政拨款结转”科目下“归集调出”明细科目本年发生额的合计数填列，以“—”号填列。

2)“其他资金结转结余”项目，根据本项目下“本年收支差额”“缴回资金”“使用专用结余”“支付所得税”项目金额的合计数填列。

“本年收支差额”项目，根据“非财政拨款结转”科目下“本年收支结转”明细科目、“其他结余”科目、“经营结余”科目本年转入的预算收入与预算支出的差额的合计数填列；如为负数，以“—”号填列。

“缴回资金”项目，根据“非财政拨款结转”科目下“缴回资金”明细科目本年发生额的合计数填列，以“—”号填列。

“使用专用结余”项目，根据“专用结余”科目明细账中本年使用专用结余业务的发生额填列，以“—”号填列。

“支付所得税”项目，根据“非财政拨款结余”明细账中本年实际缴纳企业所得税业务的发生额填列，以“—”号填列。

(4)“年末预算结转结余”项目，根据本项目下“财政拨款结转结余”“其他资金结转结余”项目金额的合计数填列。

1)“财政拨款结转结余”项目，根据本项目下“财政拨款结转”“财政拨款结余”项目金额的合计数填列。

本项目下“财政拨款结转”“财政拨款结余”项目，应当分别根据“财政拨款结转”“财政拨款结余”科目的本年年末余额填列。

2)“其他资金结转结余”项目，根据本项目下“非财政拨款结转”“非财政拨款结余”“专用结余”“经营结余”项目金额的合计数填列。

本项目下“非财政拨款结转”“非财政拨款结余”“专用结余”“经营结余”项目，应当分别根据“非财政拨款结转”“非财政拨款结余”“专用结余”“经营结余”科目的本年年末余额填列。

“上年数”栏根据上年度预算结转结余变动表中“本年数”栏内所列数字填列。如果本年度预算结转结余变动表规定的项目的名称和内容同上年度不一致，应当对上年度预算结转结余变动表项目的名称和数字按照本年度的规定进行调整，将调整后金额填入本年度预算结转结余变动表的“上年数”栏。

预算结转结余变动表中“年末预算结转结余”项目金额等于“年初预算结转结余”“年初余额调整”“本年变动金额”三个项目的合计数。

知识归纳

预算结转结余变动表是反映单位在某一会计年度内预算结转结余变动情况的报表。预算结转结余变动表各项目设置“本年数”和“上年数”两个栏目。

“本年数”栏反映各项目的本年实际发生数，“上年数”栏反映各项目的上年实际发生数。“本年数”栏主要根据各结转结余账户的本年发生额填列，“上年数”栏根据上年度预算结转结余变动表中“本年数”栏内所列数字填列。

问题探究

1. 什么是预算结转结余变动表？
2. 预算结转结余变动表各项目的关系是什么？

任务六 财政拨款预算收入支出表

任务目标

◇ 了解财政拨款预算收入支出表的定义及格式。
◇ 熟悉财政拨款预算收入支出表各项目反映的内容。
◇ 学会财政拨款预算收入支出表各项目填列的方法。

一、财政拨款预算收入支出表的定义

财政拨款预算收入支出表是反映单位本年财政拨款预算资金收入、支出及相关变动的具体情况的报表。

二、财政拨款预算收入支出表的格式

财政拨款预算收入支出表按照一般公共预算财政拨款、政府性基金预算财政拨款等财

政拨款的种类[①]设置一级项目从上到下分步列示，二级项目按基本支出和项目支出列示，其中“基本支出”项目下分人员经费和日常公用经费两个子项目，“项目支出”项目下根据每个项目设置。各项目按照年初结转结余、当年调整、当年调入调出、当年内部调剂、当年收支及年末结转结余设置栏目。

财政拨款预算收入支出表的格式如表19－28所示。

表19－28　财政拨款预算收入支出表

会政预03表

编制单位：＿＿＿＿＿＿　　＿＿＿＿年　　单位：元

项目	年初财政拨款结转结余		调整年初财政拨款结转结余	本年归集调入	本年归集上缴或调出	单位内部调剂		本年财政拨款收入	本年财政拨款支出	年末财政拨款结转结余	
	结转	结余				结转	结余			结转	结余
一、一般公共预算财政拨款											
（一）基本支出											
1. 人员经费											
2. 日常公用经费											
（二）项目支出											
1. 项目1											
2. 项目2											
二、政府性基金预算财政拨款											
（一）基本支出											
1. 人员经费											
2. 日常公用经费											
（二）项目支出											
1. 项目1											
2. 项目2											
总计											

三、财政拨款预算收入支出表的内容及填列方法

财政拨款预算收入支出表各栏及其对应项目的填列方法如下：

（1）“年初财政拨款结转结余”栏中各项目，根据“财政拨款结转”“财政拨款结余”及其明细科目的年初余额填列。本栏中各项目的数额应当与上年度财政拨款预算收入支出表中“年末财政拨款结转结余”栏中各项目的数额相等。

（2）“调整年初财政拨款结转结余”栏中各项目，根据“财政拨款结转”“财政拨款结

① 单位取得除一般公共财政预算拨款和政府性基金预算拨款以外的其他财政拨款的，应当按照财政拨款种类增加相应的资金项目及其明细项目。

余”科目下“年初余额调整”明细科目及其所属明细科目的本年发生额填列；如调整减少年初财政拨款结转结余，以“—”号填列。

(3)“本年归集调入”栏中各项目，根据“财政拨款结转”科目下“归集调入”明细科目及其所属明细科目的本年发生额填列。

(4)“本年归集上缴或调出”栏中各项目，根据“财政拨款结转”“财政拨款结余”科目下“归集上缴”科目和“财政拨款结转”科目下“归集调出”明细科目及其所属明细科目的本年发生额填列，以“—”号填列。

(5)“单位内部调剂”栏中各项目，根据“财政拨款结转”“财政拨款结余”科目下的“单位内部调剂”明细科目及其所属明细科目的本年发生额填列；对单位内部调剂减少的财政拨款结余金额，以“—”号填列。

(6)“本年财政拨款收入”栏中各项目，根据“财政拨款预算收入”科目及其所属明细科目的本年发生额填列。

(7)“本年财政拨款支出”栏中各项目，根据“行政支出”“事业支出”等科目及其所属明细科目本年发生额中的财政拨款支出数的合计数填列。

(8)“年末财政拨款结转结余”栏中各项目，根据“财政拨款结转”“财政拨款结余”科目及其所属明细科目的年末余额填列。

知识归纳

财政拨款预算收入支出表是反映单位本年财政拨款预算资金收入、支出及相关变动的具体情况的报表。财政拨款预算收入支出表的项目有一般公共预算财政拨款、政府性基金预算财政拨款等，栏目有年初结转结余、当年调整、当年调入调出、当年内部调剂、当年收支及年末结转结余。各栏目填列的主要依据是财政拨款预算收入、行政支出、事业支出及财政结转结余明细科目的发生额。

问题探究

1. 什么是财政拨款预算收入支出表？
2. 财政拨款预算收入支出表的项目和栏目有哪些？

会计名人轶事摘选（八）